# あわれみへの招き

## 愛する心、仕える手

マザーテレサ Mother Teresa

編集とまえがき ブライアン・コロディエチュックMC
原田葉子 訳

Paoline
女子パウロ会

A CALL TO MERCY

Mother Teresa ; edited and with introduction by Brian Kolodiejchuk.



Japanese translation rights arranged
with Folio Literary Management, LLC and Tuttle-Mori Agency, Inc., Tokyo

Published 2019 in Japan by Joshi Paulo-Kai

# あわれみへの招き

## 愛する心、仕える手

貧しい人びとの中で最も貧しい人、
望まれず、愛されず、見捨てられ、忘れられたすべての人びとに本書をささげます。
マザーテレサと、彼女の霊性を生きる人たちが注いだ、いつくしみと
あわれみ深い愛をとおして、この人びとが神の目にはこのうえなく大切な存在である、と
彼ら自身が深く確信できますように。

もくじ

装丁・レイアウト／菊地信義

# まえがき

教皇がインスピレーションを得て「いつくしみの特別聖年」*Iubilaeum Extraordinarium Misericordiae* を布告したとき、それはまったく予想外のことだったが、非常な喜びと驚きをもって迎えられた。「いつくしみの特別聖年」を定めた大勅書 *Misericordiae Vultus*［MV］（あわれみのみ顔）において、そして、さまざまな機会をとおしてあわれみについて語るとき、教皇フランシスコは、神がつねにわたしたちに与えようとしておられる賜物《たまもの》「あわれみの神秘」［MV2］に、わたしたちがいっそう深く分け入るように招き、さらに、この賜物を他者に与えるのはわたしたちの務めであることを知らせる。教皇は、イエスを「御父のあわれみのみ顔」として示すが、これはまさしく、神のあわれみの卓越した表現となっている。

特別聖年の間にマザーテレサが列聖されることを教皇は望み、この慶事は、キリスト教徒、および愛の「運び手」であるとはどのようなことなのか、その手本としてマザーテレサを仰ぐ人びとに、彼女の行跡と、神のいつくしみとあわれみに満ちた愛のメッセージを、再び届ける幸運な機会となった。これはまさに本書『あわれみへの招き』の試みである。

聖人は誰でも、なんらかの意味で「あわれみの聖人」と呼べるが、それにしてもなぜこの特別な期間に、神のみ摂理によってマザーテレサは列聖されたのだろうか。この格別な「いつくしみとあわれみに満ちた愛の聖人」は、普遍の教会に――あるいはそれをさらに超え――、あわれみについて、どのようなメッセージを届けているだろうか。あわれみは、誰もが知るように、教皇の教えと模範の基本となるテーマである。教皇フランシスコが「日のあたらないところにいる人びと」に寄せた特別な関心と愛は、貧しい人びとの中で最も貧しい人に真っ先に仕えるマザーテレサの選択とことさら響き合う。愛のすばらしい特質であるいつくしみとあわれみを、貧しい人びとの中で最も貧しい人に彼女が「運ぶ」――知らせ、体験させる――ことをイエスは望まれているとマザーテレサは理解した。実際、マザーテレサはシスターたちに「優しい心で貧しい人びとを訪ね、温かい共感に満ちた愛で、貧しい人びとに仕えるように」と促している。これがイエスの愛を「運ぶ」ことであって、イエスは「わたしたち一人ひとりを、あわれみと特別な配慮をもって、優しく愛してくださっている」と彼女は深く確信していた。

マザーテレサの列聖は、教皇の*Misericordiae Vultus*（あわれみのみ顔）における呼びかけ「身体的な『あわれみの行い』をあらためて思い起こし」、「精神的な『あわれみの行い』を忘れない」に沿うもので、彼女のあわれみに満ちた愛の教えと、それを日々どのように実践していたのかを伝えるよい機会である。

「行動は言葉より雄弁」だとしばしばいわれる。本書は、真っ先にマザーテレサの行動について語るものである。彼女自身の言葉、そして間近で見てきた人びとの目をとおしたとき、マザーテレサは今日における、とりわけ貧しい人びとの中で最も貧しい人への神のあわれみを映し出す、いつくしみとあわれみに満ちた愛の像《イコン》として浮かび上がる。

本書で紹介するこの「あわれみの聖女」の模範によって、わたしたち一人ひとりが、いつくしみとあわれみに満ちた愛の神との結びつきを強め、この愛を兄弟姉妹、特に物質的にも精神的にも貧しい人びとの中で最も貧しい人に分け与えることを願う。

ブライアン・コロディエチュック神父 MC

（列聖推進委員会委員長）

# はじめに

マザーテレサの生涯（一九一〇〜一九九七年）は、他の多くの聖人と同じように、生きた神学である。マザーテレサが書き残した文章やスピーチに、あわれみについての詳細な解釈は見られないが、代わりに、共感とあわれみの豊かな霊性を残した。それはマザーテレサ自身が経験し、他者への奉仕をとおして生きられたものである。あわれみ深くあることを、具体的なかたちで示し続けてきたマザーテレサとシスターたちは、宗教と関わりのない人びとからも注目された。

興味深いことに、「あわれみ」という言葉を、マザーテレサは話したり書いたりするときに頻繁に用いはしない。それでも、自分が絶えず神のあわれみを必要としていることを理解していた。救済を必要とする罪びととしてだけでなく、とりわけ自分自身が日々、神の愛、力、配慮に頼りきるしかない、弱く罪深い存在であると感じていたからだった。実際、イエスご自身が、神の愛の宣教者会を創立するように彼女に語りかけたとき「あなたが何もできない、弱く、罪深い人であることはわかっている。でもそうであるからこそ、わたしの栄光のために、あなたを使いたい」と呼びかけている。マザーテレサの生涯を根源的に揺るがしたこの体験は、彼女の心奥深くにまで浸透し、それが放つ光は彼女の表情や他者への振る舞いに表れた。貧しい人は自分とまったく同じように、神の愛とあわれみ、配慮、優しさを渇望している、と考えた彼女は、他者の一人ひとりを「わたしの兄弟姉妹」ととらえ、自らを容易に重ね合わせた。神の前で「渇望する」という経験をとおして、自分もまた貧しい人のひとりであると、彼女はとらえるようになったのである。

教皇フランシスコは、あわれみ(mercy)という言葉の語源となっているラテン語misericordiaは、「miseris cor dareすなわち『惨めな人――困窮している人、苦しんでいる人――に心を与える』という意味になります。これはイエスがなさったことです。イエスは人間の悲惨さに心を開かれました(1)」と語っている。

したがってあわれみは、内なる面と外なる面を併せもっている。内的な心の動きである共感と、そして、マザーテレサが好んで言ったように「生きた行動に愛を込める」ことである。「いつくしみの特別聖年」公布の大勅書 *Misericordiae Vultus*（あわれみのみ顔）で、教皇フランシスコはあわれみについて「あわれみとは、人生の途上で出会う兄弟姉妹を真摯に見つめるとき、それぞれの人の心にある基本となる掟(2)」であると語り、さらに続けて、来る年への願いは「神の優しさといつくしみを一人ひとりに届けながら出会えるように、これからの年月があわれみに浸ること(3)」だと述べている。

こうした考えは、奉仕する相手より自分を優越させる「上から下への」態度ではなく、むしろありのままの自分を認めるものだ——自分も貧者のひとりであり、ある面において彼らと同じであり、似たような状況にある、と。共感するとは、自分の存在を含んでのことだから、この思いは心からほとばしり出たものでなければならない。マザーテレサはこの真理の生きた模範である。

教皇ベネディクト十六世は回勅『神は愛』において、こうした態度の源泉を示す。「もし人にたいする愛を目に見えるかたちで示していなければ、どれだけ活動を実践しても不十分なものとなります。そしてこの愛は、キリストとの出会いによって育まれます。(4)」マザーテレサが安全な修道院での規則正しい生活を離れ、新たな使命に身を賭したのは、イエスとの出会いがまさしくあったからだ。貧しい人びとの中で最も貧しい人に、イエスの愛とあわれみを伝えるように、「あわれみのみ顔」となるように、イエスご自身がマザーテレサを呼ばれたのだった。彼女はこう報告している。「すべてを捨てて、スラムで、イエスに従うようにとの呼びかけを聴きました——貧しい人びとの中で最も貧しい人の内におられるイエスに仕えるためです。[……]わたしはそれがイエスのみ旨であり、従わなければならないとわかっていました。それがイエスのみ業《わざ》となることに疑いの余地はありませんでした。」教皇ベネディクト十六世はこう続ける。「人は、自ら人と窮乏や苦しみを深く分かち合うことをとおして、自分自身を人びとに分かち与えるようになります。わたしは、何かを与えることで人をおとしめることのないように、自分のもっているものを与えるだけでなく、自分自身を与えなければなりません。わたしが与えるものの中に、わたしという人がいるようにしなければなりません。[5]」

この与える行為を、マザーテレサは身をもって示した。

マザーテレサの後継者シスターニルマラはこう語っている。「マザーの心は、神ご自身と同じくらいに広いのです。愛、思いやり、共感、あわれみで満たされていました。裕福でも貧しくても、若くても年老いていても、強い人、弱い人、学識があってもなくても、聖人でも罪びとでも、そしてそれがどこの国、文化、宗教の人であっても、温かく迎えられました。マザーは一人ひとりのうちに、愛するイエスを見いだしたからです。」

マザーテレサの列聖が「いつくしみの特別聖年」に最もふさわしいのも、教皇フランシスコの信徒への呼びかけ――「貧しい人は神のあわれみを特権的に受けるという福音の核心によりいっそう近づく[6]」――に応じるとはどのようなことなのか、それをマザーテレサが最高のかたちで示しているからだ。貧しい人びとにとって、マザーテレサとの出会いはまさに、神のあわれみに触れる機会となった。自分たちの痛みや苦しみに寄り添い、理解するとともに、愛し、気にかけてくれる人と出会ったのである。マザーテレサの皺《しわ》の刻まれた顔に、貧しい人びと――また彼女に会ったすべての人びと――は、父なる神の愛に満ちた、いつくしみ深く、情け深いみ顔を「見る」機会が与えられた。貧しい人びとは、マザーテレサが自分たちを理解し、自分たちとともにあることを知っていた。マザーテレサの一九四八年十二月二十一日付の日記に、最も貧しい人びとに奉仕するため、初めてカルカッタ(7)のスラムに行ったときのことが記されている。

アガムディン通りでは、大勢の子どもたちが傷の手当てを必要としていました。ある老女がわたしのすぐ近くにやってきました。「マザー、偉大なマザーであるあなたがわたしたちのひとりとなりました。わたしたちのために。なんてすばらしいことでしょう。なんという犠牲でしょう。」彼らのひとりになれてとても幸せだと、わたしは彼女に伝えました。本当に幸せでした。マザーが来たということで、幾人かの悲しみと苦しみに満ちた顔が、喜びで輝くのを見るのは、実際それだけの価値がありましたから。(8)

聖書で明かされているように、あわれみは、身体的、精神的な「あわれみの行い」として表れたときに、確実に表現されるのである。教皇フランシスコは、Misericordiae Vultus（あわれみのみ顔）で次のように述べている。

わたしたちがイエスの弟子として生きているかどうかわかるように、イエスは「あわれみの行い」について説いておられます。身体的な「あわれみの行い」をあらためて思い起こしましょう。飢えている人を満たすこと、渇く人に水を飲ませること、裸の人を衣で覆うこと、宿のない人を迎え入れること、病気の人を見舞うこと、囚人を訪ねること、死者を埋葬することです。また、精神的な「あわれみの行い」も忘れないようにしましょう。疑いを抱いている人に助言すること、無学の人を導くこと、罪びとを諭すこと、悲しみのうちにある人を慰めること、侮辱されてもゆるすこと、煩わしい人を辛抱強く耐え忍ぶこと、生者と死者のために祈ることです。[9]

教皇の言葉「この大聖年の間にキリスト者が、身体的な『あわれみの行い』と精神的な『あわれみの行い』についてじっくり考えてくださることを心から願っています[10]」に応え、『あわれみへの招き』では、マザーテレサがどのように「あわれみの行い」について教え、実践したかを紹介する。マザーの模範が、教皇の願いである「貧困をまえにして、しばしば眠ったままのわたしたちの意識を呼び覚ます[11]」ことをわたしは期待している。マザーはほぼ五十年間にわたって、貧しい人、社会で日のあたらないところで生きる人びとに、人生のすべてをささげた。驚くべきことに、この約五十年もの間、神から望まれず、愛されていないかのように感じられた自らの体験をとおして、彼女は仕えている貧しい人びとと自らを完全に重ねたのである。神秘的な方法で――内的な苦しみであった「闇」をとおして――、彼らの最大の貧しさ、「望まれず、愛されず、気にかけてもらえない」を味わった。こうした経験から、世話をしている貧しい人びとと自分との間にたいした違いを見いださなかった。「望まれず、愛されず、求められずに、路上で放っておかれる貧しい人びとの肉体の状態は、わたし自身の魂の真の姿であり、わたしのイエスへの思慕とそのまま重なりますが、それでもこの恐ろしい痛みのゆえに、それを変えたいと望んだことは一度もありません。」

本書で紹介するマザーテレサの思いや文章は、彼女があわれみと、「あわれみの行い」をどのようにとらえていたのかを示す。同じく重要なものとして、マザーテレサが、身体的、精神的な「あわれみの行い」をどう実践したのかを明らかにするいくつもの証言を載せた。これらの逸話は、彼女に最も近しかった人たちの目から見たマザーテレサを伝えるものであり、あわれみのみ顔を明らかにしてくれる。

どのようにしてこの本が誕生したか、またその構成について

マザーテレサを「いつくしみ深く、あわれみ深い愛の像《イコン》」として紹介しようという考えが初めて思い浮かんだとき、彼女の「行動している」姿を示すのが最もふさわしいように思えた。したがって、彼女を師としてだけでなく、模範として描き出す必要があることは最初から明らかであった。マザーテレサの言葉は単純さと深さにおいて際立ち、そのことは無論大切に扱ったが、

彼女の模範としての行いがまさにその言葉どおりであることを明らかにするのは、本書を企画するうえで極めて重要だった。彼女の真正な生き方が彼女の教えを本物にしている。英知に満ちた言葉となった彼女の教えは、祈りや観想の導きとなるが、それと同時に行動へと駆り立て、倣うよう呼びかけている。

『あわれみへの招き』では、マザーテレサが日々の生活の中で「平凡なことをすばらしい愛をもって」行う姿を、彼女と最も近しかった人びとの貴重な視点から示す。マザーテレサの列聖に向けて集まった目撃者たちの証言の中から、彼女の教えをよりいっそう引き立てる、格別に力強い模範の例を選んだ。語られた逸話や描写の真正さのために、最低限の編集しか行っていない。証言者たちの中には、明らかに英語が母国語でない人もいるが、マザーテレサが彼らに与えたすばらしい影響をそのままに伝えるためである。

本書では、七つの身体的な「あわれみの行い」と七つの精神的な「あわれみの行い」を、一つずつ各章で取り上げる。それぞれの章では、まず、マザーテレサとその「あわれみの行い」についての短い導入、それから彼女の言葉が続く（シスター、修道家族、共労者、友人への手紙。会のシスターたちへの勧告、講話。講演やスピーチ、それにインタビュー）。その後に、マザーテレサに最も近しく、長年ともに活動してきた人びとからの豊かな証言。神の愛の宣教者会のシスターたちのように「同じ屋根の下で」日々接触していた人たち、もしくは修道家族、身近な協力者、共労者、ボランティア、友人たちである。こうした目撃者たちは、マザーテレサの、貧しい人びとや彼女を訪ねてくる大勢の人びとに対応する姿を間近に見ることができた。これらの証言では、経験した本人が直接語っているものもあれば、他の人あるいはグループとマザーがどう交わっていたのかを近くで見ていた場合もある。

各章の終わりには、自らを省みるためのいくつかの問いと、祈りがおかれている。わたしたちが、神のあわれみによりいっそう心を開くために、そして、マザーテレサに続いて、兄弟姉妹に心を開き、このあわれみを伝えられるように。これらの問いは、教皇フランシスコが勧めている「貧困をまえにして、しばしば眠ったままのわたしたちの意識を呼び覚ます[12]」ためである。この呼びかけにたいして、一人ひとりが、謙虚に、従順に、寛容な気持ちで応じてくれることを願っている。

証言者の個人名は伏せ、代わりに短い紹介を、本書の最後の注に載せた。プライバシーが守られると同時に、本文の内容を明瞭に伝え、マザーテレサの言葉や模範の豊かな遺産を幅広い読者と分かち合うためである。

ブライアン・コロディィエチュック神父 MC
（列聖推進委員会委員長）

# 1 飢えている人を満たす

「そこにいた子どもたちの目は飢えで光っていました。皆さんがこれまで飢えを目にしたことがあるかどうかわかりませんが、わたしはたくさん見てきました。」飢えている人びととじかに触れ合い、心を揺さぶられてきたマザーテレサの、彼らへの鋭敏な感性が際立つ言葉である。現実に飢えで苦しんでいる人びととの出会いが、マザーテレサの心の奥底を激しく動かしたことは、彼らとの体験を振り返る彼女の語り方にはっきりと表れている。こうした体験は、彼女が子どもだったころから始まった。彼女の母は、路上で生きる人びとを世話し仕えるよう、子どもたちに習慣づけていた。マザーテレサは、人が飢えている（もしくは困窮している）のに気づくと、「わたしたちがどうにかしなくては」とすぐに反応した。そして彼女は、空腹でいる人びとに食べ物を届けるために、あらゆる手を尽くした（とうてい不可能に思えるようなときでさえ）。また、飢餓状態にある人びとに食料を供給するために、文字どおり「世界をも動かし」かねなかった。

飢えは、わたしたちが経験することも、身近な周囲で目にすることもない、何か遠くかけ離れたことのように思えるかもしれない。飢えで苦しむ貧しい人と「出会う」のは、たいてい遠く離れた地の惨状について、衝撃的な報道がなされたときだけだろう。でも、マザーテレサが求めるように、もしわたしたちが「目をしっかりと開けば」、生きていくために必要最低限の食料すら得られずに苦しんでいる多くの人びとと出会うだろう。

マザーテレサは、世界の飢餓を解決する偉大な計画を立ち上げたのではなく（もちろんそれも価値のあることで、必要である）、そのつど目の前にいる「飢えた人にひとりずつ食べさせて」きたことで、広く知られるようになった。マザーテレサは、まずこうした一人ひとりの人生に大きな変化をもたらし、ついには世界に及ぼした。

欧米諸国にホームを開くようになってから、マザーテレサはそれまでとはまた違った飢えについて語るようになった。

人は「パンに飢えているだけでなく、愛に飢えています」と彼女はしばしば繰り返した。この「飢え」による苦しみは、一般に貧しさとして語られることはないが、「なくすことがもっとずっと難しい」貧しさであることに、マザーテレサは気づいていた。彼女は「愛への飢え」もまた和らげることを望んだ。マザーテレサはシスターたちに「ここ（西側先進国）では、愛といつくしみで人びとの心を満たすためにあなたたちはいるのです」と促した。

道端でおなかをすかせた人には、一杯のご飯か、一切れのパンを与えます。それでその人の飢えを満たすことはできます。でも社会から疎外され、見放され、望まれていない、愛されていないと感じ、おびえている人――その貧しさによる痛みはかぎりなく、非常に難しいのです。シスターたちは、欧米ではこうした人びとに仕えています。

やがて、マザーテレサは、さらに異なるタイプの貧しさを見つけた。それは、富める国にも貧しい国にも、あるいはどんな社会的階級、宗教的背景をもつ人びとにも共通して見られる貧しさだった。「人びとは神に飢えています」とマザーテレサは繰り返す。どこに行っても強く感じた「魂の飢え」の現実に、彼女は、そのときどきにかなった率直な応対をした。マザーテレサは、人びとが神を知ることができるように、どこにあっても「神の愛とあわれみ、神の現存」であろうとした。彼女は、神の愛を映し出すことを願った。

## マザーテレサの言葉

### イエスが人びとを愛されたから

群衆に教えを説くまえに、イエスは人びとをあわれまれ、まず食べ物を与えられました。奇跡を起こされたのです。パンを祝福し、五千人の人びとに分かち与えられました。それはイエスが人びとを愛され、あわれまれたからです。イエスは人びとの表情に飢えを見て、まず彼らを満たされました。それから初めて彼らに教えを説かれました。(1)

＊

人びとはこれまで以上に、わたしたちのつつましい奉仕の中に、愛の行いを見たいと願っています――わたしたちにとって、イエスとの愛の内に生きることは、どれほど大切でしょう――飢えている人、孤独な人のうちにおられるイエスを満たすために。貧しい人の内におられるイエスを見るために、わたしたちの目と心はどれほど澄んでいなければならないことでしょう。貧しい人の内におられるイエスに、愛とあわれみをもって触れるには、どれほど手が清くなければならないでしょう。貧しい人びとに福音（よい知らせ）を告げ知らせるために、どれほどわたしたちの言葉は誠実でなくてはならないでしょう[2]。

## 飢えによる痛み

あるとき、赤ちゃんを抱いた女性がわたしを訪ねてきました。「マザー、わたしは食べ物をもらおうと何軒か回りました。もう三日も食べていません。でも、わたしは若いのだから働きなさいと、どこでも言われました。誰も何もくれませんでした。」わたしは食べ物をとりにいきましたが、戻ってきたときには、彼女の腕に抱かれていた赤ちゃんは死んでいました。わたしたちの修道院が彼女を断っていないことを願うばかりです[3]。

わたしたち誰もが飢餓の恐ろしさについて語ります。エチオピアで目にしたこと、他の地で見た光景、とりわけこのところエチオピアと似たような状況にある地で、数千人もの人びとが一切れのパン、コップ一杯の水が足りないために死と直面しているのを、わたしは目にしました。わたしの腕の中で、人びとは死んでいきました。それなのに、なぜわたしたちでなく彼らなのか、わたしたちは考えようとしません。再び互いに愛し合い、分かち合いましょう。人びとからこの大変な苦しみが取り去られるように、ともに祈りましょう。(4)

＊

飢えの苦しみは大変なものです。あなたがたもわたしもそこに踏み込み、痛みを感じるまで与えなければなりません。痛みがともなうまで与えてください。与えることによって、神の愛が行いとなって現れるのです。人びとはパンに飢えるだけではなく、愛に飢えているのですから。(5)

＊

先日、カルカッタの路上からひとりの少女を連れて帰りました。暗い瞳孔が、飢えを語っていました。パンを渡すと、少女はほんのひとかけらずつ口に運ぶのです。「おなかがすいているのだから、どんどん食べなさい。」なぜそんなにゆっくり食べるのとわたしは尋ねました。「食べてしまうのが怖いの。このパンを食べても、またすぐにおなかがすくもの。」「だいじょうぶよ。もっとあげるから。」幼くしてこの少女はすでに、飢えの苦しみを知っていました。「食べてしまうのが怖いの。」そう……それがわたしたちにはわからないのです。飢えがどのようなものかわたしたちは知りません。飢えているときどれほど苦しいのか、わたしたちにはわからないのです。コップ一杯のミルクが与えられなかったために、幼い子どもが死んでいくのを見てきました。飢えた子どもが腕の中で死んでいく悲痛な母親を見てきました。忘れないでください。わたしは寄付をお願いしているのではありません。犠牲を払って与えてほしいのです。あなたが好きなもの、欲しいものを我慢していただきたいのです。[6]「……」ある日、貧しい女性が訪ねてきました。「マザー、わたしも人助けがしたいのですが、とても貧しいのです。毎日、家々を回って洗濯をしています。子どもたちを食べさせていかなければなりませんが、でも何かしたいのです。お願いです、毎週土曜日、ここの子どもたちの服を三十分洗わせてください。」彼女は、どんな大金にもまさる彼女の心のすべてを、わたしに差し出してくれました。[7]

*

今朝、わたしは「コルウヌム（教皇庁開発援助促進評議会）」の議長を務めるマルセイユの枢機卿に会いにいき、アフリカの人びとに食料を送ってほしいと頼みました。とてつもない貧困が、アフリカで見られるからです。先日、食料を求めて修道会の門の前までやっとたどり着いた人びとの多くが飢えで死んでいく、とシスターが書いてきました。今のこうした状況が長く続けば、多くの人が死の危険にさらされます。子どもたちが母親の腕の中で死んでいっています。なんて大きな苦しみでしょう。そこで枢機卿に、食料をシスターたちに送っていただけませんか、とお願いしたところ、快く応じてくださいました。そして、シスターたちが現地に行くまで貧しい人たちの存在に気づかなかった、とおっしゃいました。(8)

## 真の愛は痛みをともなう

ヒンドゥー教徒の家族がすばらしい隣人愛を見せてくれました。ある紳士がわたしたちに伝えに来ました。「マザー、何日も食べていない家族がいます。助けてあげてください。」そこで、わたしはすぐにお米をもってその家族のもとに向かいました。そこにいた子どもたちの目は飢えで光っていました。皆さんがこれまで飢えを目にしたことがあるかどうかわかりませんが、わたしはたくさん見てきました。その母親は、お米を受け取ると、それをもってどこかに行ってしまいました。戻ってきたので、「どこへ行ったのですか。何をしていたのですか」と尋ねますと、彼女は、ただこう答えました。「あの家族（イスラム教徒）もおなかをすかせていますから。」わたしがいちばん驚いたのは、彼女がイスラム教徒の家族のことを知っていたことです。その晩、わたしはそれ以上お米を持っていきませんでした。ヒンドゥー教徒とイスラム教徒の家族が感じていた分かち合いの喜びを味わってほしかったからです。子どもたちの顔は喜びで輝いていました。その喜びと平安を母親と分かち合っていました。母親は、痛みをともなうまで与える愛をもっていたのです。おわかりでしょう、愛は家庭から始まります。[9]

＊

真の愛は、痛みをともないます。この母親は自分だけでなく、隣の家族もまたおなかをすかせていることを知っていました。そしてその家族はたまたまイスラム教徒だったのですが、それでも分かち合ったことに、わたしは心をつよく動かされました。貧しい人びとにたいして、わたしたちはまったく間違った見方をしています。わたしたちは彼らのことを、まったくといっていいほどわかっていません。彼らがどれほどすばらしく、愛すべき人びとで、思いやりと理解に満ちた愛にどれほど飢えているか、ということを。[10]

＊

わたしたちは「無償」で行っています。わたしの仕事にたいしてなんらかの代価をもらうわけにはいきません。この「無償」のために、わたしたちは人びとから批判され、心ないことを言われてきました。

先日、司祭が書いたある記事に、慈善は貧しい人にとって麻薬のようなものだ、とありました――わたしたちが人びとに物を無償で与えることは麻薬を渡しているようなことだ、と。彼に手紙を書いて尋ねることにしました。「なぜイエスは人びとにあわれみを覚えられたのでしょう。」それではイエスがパンや魚を分け与え、人びとを満たされたとき、麻薬を与えられたことになります。イエスは、福音を告げるためにこられましたが、人びとが空腹で、疲れているのをごらんになり、まず食べ物を与えられました。もう一つ司祭にお尋ねしたいのです。「貧しい人の飢えの苦しみを経験なさったことはありますか」と。(11)

＊

皆さんもご存じのように、カルカッタでは毎日、数千人分もの食事を準備しています。あるとき、シスターが言いに来ました。「マザー、食材が何もありません。」こんなことは初めてでした。ところが九時になったら、パンを山積みにしたトラックが到着したのです。その日、政府が学校を休校にしたため、パンがこちらに届けられたのでした。ごらんください、神さまのご配慮を。学校をお休みにしてまでも、飢えた人を死なせまいとする、神さまの温かいお気づかいを。[12]

## わたしたちに食事のお世話をさせてください

先日、グジャラートからダムダムのホームに、ある一家が訪ねて来ました。[13] ここのホームには、身体障がい者や、栄養不良の子どもたち、結核患者が入居しています。調理された食べ物をもって、一家そろって訪ねて来ました。ひと昔まえだったら、ホームの人びとに近寄ろうとする人はいなかったでしょう。わたしは、シスターたちに一家を手伝うように指示しました。ところが驚いたことに、「マザー、わたしたちに食事のお世話をさせてください」と彼らが言うのです。その一家にとっては不浄になることで、とても勇気のいることでした。これはわたしたちの「特権」なのです。一家の中には年老いた人もいましたが、彼らは何も恐れませんでした。ヒンドゥー教徒の家族が、こうしたことを言ったり、行ったりするのは驚嘆すべきことなのです。[14]

## ともに神さまのために何か美しいことを

愛は現在のため、計画は将来のためです。わたしたちは今日を生きているのです。明日になったら、そのとき何ができるか、考えましょう。誰かが今日、水を求めています。今日、おなかをすかせています。もし今日、食べ物を与えなかったら、明日には彼らはいません。ですから、今日何ができるか、そのことに集中してください[15]。

*

政府が何を行うべき、あるいは行ってはならない、といった問題には、わたしたちは関わりません。こうした問いに時間を費やさず、「今、何かをさせてください」と言います。明日は訪れないかもしれません。明日には死んでいるかもしれないのです。今日、一切れのパンと一杯のお茶を、貧しい人びとは必要としているのですから、わたしは今日与えます。こうしたやり方が間違っているという人がいます。「なぜあなたはいつも魚を与えるのですか。なぜ釣りざおを与えないのですか」と。わたしはこう答えます。「わたしたちのところにいる人たちは、飢えや病気のために、ただ立っていることすら難しいのです。釣りざおはなおさら持てないでしょう。わたしは、魚を与え続けますから、十分に体力がついて自立できたら、あなたがたにゆだねますので、彼らに釣りざおを与えてください。」こういうことこそ分かち合いであって、わたしたちはお互いが必要なのです。

わたしたちにできることが皆さんにはできないかもしれません。でも皆さんにできることが、わたしたちにはできなかったりします。でも力を合わせれば、神さまのために何か美しいものを生み出せるでしょう[16]。

＊

またある日のこと、ヒンドゥー教の学校の生徒たちが、とても遠いところから訪ねてきました。

優等賞に選ばれたこの子どもたちは全員、記念品ではなくお金をください、と校長先生にお願いしたのです。そこで校長先生は、全額を封筒に入れ、生徒たちに渡しました。すると、子どもたちは「これからマザーテレサのところに連れていってください。このお金を、マザーの貧しい人にあげたいのです」と言いました。

ごらんなさい、この子どもたちがこのお金を自分たちのために使わなかったのは、なんてすばらしいことでしょう。わたしたちがこうした気づきを促してきたことで、今では、貧しい人たちと分かち合いたいという思いが世界中で見られます。賞やお金、その他なんでもいただくときには、わたしはいつも貧しい人の名において受け取ります。人びとはわたしをとおして貧しい人たちを認めたからです。わたし自身は何者でもないのですから、これでよいと思っています。わたしたちのしていることを見て、人びとは、わたしをとおして見いだした貧しい人びとに与えたい、と望むようになりました。今日、世界の人びとは、愛を自分の目で見たいと思っているのです。(17)

## 愛への果てしない飢え

エチオピアやインドでは何百人もの人びとが、一切れのパンが足りないために来ては、その場で亡くなってしまいます。ローマやロンドンのような場所では、孤独や絶望のゆえに亡くなっていきます。(18)

＊

わたしたちは、パンでおなかを満たせないことだけが飢えだと思っていますが、それは間違っています。それよりももっと大きな、ずっとつらい飢えがあります。人は、愛に、そして望まれている、誰かにとって大切な存在であるという思いに、飢えています。望まれず、愛されず、拒絶されている、と感じること、これもまたひどい飢え、貧しさです。(19)

＊

一切れのパンに飢えることのないヨーロッパ諸国やアメリカ、そのほか各地に、わたしたちのホームがあります。こうした場所では、愛への果てしない飢えが見られます。望まれず、愛されず、拒絶され、閉ざされ、忘れられていると、人びとは感じています。人のほほえみ、温もりを忘れています。本当にひどい貧しさです。一切れのパンや衣服、あるいは、煉瓦《れんが》の家を与えることで満たせる飢えとは違って、この貧しさをなくすのはとても難しいのです。これは今日、これまでよりもずっと深刻な貧しさ、病、痛ましい状況をもたらしていると思います。[20]

＊

いつでしたか、わたしどものシスターが活動しているロンドンの貧しい地域を歩いていたときのことです。ひとりの男性が悲しみと孤独のうちに、ひどく惨めな様子で座っていました。近づいて、彼の手をとり、どうしましたか、と声をかけると、彼はわたしを見上げて言いました。「ああ、人の手の温もりを感じるのはいつ以来だろう。誰かがわたしに触れるのは、本当に久しぶりだ。」彼の目は輝き始め、まっすぐに座り直しました。ほんの少しその男性を気にかけただけで、イエスが彼の人生に入ってこられました。彼は、人から愛を示されるのを長い間、待ち望んできたのですが、このとき示されたのはまさに、神の愛です。貧しい人びとの中で最も貧しい人、無学な人、望まれず、愛されず、拒絶され、忘れられた人びとに、こうした美しいことが起きるのを見てきました。彼らは神に飢えています。司祭である皆さんが、絶えず向き合っていかなければならない飢えです。肉体の痛みに苦しむ人びとの飢えだけでなく、魂と心の痛みに苦しむ人びととの大きな飢えにも。特に若者の心と魂が苦しんでいます。[21]

### 神のみ言葉への強烈な飢え

「この国のどこに飢えがあるの?」と聞かれます。ええ、飢えはあります。一切れのパンに飢えているのではないかもしれません。でも愛にとてつもなく飢えています。神のみ言葉にひどく飢えています。

メキシコで、非常に貧しい家庭を訪ねていたときのことが忘れられません。その家々にはものがほとんどなかったのですが、それでも誰ひとり何かが欲しいとは言いませんでした。それよりも皆、「神さまのみ言葉について教えてください。わたしたちに神のみ言葉を伝えてください」とわたしたちに頼んだのです。彼らは、神のみ言葉に飢えていました。ここでも、特に若者が神に飢えています。まさにここにこそ、わたしたちはイエスを見いだし、飢えを満たさなければなりません。(22)

## 人びととの証言によるマザーの行い*

頭の上に食料を載せ、水の中を歩いて渡りました一九六八年に、カルカッタで大洪水が起こりました。ティルジャラで洪水の被害にあった人びとに食料を届けようと、夜にトラックで向かいました。わたしたちは頭の上に食料を載せ、水の中を歩いて渡りました。一時、水の流れが強まり、シスターアグネスが流されそうになったので、彼女をトラックに返しました。わたしたちはびしょぬれになって、凍えていました。夜中の三時に修道院へ戻ると、マザーが門のところで待っていてくれました。わたしたちが温まるようにと、身体を洗うためのお湯と、濃くて熱いコーヒーを準備してくれていました。マザーの、わたしたち娘への深い愛情に、皆が感動しました。(23)

## 計量カップをいっぱいにして

マザーは、貧しい人たちに贈るクリスマス・バスケットを一緒に詰めてくれました。マザーが計量カップを山盛りいっぱいにして、さらに押し詰めているのを見て、わたしは神さまに向けて、どれほど心が高められたことでしょう。「マザー、まだ詰めなければならないバスケットがこんなにありますから」とわたしたちが言えば、「神さまが満たしてくださるでしょう」とマ

＊「はじめに」で記したように、以下の証言のプライバシーを守り、また黙想への集中を妨げないために、「人びとの証言によるマザーの行い」に、思索や思い出を語ってくれた証言者たちについては、簡単な紹介にとどめ、注に載せた。

ザーは応えるのでした。バスケットは山積みでしたが、中身が不足することはありませんでした。神にたいするマザーの忠節と信頼は本当に生きている何ものかであって、それが彼女の血肉となっていることが、ありありと感じられるのです。そう、神は力にあふれた忠実な「友」として、いつもマザーとともに働いておられます。それがはっきりとわかるのです。神が取られるものは何でも差し出し、神が与えられるものは何でも心からのほほえみで受け取る、それがマザーの決まりでした。わたしにはもちろん難しいことでしたが、心を広くして受け入れたとき、愛である神が触れてくださいました。(24)

## 他の人はためらっていました。でもマザーテレサは違いました

バングラデシュから何百万人もの難民がインドに押し寄せてきたとき、その数の多さにたじろがないマザーテレサに、わたしは深く感銘を受けました。彼女は何としてでも応じようとしたのです。「わたしたちにできることをするだけです」とだけマザーテレサは言いました。力を貸してくれそうな司祭やシスターにひとりでも多く来てもらえるように、あらゆる手だてをこうじていました。「なぜって、これは神さまの仕事だからです。子どもたちが苦しみ、死にかけています。放っておくわけにはいきません。」そして、パンとその他の食料を必要なだけ手に入れようと出かけていきました。ソルトレイク難民キャンプで水疱瘡《みずぼうそう》が発生したときには、シスターたち

を呼び寄せ、医療援助を受けられるように力を尽くしました。そこには、二十万人ほどがいて、彼らを助けるために直ちに人手が必要でした。マザーテレサは、難民を支援する人たちを集めるために、何か他に手だてはないものかと、しきりに探していました。わたしは、マザーテレサの深い愛がここでも示されていると感じました。よき「母《マザー》」のように、まさに彼女はそうでしたが、世界をまるごと抱きかかえられるのですから。何百万人もの難民がインドに押し寄せ、世界が戸惑っているときに、このか弱い小柄な女性は、彼らを助けようと先頭に立ってわたしたちを駆り立てました。神の望まれることなら、必ず成し遂げられる、とマザーテレサの全存在が伝えていました。他の人はためらっていました。でも彼女は違ったのです。(25)

## ベイルートの平和の使者

一九八二年八月、ベイルートでの戦闘は最悪の事態を迎えていました。マザーが到着した八月十五日は、爆撃と砲撃が最も激しいときでした。マザーは「爆弾や銃を使って世界を征服するのではなく、それよりも神の平和を輝かせ、あらゆる憎しみをなくしましょう。愛の力を世界に、人びとの心に届けましょう」といつも話していました。「……」マザーは、シスターたちが東ベイルートのマル・タクラに無事でいることを確かめることができました。赤十字をとおして、マザーは西ベイルートのアシュラムに、心と体に重い障がいのある子どもたちが取り残されていることを知ります。爆撃によって半壊したホームに子どもたちはそのまま放置され、深刻な状態にありました。これを聞いてマザーは、教会の指導者たちからいかに危険か、と繰り返し告げられても、子どもたちを保護することを決めます。［……］ただ砲撃が始まったため、グリーンラインを渡って西ベイルートに行くことができませんでした。マザーは休戦を求めて、あつい信頼をもって祈りました。するとその祈りがかなえられたのです！　思いがけない休戦によって、マザーは（ご聖体を身につけて）四台の赤十字の車両で向かい、三十八人の、知的に遅れた、もしくは肢体不自由の子どもたちを救出しました。赤十字と病院のスタッフとともに、子ども一人ひとりを車に乗せ、マル・タクラの修道院に戻りました。二日後、再びグリーンラインを越えて二十七人の子どもたちを保護しました。衣服や食料、他の備品は近所の人びとから届きました。栄養不良のために十二歳の子どもが五歳にしか見えませんでした。小さな動物のように、手に届くものは何でも（おむつや毛布まで）口に入れようとし、お互いの体をかじろうとさえします。下痢をさせないために、そしてゴム布を食べないように、わたしはベッドの周りにパンをつるしておきました。水も電気もありませんでしたが、少しずつ援助品が届くようになりました。［……］十一月ごろには、子どもたちもだいぶ回復していました。

ところが、わたしたち皆にとって悲しい結末を迎えることになりました。その日、子どもたちを、マザーが彼らを救出した病院に返さなくてはならなくなったのです。この子どもたちへの政府からの補助金にたいする人びとの金銭欲のために、神の愛はまたもや阻まれてしまいました。マザーは大変がっかりしましたが、どうすることもできず、神のあわれみに子どもたちをゆだねるしかありませんでした。「ベストを尽くしたなら、失敗しようとも気を落としてはなりません」とマザーは言っていました。

マザーが自然災害や戦闘によって荒廃した地域にいつも真っ先に訪れる例を、わたしはベイルートで体験しました。危険な目に遭おうと、必要があれば直ちに行動しようとマザーは駆り立てられるのです。何よりこのことをとおして、危険で不可能に近い使命への彼女の英雄的な献身が、はっきりと伝わってきました。マザーの神への信頼はかぎりなく、神の呼びかけに応えるとき、彼女を阻むようなことは起きえないように思えました。その場で神に自分が必要とされていると信じると、マザーの中に巨大な力が生じてくるようです。ですからマザーはベイルートで、さまざまな「警告」にもかかわらず、使命を成し遂げることができたのです。(26)

### 個人的なことは頼まない

デリーにマザーテレサが来たとき、わたしたちは空港まで車で迎えにいきました。インド空軍の司令官が、マザーテレサに執務室に来てもらい祝福を受けたい、と言ってきていることを伝えると、マザーは承諾しました。車の中で「空軍がわたしたちのために何をしてくれるかしら」とマザーが聞くので、ひとりが答えました。「マザー、わたしたちの役には立ちません。でもマザーが救援や人道支援に向かうときに、ヘリコプターを手配してくれるかどうか聞いてみるのはどうでしょう。」「ヘリコプター？」とマザーは応じました。執務室に入って、司令官に会うとマザーは尋ねました。「ところで、あなたの部下たちは木を植えることはできますか。」相手は空軍なのですが、マザーはおかまいなしです。「できますよ、マザー。もう少し詳しく説明してください。」「あるかたが、困窮している人たちのためにホームを建てる土地を提供してくださいました。果樹を植えられたら、すばらしいと思うのです。果物の実がなれば、彼らにとってもいいことばかりです。」「検討してみます。」後でわたしたちは、マザーになぜそのようなことを頼んだのか、と尋ねました。神のみ摂理だったとしか言いようがありません。翌日には、空軍から何人かが派遣されました。この土地には水も、水を得る手段もありませんでした。空軍は、三つの井戸を掘り、木を植えるために土地を灌漑《かんがい》しました。今は果樹園になっています。マザーは確かに頼み事をしましたが、それは自分のためではありませんでした。空軍の司令官に木を植えてもらおうと誰が思いつくでしょう。マザーが聖霊からの働きかけにいつも心を開いていたからです。(27)

## 余った食料を集める

マザーは、飛行機だけでなく、ホテルにも余った食べ物をくれるようにお願いしました。それは本当に必要としていたからで、実際、この余った食料で、マザーのもとにいる少女たちのためにフード基金ができました。ダムダムの夕食と朝食の一部は、カルカッタの空港の余剰食品で賄われています。フルーリス・ベーカリーで売れ残ったものは、「シャンティダン」のホームの昼食に、週一、二回供されます。デリーで余った機内食は、ホームにいる病人に届けられます。シスターたちは定期的にこうした食料を集めています。空港のスタッフがこれらのホームに食料を届けることもあります。(28)

## 晩餐会の費用を貧しい人びとに

シスターアグネスとわたしは、マザーとともにオスロに向かい、ノーベル平和賞受賞のスピーチを聞きました。［……］式典の間、拍手を受けているときも、マザーはずっと、他人ごとのように静かに座っていました。式典の後のレセプションでは、お水を出されただけでした。本来なら晩餐会がその後開かれる予定だったのですが、マザーの要望で中止になり、その浮いた費用は貧しい人びとへの贈り物として、マザーに渡されました。「わたし自身は賞に値しません。個人として賞を望んでもいません。でもこの賞によって、ノルウェーの人びとは貧しい人びとの存在に気づきました。わたしは貧しい人たちの代理としてここに来たのです。(29)」

## 真実の愛には犠牲がともなう

貧しい人たちが、奉仕活動を行うシスターたちを通じて「愛する喜びを分かち合おう」と、この活動のために犠牲を払う、とマザーはよく好んで話していました。マザーはわたしたちに、仏教僧たちがマザーハウスを訪ねて来て、マザーとシスターたちが月初めの金曜日に、貧しい人たちのために行っている断食を、彼らも行うことになった、と教えてくれました。神の愛の宣教者会では、食事を一回抜いて、その分のお金で貧しい人たちに食べ物を買っていました。僧たちも同じように昼食を一回抜いて、その節約したお金をマザーに渡して、貧しい人たちのために食料を買ってほしいと願ったそうです。マザーはこうした思いがけない善意や思いやりを伝える話を分かち合うのが大好きでした。一人ひとりのうちにある善意を信じていたからです。人びとがそれぞれ自らのうちにある善意を見いだして、他の人と分かち合うように、マザーは求めていたのです。真の犠牲を払って分かち合った人を、愛の美しい例として彼女はたたえました。それは「真実の愛には、犠牲がともなう」からです。多くの善意ある人びとが、貧しい人たちのために多額の寄付をしています。でも、マザーが語るのは、分かち合うために真の犠牲を払った貧しい人びとについてだけです。神殿の再建のために、わずかなレプタを差し出したやもめをイエスが褒められたように。マザーハウスの前の通りで暮らしている男性が、マザーのところに来て、みすぼらしい服の下から三ルピーを取り出し、奉仕活動のために手渡したのですが、それはマザーのお気に入りの話でした。そのとき、その三ルピーがおそらく彼の全財産だとわかっていたけれど、彼が他者にささげた犠牲を尊重し、受け取らざるを得なかった、とマザーは話していました。[30]

＊

マザーがシスターたちのいるナイロビを訪問したとき、裕福なかたが上等なケーキをくださいました。マザーが「全部、病人と子どもたちにあげましょう」と言ったので、わたしたちはそうしました。わたしは幾度もマザーのうちに、断つ勇気、犠牲を払う勇気を見てきました。マザーは、イエスへの愛ゆえに断念し、犠牲を払うことに喜びを感じていました。[31]

## 喜んで働きましょう

わたしは、マザーとともによく奉仕活動に出かけました。わたしたちは大変な距離を歩いて、ニコラという男の子の世話をしていました。その子は肢体不自由なうえに、結核を患っていて、大きな褥瘡《じょくそう》が二つもできていました。マザーはその傷を洗い、包帯を巻いてあげました。家族はとても貧しかったので、食べ物もよく持っていきました。わたしは行くたびに疲れ切ってしまって、毎日泣きたい気分でしたが、マザーはよく言っていました。「人びとの魂を救うためなのですから、喜んで働きましょう。」マザーも疲れているのはわかりましたが、それをお見せになったことはありませんでした。わたしたちはこれを数年にわたって続けました。(32)

## 人としての尊厳を重んじ、愛と思いやりのこもった世話をする

「死を待つ人の家」で、食事を与えるときのマザーの様子は、励ましに満ちた、すばらしい模範でした。マザーは人びとを、あわれみを注ぐ、ただその受け手として扱うのではなく、人としての尊厳を重んじ、愛と思いやりをもって世話をしました。どれほどたくさんの人がいても、マザーは一人ひとりと向き合っていました。貧しい人たちの傷ついた体に触れるときには、祭壇で司祭がご聖体を掲げるように、またそれを謹んでわたしたちが拝領するように、敬い尊ばなくてはならない、とマザーはいつも言っていました。(33)

## 神さまを信頼なさい

インドシナ戦争のときでした。ダージリンで、平野に通じる道がすべて遮断され、わたしは途方に暮れていました。六十人の子どもたちに、五十人のお年寄り、その他に食べ物を求めて訪ねてくる貧しい人びと、そしてシスターたちのために、どこから食料を手に入れられるでしょう。

マザーに「どうしたらいいでしょうか」と電話をかけました。するとマザーは「主の祈りを唱えましたか」と尋ね、「はい」と答えると「神さまを信頼なさい」と言われました。これがマザーにかけた最後の電話、というよりも、かける必要がなくなりました。すぐに、わたしたちが大勢の人たちを食べさせなければならないと知った周囲の丘に住む人びとが、次々と食料やミルク、その他いろいろなものを持ってきてくれたからです。戦争が終結するまで、わたしたちが不足することはありませんでした。[34]

## 神さまが愛されるように

マザーにとって愛するとは、神さまが人びとを愛されるように、すべての人びとを愛することでした。マザーの隣人愛は、傑出していました。身体的な世話が必要ならば、まずそれを先に行い、身体を洗ってから、食事を与えました。それから魂を気にかけました。「おなかがすいていては神さまのことを考えるのも難しいでしょう。イエスはまず人びとに食べ物を与えられました。」そしてマザーはニルマル・ヒルダイ（マザーテレサのホーム「死を待つ人の家」）で、まさにそのとおりにしていました。愛に満ちた行いを見て、病気の人たちは、神さまが愛されるように、マザーが自分たちを愛している、と感じていました。[35]

## 話してないで、行動なさい

一九八七年にインドで、世界の飢餓についての会議が開かれ、マザーが講演者として招かれていました。わたしたちが会場に着くと、建物の入り口の脇に、男性が倒れていました。おなかをすかせ、食べ物をほしがっていました。「彼を連れて帰りましょう」とマザーは言いました。車にストレッチャーがあったので、「わたしが連れて帰ります」とマザーに言ったのですが、自分が連れて帰る、と断られました。その結果、マザーは会議に一時間半遅れました。当時マザーは、このことについて話題に出すことも、例として用いることもありませんでした。ただ、飢餓をなくすための会議が開かれているそのすぐそばで、人が飢えていて、わたしたちはその場にいたのです。

マザーはいつも、物事を一つ、また一つ、と対応していきます。この会議のときも、わたしは彼女を説得しようと試みました。「マザーは中に入ってください。わたしが彼の面倒を見ます。」インドでは数十万人もの人びとが、道端にいるのですから。でもマザーはこういうかたでした。つまり目の前にいる人の面倒は、自分が見ないといけないのです。「話してないで、行動なさい」とよく言っていました。政治家に向かって意見を言わない、とマザーはたくさんの批判を受けてきましたが、こう応えていました。「わたしは修道女です。目の前にいる、その人にキリストを与えるために、わたしはここにいるのです。[36]」

## マザーご自身が水の中に歩み入ります

修練者《ノビス》として最初の一年目に、わたしがカルカッタにいたときのことです。大洪水が起こって、水がひざ上まできたため、貧しい家族のもとを訪ねることができなくなってしまいました。それでもマザーとともに飢えた人、貧しい人にパンを届けるために出かけていきました。道に水があふれていたために、人びとは通りを渡れずにいましたが、マザーは、神と神の貧しい人びとへの偉大で深い愛から水の中に入っていかれ、おなかをすかせた人びとにパンを与え始めました。マザーにとって、飢えているのはイエスでした。修練者《ノビス》のわたしたちが水の中に入ることを、マザーはおゆるしになりませんでした。でもマザーは痛みがともなうまで、英雄的な神の愛の行いを示されたのです。[37]

＊

貧しい人がマザーを訪ねてきて「マザー、今日はまだ何も食べていません」と訴えると、マザーはその人を談話室に座らせ、わたしを呼び、食べ物をもってくるように言いました。もしわたしがいなければ、マザーご自身が戸棚から食べ物を持ってきたでしょう。マザーはいつも貧し

い人びとのことを心にかけていました。(38)

## おなかをすかせた人を決して追い返さないでください

たとえあなたがたのところに食べる物がまったくなくても、おなかをすかせた人を決して追い返さないでください、とマザーは言っていました。「そういうときは、笑顔で温かい言葉をかけましょう。」〔……〕マザーがホームを開設すると、どこでも、裕福な人もそうでない人も宗派を問わず集まってきて、貧しい人を助けられないか、と尋ねてきました。こうしたとき、マザーは彼らに何かを命じたり、支援を求めたりしたことは一度もありませんでした。ただこう言ったのです。「与えられるものは何でも与えてください。もし何もなかったとしても思い悩むことはありません。奉仕するための手と、愛する心を差し出してください。他の人を助けることによって、平和と喜びで満たされるでしょう。(39)」

## 人びとはそれよりも神に飢えていました

アルバニアにおける最初のホームは、一九九一年三月二日ティラナにつくられました。この国には何もないことにマザーはすぐ気づきました。人びとは物資に欠けていましたが、それよりも神に飢えていました。急を要すると思われ、直ちに行動に移しました。映画館やスタジアム、倉庫、等々として使われていた多くの教会を、マザーは政府から返してもらいました。病人やホームレスが保護されていた大きなモスクの扉を開き、そこにいた人びとを、ティラナにできた二つ目のホームに移し、モスクをイスラム教のイマームの手に返したのでした。[40]

## 自らを省みる

「わたしが飢えていたときに食べさせてくれた。」（マタイ25・35）

「今日、あの人たちは飢えているのです。明日ではもう手遅れかもしれません。[41]」

「今日、貧しい人びとは、パンと米に、そして神の愛とみ言葉に飢えています。[42]」

わたしははたして、自分の家族、コミュニティー、教区、近隣、街（あるいはさらに遠いところ）で「飢えている人」に気づけるだろうか。そしてその飢えをいくらかでも和らげられるだろうか——（物質的援助、愛情と優しさを伝える動作、神のみ言葉）。飢えに苦しむ人びとと連帯するために断食したり、地域の慈善活動にボランティアとして参加できるだろうか。
神のみ摂理によって与えられた食物に、感謝のしるしとして食前と食後の祈りを唱えよう。また、食べる物のない人びとを心に留め、食べ物を無駄にしないようにしよう。

## 祈り

主よ、わたしたちを、
貧しさと飢えのうちに生き、死んでゆく、
世界中の友に仕えるのにふさわしい者としてください。
わたしたちの手をとおして、
今日この人びとに日々の糧をお与えください。
わたしたちの理解ある愛をとおして、
彼らに平和と喜びをお与えください。

聖パウロ六世教皇

# 2　渇く人に水を飲ませる

「渇く人に水を飲ませる。」この「あわれみの行い」は、マザーテレサの生涯において、特別な響きをもっている。

十字架上のイエスが言われた「わたしは渇く」(ヨハネ19・28)に、磔《はりつけ》にされたイエスの人びとの愛と魂へのかぎりない渇きを癒やすという、マザーテレサの召命が端的に表れている。渇く人との出会いは、この召命をそのたびに呼び覚ました。また、目の前にいる貧しい人の差し迫った必要を真っ先に満たす、新たな招きとなり、さらに、その貧しい人をとおしてマザーテレサに「水を飲ませてください」(ヨハネ4・7)と頼まれているイエス——「貧しい人の苦しみ痛む姿となられた」——の渇きを神秘的な方法で癒やすことでもあった。

マザーテレサはいつも貧しい人びとのニーズ、特に基本的な物資の欠乏に心を配り、必要に応じて現実的な対策をとって彼らを助けた。飲み水が欠乏している場所ならどこであろうと、彼女は行政や慈善団体の助けを借りて水を届けた。これは貧しい人びととともにあったマザーテレサの数々の取り組みの一つである。

ただマザーテレサはそれだけにとどまらなかった。彼女は大勢の人びとが「優しさ、共感、こまやかな愛情」に渇いていることに気づき、渇くという経験を、さらに一歩踏み込んでとらえた。この、人間にとって基本的な欲求を満たすために、マザーテレサは、優しさ、共感、愛を目に見えるかたちで伝えようと力を尽くし、シスターたちにもそうするように励ました。

実際の渇き（水が不足していたり、水を得られなかったり、その手段をもっていなかったり、あるいは路上で死にかけている困窮状態）、あるいは人間的な愛への渇きの理由が何であれ、「あわれみの行い」として渇いている人を癒やすことに、わたしたちはしっかりと目を向けなくてはならない。マザーテレサに倣って、わたしたちもまた、身近にいる渇く人に気づき、その渇きを癒やすためにどれだけのことができるのか試されている。「水だけでなく、知恵、平和、真実、正義、愛に渇く人」を癒やすためマザーテレサが尽くしたように。

## マザーテレサの言葉

### イエスはわたしたちの愛に飢えておられます

十字架上で息を引き取られるとき、イエスは「わたしは渇く」と叫ばれました。イエスは、人びとの魂に、愛に、そして優しさ、共感、こまやかな愛情に渇いておられ、その渇きを癒やすために、わたしたちはいるのです。病気の人や死にゆく人への一つ一つの行いをとおして、わたしは、その人へのイエスの愛の渇きを満たします――わたしの内にある神の愛をその人に与えることで。望まれない人、愛されていない人、孤独な人……そしてすべての貧しい人びとに奉仕する

ことで。わたしは、他の人びとへの愛の行いをもって、イエスの渇きを癒やしているのです。(1)

＊

十字架上で息を引き取られるとき、イエスは「わたしは渇く」と言われました。イエスはわたしたちの愛に渇いておられ、貧しい人も裕福な人も誰もが同じように試されています。わたしたち誰もが、他者から愛されることに渇いています——自分の殻《から》をやぶって、よいことをしてくれ、傷つけないようにしてくれることに。痛みをともなうまで与える、これが本当の愛です。(2)

＊

イエスが「渇く」と言われたとき、水を求めているのだと彼らは考えました。そこで、酸いぶどう酒を飲ませようとしましたが、イエスはお受けになりませんでした。でもイエスは渇いておられました……愛に、人の魂に渇いておられたのです。そして現在も同じように、わたしや皆さんに言っておられます。「わたしは愛と人の魂に渇く」と。イエスの渇きをわたしたちはどう癒やせばよいのでしょうか？　今ここで、わたしたち一人ひとりが、救霊と聖性のために働くのです。これがイエスの渇き、激しい渇きであって、十字架上のイエスをひどく苦しめたのは、人びとのために、これほどの苦しみを受けるにもかかわらず、それでもなお多くの人からも受け入れられない、とご存じだったからです。[3]

＊

わたしたちはささいなことにおいても、より貧しいほうを選べるようでなくてはなりません。大勢の人びとが明かりのないところで暮らしています。刑務所の中で死んでいく人もいます。そして、飲み水と洗濯のためにバケツ一杯の水しかない人びとがいるのです。わたしもバケツ一杯の水ですませることにしました。そうせざるをえないからではなく、そうしたいと心から思うからです。貧しさを実感し、自ら分かち合えるようになったときに、あなたがたは真に神の愛の宣教者会のメンバーとなります。聖母と主イエスは地上におられたとき、こうした簡素な暮らし方をされました。[4]

## イエスは何に渇いておられるのでしょう

イエスは、わたしたちを特に貧しい人びとのもとに送られました。あなたがたが貧しい人や病気の人に一杯の水を与えるとき、瀕死の人を抱きかかえるとき、赤ん坊にミルクを飲ませるとき、何も知らない子に勉強を教えるとき、ハンセン病患者に薬を飲ませるとき……あなたがたの態度や振る舞いのすべてが、今日の世界に届けられる神さまの愛なのです。「神さまは今も世界を愛しておられます！」このことを心に刻み込んでほしいのです。神さまが、あなたがたをとおして、わたしをとおして、今日も人びとを愛しておられることを。あなたがたの目に、行いに、日常のしぐさに、神さまの愛をわたしに見せてください。(5)

*

わたしは、激しい、本当にひどい肉体の苦しみを、エチオピアで見てきました。毎朝、門を開けるとすぐそこで人びとは待っていて、あえぎながらただ一杯の水を求めています。食べ物もまったく口にすることなく、彼らは長い道のりを、愛のこもったささやかな世話といくらかの食べ物のために歩いてきたのです。(6)

## わたしたちはどこにいるのでしょう

望まれず、愛されず、気にかけてもらえず、愛に飢えている人びとが、路上に大勢います。そばに、三、四本、酒瓶が転がっていたりしますが、彼らがそれを手にするのは、誰からも他に何も与えられないからです。

あなたはどこにいますか？　わたしはどこに？　こうした人びとは、ニューヨークに、ロンドンに、こうしたヨーロッパの大都市の真ん中にたくさんいます。たった一枚の新聞紙を広げて、その上で横たわっています。シスターたちは夜の十時から夜中の一時にかけて、サンドイッチと温かい飲み物を持ってローマの通りに出かけていきます。ロンドンでは、工場の壁に寄りかかって暖をとる人びとを見かけました。いったいどうしてこうしたことに。わたしたちはどこにいるのでしょう。(7)

## 理解されることへの渇き

パンやお米に飢えているだけではありません。人びとは、愛に、必要とされることに、相手にとって自分が大切であるということに、名前で呼ばれることに、深く共感してもらうことに、飢えています。今日、世界中で、こうした愛への、とてつもない飢えが見られます。わかってもらいたい、という渇きです。(8)

＊

イエスは言われます。「わたしは飢えている。わたしは渇く。わたしには居場所がない。ともにいる人もいない。あなたはそれをわたしにしてくれた。」わたしたちはソーシャルワーカーではなくて、世界のただ中で観想しているのだと、いつもわたしは言っています。世界のただ中で、わたしたちは飢えておられるイエスを満たそうとしています。あわれみと喜びの水を人びと

に、イエスに与えているのです。(9)

## 人びとの証言によるマザーの行い

エチオピア――開かれたカルワリオ

エチオピアのアラマタに赴いたシスターが、マザーに現状を電話で報告しました。「シスター、彼らが死んでしまうまえにどうにかしないと」と、マザーの声は苦悩に満ちていました。「食料、医薬品、衣服、そして何より水が必要です」とシスターが伝えると、マザーは「かけ直します」と言って、その後、レーガン大統領に電話をかけました。「わたしはたった今、エチオピアから報告を受けました。飢えと渇きで何千人もの人が死にかけています。どうか行動を起こしてください。食料、飲料水、衣服、医薬品を必要としています。」心を動かされた大統領は、マザーにまた連絡すると伝えました。

アメリカを巻き込み、一日もたたないうちに、カトリック救援事業会（ＣＲＳ）を通じて、エチオピアの神の愛の宣教者会のために大量の食料が準備されました。貨物機と船で、食料、衣服、医薬品を送り出し、マザーは四人のシスターとともにエチオピアに向かいました。荷物に、毛布と乾パン、衣服を詰め込みました。マザーを一目みようと大勢の人びとが空港で待ち受けていました。

マザーは、ポップシンガーと行き合います。彼はマザーに挨拶した後、「エチオピアで地獄の門が開いたかのようだ」と叫びました。マザーは彼の目を見ながら言いました。「エチオピアは、地獄ではなく、開かれたカルワリオよ。あなたとわたしがそれぞれにできることをすれば、人びとの命は救われる」と。

翌日、マザーは直ちに救援を必要とする地に飛ぼうと熱い思いでいました。エチオピアの大統領が、彼専用の飛行機をマザーの移動のために用意してくれました。

マザーが目にしたのは、餓死寸前の骨と皮だけになり、目がひどくくぼみ、腹部と背中がくっつきそうな、不安なまなざしをした大勢の病者でした。さらに何千人もが座ったままじっと、朝の七時から夕方の七時までに配られる食事を待っていました。

シスターたちはどうにか、一人ひとりにコップ一杯の水をゆき渡らせていました。マザーは人びとの間を歩き回って祝福を与え、彼らの痛みをじかに感じていました。また、水の入ったバケツを手にして、人びとに飲み水を与えていました。

マザーは心からのほほえみをたたえてシスターたちに言いました。「あなたたちがうらやましいわ。イエスは、コップ一杯の水を与えたら、天で報われると言われたから。イエスの渇きを貧しい人をとおして癒やすことができるのは、あなたたちに与えられたお恵みです。イエスは言われています。『あなたはそれをわたしにしてくれた。』イエスは真であり、わたしたちを欺くことはありません。」シスターたちの喜んでいる様子を見て、マザーは、管区長に言いました。「シスターたちをごらんなさい。彼女たちは、ほとんど何ももたないのに、あんなに幸せで、生き生きとしています。このとおり、わたしたちは多くのものを持たなくても生きていけます。喜びの秘訣は、わたしたちの貧しさ、そして貧しい人びとの中で最も貧しい人に心から仕えることです。」そう言い残してわたしたちを祝福し、マザーはマカレに向かいました。

空港からまっすぐわたしたちは、飢餓で苦しむ人びとのいるキャンプに向かいました。ひどく弱っている人はテントに寝かされていました。そこでマザーは、ジャングルの木でできた小さな小屋にふと気づきました。そこにはまだ埋葬されていない遺体が積み重ねられていました。人びとは口々に言いました。「マザー、水が不足しているために、たくさんの人が死んでいます。水をください。」その晩、マザーは早く横になりましたが、寝つけないようで、そのまま、夜が明けて、アディス・アベバに戻るのを待ちました。時折、マザーが「水がないまま生きていくなんて恐ろしいこと、なんてひどい渇き」と言って、ベッドで寝返りを打つのが聞こえてきました。(10)

*

エチオピアのアラマタで大飢饉が起こり、マザーが訪れたときのことです。水がまったくなく、飲み水さえありませんでした。昼食のときに、わたしたちは皆コップ一杯の水がもらえました。とても暑い日で、皆、喉が渇いていましたが、マザーは自分の分を飲まずに、瀕死の女性にその水をあげていました。(11)

## 行動的で具体的

病気の人や苦しんでいる人に、マザーは特別な愛を示しました。カリガート（一九五二年にマザーテレサが設立したホスピス。ニルマル・ヒルダイという名称でも知られている）で、マザーが愛そのものとなって、ベッドからベッドへと見舞い、人びとに触れ、実際に気遣う姿は、福音（よい知らせ）がまさに伝えられているようでした。マザーは行動的な女性で、具体的な方法で愛を伝えました。

喉の渇きを訴える人には水を、父親たちにはチョコレートを、といったように。その行いを見るたびに、お説教されるよりも愛について教えられました。［……］また、犠牲をささげるように、人びとの求めにすぐ応じるように、とマザーはいつもわたしたちを促しました。それはいつも心のすべてを込めた奉仕であって、直接的であれ、間接的であれ、誰かが何かを必要としているなら、ひとりのシスターがそのどちらをも満たせるように、身を粉にして働かせるほどでした。マザーが彼らに見せる愛は本当に特別でした。[12]

## 苦しみ痛む姿となられて、渇くイエス

マザーの霊性にみられるおもな特徴の一つは、貧しい人びとの中で最も貧しい人の内に、苦しみ痛む姿となられたキリストを見いだしたことです。この「苦しみ痛む貧しい人の姿となられた」という表現はきわめて特別な意味をもっています。貧しい人びとの中で最も貧しい人、というだけでなく、見いだすのが非常に困難な、苦しみ痛む姿となられたイエスを認める、そこにイエスがおられる、渇いておられると信じ、ともにあろうとすることです。「苦しみ痛む貧しい人の姿となられた」ことを信仰するには、観想、祈り、そしてとりわけご聖体をとおしてイエスと触れることが何よりも大切になってきます。

「ご聖体をとおしてわたしが受けるイエスは、わたしが奉仕する同じイエスです。異なるイエスではありません」とマザーは言います。［……］神の愛の宣教者会の霊性は、このイエスの存在を核心においているように思います。［……］「わたしは、貧しい人の内におられるイエスに仕え、愛したいのです。アッシジの聖フランシスコのように、貧しく暮らし、イエスにお仕えしたいのです。[13]」

## 自らを省みる

「喉が渇いていたときにあなたたちは飲ませてくれた。」（マタイ25・35）

「渇いておられるイエスを癒やすために、あなたの兄弟姉妹をとおして、あわれみ、ゆるしの水を差し上げましたか。(14)」

「あなたの優しさにイエスは渇いておられます。あなたは主に応えるその『ひとり』になってくれますか。(15)」

近しい人びととの、水への渇きだけでなく、愛され関心をもたれることへの渇きを癒やす小さな愛の行いを、わたしはさりげなく行えるだろうか。人に仕えられることを期待するのではなく、自分のほうから家族や地域の人びとの役に少しでも立とうとしているだろうか。水に困窮している人びとに水を届けるプロジェクトを支援できるだろうか。水に困窮している人びとへの連帯の気持ちから、水を無駄にしないためにどうしたらよいだろうか。

## 祈り

イエスの御母聖マリア。あなたは、イエスの叫び「わたしは渇く」を最初に聞かれたおかたです。わたしへの、貧しい人びとへの、イエスの想いがどれほど切実で、深いか、あなたはご存じです。わたしはあなたのものです。お導きください。十字架にかけられたイエスのみ心の愛に向き合わせてください。

聖母マリア、あなたのお助けによって、イエスの渇きに耳を傾けます。わたしにとってそれは生きたみ言葉です。あなたのおそばに立ち、イエスにわたしの愛をささげるとともに、イエスが注いでくださる愛を受け入れます。あなたの喜びの源となるように。そしてわたしはイエスの渇きを癒やします。

アーメン。

マザーテレサ

# 3

# 裸の人を衣で覆う

マザーテレサが貧しさに慣れることは決してなかった。各支部で働く「神の愛の宣教者会」のシスターをいくつも訪ねた後に「貧しい人びとはひどく苦しんでいます」とマザーテレサはしばしば語っている。「ニューヨーク、ロンドン、ローマで見られる貧しさ……。夜、ローマの通りを歩いてごらんなさい。新聞紙の上で寝ている人びとがいます」と悲しみを込めて言うのだった。ときには、貧しい人びとがますます貧しくなっていくようにも見えた。

そうした中で、マザーテレサは、多くの人びとが着る物に困っている、と気づく。着替えがなく、シャワーも浴びることができずにいる路上生活者は、貧しい身なりや臭いのために、蔑みのまなざしに耐えなくてはならない。彼らだって、他の人たちのように、きちんとした格好をしたいにちがいない。

貧しい人びとが貧相な身なりをしていようとそうでなかろうと、マザーテレサは彼らに最大限の敬意を払い、彼らのニーズに、ただ衣服を与えて応えるようなことはしなかった。道端に裸で寝ている人がいればその体を覆い、寒さで震えている人には暖かい毛布を与え、また、倒れて傷口にウジがわいている人を屈辱から守った。彼らが貧しさゆえに人びとから嫌悪されないためだった。

「裸の人を衣で覆うとは、ただ服を着せるというだけでなく、人間としての尊厳でつつむことです」とマザーテレサが言うときには、貧困で苦しむ人びとが敬意を払われることで、神の息子、娘としての尊厳が回復されるようにと、力を込めて説いているのだ。

自らを深く知るマザーテレサは、人の目にどう映っていようと、自分が他の人と異なるわけではなく、またより善人だと思うこともなかった。自らをそのように見ることができたのは、心の奥底で、自分もまた貧しい人びとの中で最も貧しい人のひとりである、と確信していたからだった。それによって、目の前にいる人に深い、こまやかないたわりを抱くと同時に、人としての尊厳を相手に認めることになった。

さらに、「貧しい人びとは本当に偉大です。彼らはわたしたちにすばらしいことを教えてくれます。［……］おそらく彼らには食べ物も、住む家もないでしょう。でも偉大な人びとです」とマザーテレサにはわかっていた。

現代世界で、人の尊厳がどれほど軽んじられているか、わたしたちは気づいているだろうか。人はしばしば搾取の対象としてしか見られてはいないだろうか。多くの状況で人の尊厳が軽んじられ、個人が搾取の対象となっているときに、マザーテレサが一人ひとりに示した愛と敬意は、今まさに求められている心の在り方である。

温かな心で、敬意を払いつつ、尊重しつつ人に触れることは、まさに相手の生来の尊厳を回復していくことになる。

# マザーテレサの言葉

## イエスはわたしたちと同じになることを選ばれました

貧しい人びとは偉大で、わたしたちは彼らに深い感謝の気持ちを抱いています。というのも、神の愛の宣教者会が存続できるのは、彼らがわたしたちを受け入れてくれているからです。イエスを見つめることでこのことが理解できます。イエスは人の子となるために、「豊かであったのに、あなたがたのために貧しく」なられました（二コリント8・9）。イエスは宮殿をお選びになれたのに、わたしたちと等しくあろうと、罪がないということの他は、すべてにおいてわたしたちと同じになられたのです。わたしたちもまた貧しい人と等しくあるために、極貧ではないにしても、すべてにおいて、彼らと同じように貧しくあることを選びました(1)。

*

わたしたちのところで死を迎えた人びとは、皆、天国で、聖なる者となっている、と確信しています。彼らは今、神さまとともにいます。この世で人から望まれなかったとしても、神さまにとっては最愛の子どもたちです。[2]

## イエスは、その裸の人のために息を引き取られました

イエスが十字架上で息を引き取られたのは、偉大な愛を示されるためでした。あなたのために、わたしのために、ハンセン病患者のために、飢えで死にかけている人のために、道端に裸で横たわっている人のために。そうした人びとは、カルカッタだけでなく、アフリカ、ニューヨーク、ロンドン、そしてオスロの路上にもいます。イエスは、ご自分がわたしたち一人ひとりを愛されるように互いに愛し合うよう、強く求められました。福音書にとてもはっきりと記されています。「互いに愛し合いなさい、わたしがあなたがたを愛したように。わたしがあなたがたを愛しているように。御父がわたしを愛したように、わたしはあなたがたを愛しています。[3]」

＊

イエスは言われました。「お前たちは、わたしが飢えていたときに食べさせ、裸のときに着せ、病気のときに見舞い、宿がなかったときに招き入れてくれ、寂しいときにほほえんでくれた。わたしの兄弟であるこの最も小さい者のひとりにしたのは、わたしにしてくれたことである。」イエスは繰り返し言われます。わたしがあなたがたを愛したように互いに愛し合いなさい、と。[4]

*

ですから、貧しい人びとの中で最も貧しい人がどこで暮らしているのかを見つけるために労を惜しんではなりません。他の共労者にもこれらの場所を訪ねるように勧めなさい。必ず二人で行くように、決してひとりで行ってはいけません。ひとりではなく、必ず誰かもうひとり連れてその場に向かうようにしなさい。苦しみ痛む人の姿となられたキリスト、おなかをすかせ、裸で、寝るところのないキリストがおられます。［……］ただつつましい仕事をするのです。わたしたちはつつましい仕事にとどまると決めています。食事を与えたり、洗いものをしたり、汚れを落としたり、抱擁し、世話をする、といった小さな行いですが、時間の無駄ではありません。なぜなら飢えたキリスト、裸のキリストに奉仕しているのですから。イエスがわたしたちを欺かれることはありません。二十四時間キリストに触れている、ということなのです。貧しい人とともにいることで、貧しい人に触れていることで、二十四時間祈りをささげられるのですから、本当にすばらしいのです。(5)

*

あなたがたは心からイエスを愛していますか。イエスの渇きを始終本当に感じていますか。

「貧しい人びとの中で最も貧しい人の内にいるわたしを愛しているか」とあなたがたに言われているイエスの声が聞こえますか。シスターの皆さん、わたしの言うことに耳を傾けてください。飢えている人の内に、裸でいる人の内に、愛されず望まれていない人の内に、大きな傷口にウジがわいているハンセン病患者の内に、エイズ患者の内におられるイエスの叫びが聞こえますか。彼らに人としての敬意を払って接していますか。一人ひとりの内で苦しんでおられるキリストが見えますか。あなたがたがイエスのすぐおそばにいれば、聖母が助けてくださり、「人びとの苦しみを分かち合うことをとおして、イエスの渇きを癒やします」と言えるでしょう。修道院でも同じで、長上にもシスターたちにも皆そうするのです。さあ、忘れないでください、「わたしにそれをしてくれた」を。(6)

あなたがたの手はどれほど清くなければならないことか

手を合わせて祈るために、裸のキリストに服を着せるために、あなたがたの手はどれほど清くなければならないでしょう。(7)

＊

今日、ある学校の生徒たちがわたしを訪ねてきました。各クラスから選ばれた男女ひとりずつの代表が、プジャの儀式の後、シシュ・ババン（子どもの家）にお金と食べ物を届けてくれ、それからわたしに会いに来てくれました。わたしたちのことをどのようにして知ったのかはわかりません。シスターの皆さん、神の愛の宣教者会が世界中に貧しさへの気づきを促すことができたのは、わたしたちの召命のすばらしいところですね。二十年まえ、身近に飢えた人がいる、もしくは裸の人がいるといっても誰も信じてくれなかったでしょう。今では、わたしたちの働きのおかげで、貧しい人がいることを世界が知ったのです。知れば、分かち合おうとします。(8)

＊

ケネディ氏が訪ねてきました。氏は、汚れた衣服を洗っていたシスターアグネスに握手を求めました。シスターは手を隠しましたが、「握手させてください。キリストへの愛からつつましい仕事をしている手だから」と彼は言い張りました。(9)

＊

以前、ベイルートを訪れたときのことです。病院は爆撃され、働いている人も逃げ出し、ひどい状態で置き去りにされていた子どもたちを救い出しました。三十七人の子どもたちは丸裸で、互いに重なり合っていました。食べさせたり、世話をする人もいない子どもたちは、お互いをなめ合っているような状態でした。わたしたちはそうした子どもたちを、清潔なベッドの上に寝かせました。シスターたちのおかげで、子どもたちはどれほど変わったことでしょう。「マザー、ありがとう」――医者たちは来て皆、「子どもたちは誰ひとり、一週間もたないでしょう」と言っていました。すばらしいのは、すべての子が助かり、美しい笑顔を見せたことです。(10)

＊

ここヨーロッパやその他の地域で、飢えている人や裸の人はいないと思っているかもしれません。でも人はパンに飢えるだけでなく、愛に飢えます。服はあっても、人としての尊厳を失っていて、裸かもしれません。煉瓦《れんが》づくりの家はあっても、望まれず、愛されず、世話をしてもらえない、こうした疎外感を味わっているかもしれません。だからこそ、わたしたちは祈らなければならないのです。祈りによって、心は澄み、澄んだ心があれば神に出会えます。そして神に出会えば、神がわたしたち一人ひとりを愛してくださっているように、互いを愛することができるようになります。(11)

## 人としての尊厳を失ったとき、人は裸です

愛されず、望まれず、世話をしてもらえず、忘れられ、孤独であることは、大変な貧しさで

す。物質的な貧しさなら、物で満たすことができます。もしわたしたちが飢えている人を連れて帰ったら、パンを与え、それで彼の空腹を満たしたことになります。でも孤独で、疎外され、社会から見捨てられた人と出会ったときに、物をあげたところで何の助けにもなりません。寂しさ、心の深い傷を癒やすには、祈りと犠牲、優しさと愛が必要です。でもこれは、物をあげるよりも、難しい場合がほとんどです。ですから人はパンに飢えるだけでなく、愛にも飢えるのです(12)。

＊

人は誰でも、神の似姿として創造され、キリストは受肉によって一人ひとりと結ばれています。わたしが活動を始めたころ、教会はごみためではない、と言い去っていく人もいました。彼らが言う「ごみ」とは、貧しい人、病気の人、死にかけている人、手足の不自由な人、ホームレスの人など……のことでした。でも今では、誰もが、「ごみ」とみなしていた人びとに目を向けているように感じます。そうです、貧しい人びとは、敬意を払われ、人としての尊厳が与えられるのに、ふさわしい者たちです。愛された経験のない人は、自らの尊厳に気づくことができません。わたしはニルマル・ヒルダイで死を迎えた人を思い出します。「ぼくは路上で動物のように生きてきました。でも今、愛され、世話をされながら天使のように死んでいきます」と言ったのです。[13]

＊

極寒の地で、多くの人が凍えて死んでいきます。ただ、「裸」であるとは、人としての尊厳、美徳――清純さ、純潔な体と心、澄みきった心――を失っている大変な状態でもあるのです。神さまからの美しいお恵みである、澄みわたった清純、慎み深い貞潔、汚れのない純潔を失っています。[14]

＊

「裸」であるとは、人としての尊厳を奪われ、敬意を払われず、このうえなく美しい清らかさを失うことです。また、愛し合う若い男女が互いに与え合える最もすばらしいものとしての純潔を失う、美しく偉大なものが失われることです。こうしたとき人は「裸」です。[15]

＊

人としての尊厳が認められず、わたしたち一人ひとりの内にある聖なるものが尊重されないために「裸」であることがあります。神さまは、愛し、愛されるために、こうしたすばらしいこと

のために、人を創られました。人の尊厳を奪うとき、わたしたちは相手の内にある聖なるものを破壊しているのです。(16)

## 人びとの証言によるマザーの行い

### 彼は傷だらけで全裸でした

若いイギリス人男性が、暴徒から石を投げられ、全速力で逃げていました。マザーは乗っていた救急車をとめて、その男性を乗せました。彼は傷だらけで全裸でした。マザーは、彼をマザーハウスに連れて帰って、体を洗うために水を渡しました。それから、傷口の手当てをし、服と温かい食事を与えました。(17)

### わたしたちはここの子どもたちを全員連れていきます

わたしたちが初めてルーマニアの孤児院を訪れたとき、言葉にならないほど劣悪な状況にある子どもたちが六十三人いました。マザーは四十人の子どもたちを連れていく許可を得ていました。子どもたちは裸で、その多くがおしっこでぬれたベッドに、二、三人ずつ座っているか、寝ていました。「子どもたちを全員連れて帰ります」とマザーはわたしに言いました。「でも四十人分の許可証しか持っていません。」マザーは、わたしを遮りました。「全員を連れていくまで、ここを離れません。」

しばらくしてから、わたしは建物の外で、マザーが「彼ら（職員）を裁きたくありません」と繰り返しているのを目にしました（明らかに動揺した様子でした）。「わたしは彼らを裁きたくありません。でも、彼らは悪びれる様子も、きまり悪そうでもない。ただ立っている。いったいどうしてそうしていられるのでしょう。」続けてまた「でも彼らを裁きたくありません」と繰り返しました。マザーは最後まで職員たちにたいして平静を保ち、わたしたちが六十三人全員を連れ出すのを見届けました。[18]

## マザーは女性を帰らせませんでした

神のみ摂理にすべてをゆだねるマザーに、わたしは心を打たれました。ある日、ぼろぼろの服を着た女性が訪ねてきました。マザーは、担当のシスターにサリーを持ってくるように伝えましたが、あいにく彼女にあげられるサリーはありませんでした。それでもマザーが彼女を帰さずにいると、数分後、新しいサリーをたくさん抱えた男の人がやってきたのです。その女性はとても喜んでいました。[19]

## マザーには神の愛の力が備わっていました

一九九一年当時、アルバニアではあらゆるものが不足していました。店には食料品も、衣料品も、医薬品もありませんでした。マザーは、衣服、食料、医薬品の支援を、とりわけイタリアに要請しました。物品は大量に届き始めましたが、人びとが規律を守らず、敵対的だったため、なかなか配れずにいました。わたしたちがそのことをマザーに伝えると、マザーは自分がその場にいるときに、衣服や食料を配るようにと言われました。わたしたちは人びとに券を配ろうとしましたが、それすらできませんでした。配布する当日、マザーはエプロンをかけ、準備万端整えて待っておられました。外で警察も待機していましたが、押し寄せた群衆をコントロールできません。そこでマザーが、群衆の前に進み出て、話し始められました。心臓病を病んでおられたので、わたしたちは心配でしたが、マザーは勇敢で毅然《きぜん》としていました。マザーのおかげで群衆は静まり、人びとに衣服を配ることができました。マザーに神の愛の力が備わっていたからこそ、できたことです。配り終えた後、マザーは「アルバニアの人びとはこうではなかったのに」と嘆かれ、昔のことを思い返されていました。そうです、五十年の間に、国民全体が荒廃してしまったのでした。国が法的に神を排除してしまったら、人はどうなってしまうでしょう――人としての尊厳を失ってしまうのです。ひとりのアルバニア人がわたしたちにこう話しました。「共産主義は、五十年かけて人びとの良心を荒廃させてきました。アルバニア人が良心を取り戻すには、百年かかるでしょう。[20]」

### 咳《せき》をとめる最良の薬

マザーはシスターが病気になると、ご自分のベッドの近くに寝かせ、見守られました。シスターがチャペルで咳をすれば、外に連れていって、ご自分の温かい服でくるんであげました。夜中にシスターが共同寝室で咳をすると、マザーがいらして、優しく「あなたの咳を夜じゅう聞くことになるのかしら」などと愛情を込めておっしゃいます。それで咳はやみました。マザーのわたしたちへの大きな愛と気遣いが咳をとめる最良の薬でした！　毎晩、就寝まえにマザーは一人ひとりのベッドを見回られ、様子を確かめ、毛布を優しくかけてくださいました。蚊帳《かや》から足が出ていれば中に入れ、毛布でくるんでくださいました。たとえ書かなくてはならない手紙がたくさんあって、ひどく忙しいときでも。わたしにとって本当に実の母のようだったマザーが亡くなり、どんなに寂しかったことか。[21]

### 貧しい人たちはどれほど苦痛に耐えなくてはならないことでしょう

それは冬のことでした。共同寝室にいたのですが、ドアも窓も全部開けっ放しで、わたしはベッドの中で震えていました。二枚の毛布では足りなかったのですが、すでに夜中の十二時ごろでしたので、なんとかそれで温まろうとしました。ちょうどそのとき、誰かにさらに毛布をかけてもらったように感じました。気のせいかと思いましたが、目を開けてみると、誰がいたと思いますか。もちろん、マザーです。マザーは、優しく毛布をかけなおし、その端をマットレスにはさむと、わたしを祝福し、温かい手をわたしの顔に当てて、「おやすみなさい」とおっしゃいました。朝になってようやくマザーがご自分の毛布をわたしにくださったことに気づきました。この寒さの中、マザーは毛布がなくて休めたのでしょうか。神さまだけがご存じです。

その朝、マザーは言われました。「毛布もなく、冷たいむき出しの床の上で寝る貧しい人たちはどれほどつらいでしょう。貧しい人びとの苦しみに比べたら、わたしたちの苦しみは何でもありません。(22)」

## 服がびしょぬれです

ある日、雨に降られ、服がびしょぬれになりました。わたしはマザーのところにいって「服がびしょぬれなのですが、着替えがありません」と伝えると、マザーは、枕の下に自分の寝衣があるからそれを取りにいって着てらっしゃい、と言われました。わたしはそのとおりにしました。(23)

## 自らを省みる

「わたしが裸のときに、あなたは着せてくれた。」（マタイ25・36）

「あなたがたの忠誠心に望みを託し、イエスは裸です。あなたはイエスに応えるその『ひとり』になってくれますか。[24]」

「貧しい人びとは、裸です。着る物がなく、人としての尊厳も与えられず、思いやってもらえません。[25]」

粗末な、もしくは汚れた服を着ている人を、わたしは見下してはいないだろうか。他に着る服がないからそのような格好をしていることに、わたしは気づいているだろうか。貧しい身なりのために、人を避け孤立していることをわかっているだろうか。見下すような視線や見て見ぬふりをすることで、彼らにいっそう惨めな思いをさせていないだろうか。服がないためにつらい思いをし、それによって人びとから軽蔑され苦痛を感じていることに、気づいているだろうか。みすぼらしい格好をしている人びとが疎外されないために、わたしに何ができるだろう。

服を必要としている人が路上にいることに、わたしが気づき、持っている服を彼らといつでも分かち合う心があるだろうか。着なくなった服を他の人のために役立てられるだろうか。困窮している人に近寄っていくのはたやすいことではなく難しく感じられるかもしれないが、得るものも多いだろう。困窮している人を見つけて、その人が尊厳を取り戻せるように、また、敬意を払われ、尊重されていると感じられるように、直接手渡そう。相手の内なる尊厳を尊重していることが伝わるように、温かく、親しみを込めて、わたしは声をかけられるだろうか。

## 祈り

主よ、わたしがどこにいても、あなたの香りを広めることができますように。
わたしの魂をあなたの霊と命で、あふれさせてください。
わたしの存在に染みとおり、完全にあなたのものとしてください。
わたしの人生が、ひたすらあなたの光を輝かせるものとなりますように。

わたしが出会うあらゆる人びとが、わたしの内にあなたの存在を感じるほどに、
わたしの内で輝いてください。
人びとがもはやわたしではなく、あなただけを見ますように。
わたしとともにいてください。
そうすればわたしはあなたと同じように輝き始め、人びとの光となるでしょう。
主よ、光はすべてあなたからのもの、わずかな光でさえわたしのものではありません。
あなたがわたしをとおして、人びとを照らしておられます。
周りにいる人びとを照らすという、あなたが最も愛されるその方法で、
あなたを賛美させてください。
言葉で説くのではなく、わたしの生き方で、
わたしの行いが人びとの共感を引き起こし、
あなたへの愛がわたしの心に満ちているその確かさによって、
あなたを人びとに伝えることができますように。
アーメン。

ジョン＝ヘンリー・ニューマン枢機卿の祈り
（マザーテレサが毎日ミサの後で唱える祈り）

# 4 宿のない人を迎え入れる

ホームレスは、先進国においても、残念なことにかつてないほどよく目にするようになった。

マザーテレサがホームレスについて語るとき、粗末な家に住む貧しい人びとに、確かな配慮を示しながら、いっそう思いを寄せたのは、道端の「天の下で」、何日も、何か月も、そしてたいていの場合、何年も暮らす人びとのことだった。彼らのおかれている状況は、それ以外の未来が現実的に見えてこないだけに、なおさら絶望的だった。問題の深刻さに気づき、マザーテレサはホームレスのために、シェルターや施設をつくるのに、適当な場所を探した。こうしたセンターは、貧しい人びとが温かく迎えられ、愛され、世話をしてもらえる家庭のような場となるためにつくられた。とりわけ彼らが「自分の家にいると感じられる」ことにマザーテレサはこだわった。

ただ、ホームレスであるという現実がどれほどの絶望だとしても、マザーテレサが見いだしたのは、家がない、ということにとどまらない、より深刻な問題であった。「望まれず、愛されず、誰からも求められずに、路上に見捨てられている貧しい人びとの実際の状況」について彼女は語った。拒絶され、見捨てられ、背を向けられ、どこにも属していないと感じることや、人生の困難な時期によりどころとなる場所や避難所がないのは、大変な苦しみである。マザーテレサは彼らにシェルターを提供しながら、こうした苦しみを和らげることを望んでいた。

「ホームレスであること」へのこうした深い理解は、マザーテレサの奥深い神秘的体験をとおして得られたものでもあった。

霊的指導者のひとりに宛てて、彼女は、誰からも拒絶され、苦しみのうちに見捨てられている路上の貧しい人は、「わたし自身の魂の映し」だとつづっている。心を尽くして愛している神から望まれず、愛されず、求められないという耐えがたいほどの内的な苦しみを味わっていたマザーテレサは、ホームレスが日々抱いている思いをそのままにとらえることができたのである。惨めな思い、寂しさ、疎外感を抱える人びとに、彼女は自らを完全に重ね合わせた。批判することもなく、あわれみに満ちた彼女の深い共感を貧しい人びとは感じとり、自分たちが受け入れられ、愛され、理解されていると思えた。[1]

身をもってこうした苦しみを知っていたマザーテレサは、シスターたちに「ホームレスを迎えてください――煉瓦《れんが》でできた家を与えるだけでなく、理解し、包み込む、愛に満ちた心を差し出してください」[2]といつも励ました。歓迎され、愛され、守られていると誰もが感じられるホームをつくろうと、マザーテレサは力を尽くした。愛も温かみもない、冷たい、生命の感じられない施設ではなく、平安と安息の場となり、ホームレスの人びとが神の愛に触れ、死にゆく人びとは、愛され、大切にされていると感じつつ「神と仲直りして最期を迎えられる」場を、マザーテレサは望んだ。

## マザーテレサの言葉

### イエスは貧しい人びとをとおして再び受難を生きておられます

「ホームレスのわたしを、あなたは家に招き入れてくれた。」アッシジで暮らしている皆さんは、パンには飢えていないでしょう。でも、愛に飢えている人はいます。道端で横たわっているホームレスを目にすることはないでしょう。でも、ホームレスはいます。疎外され、人としての尊厳を与えらず、人の愛を知らない人びとです。皆さんは、アッシジの貧しい人びとを知っていますか。わたしたちは、ローマの路上で暮らすホームレスを迎えるホームをつくりました。カルロ・カッタネオには、何一つもたず、知り合いもいない、おなかをすかせた人びとのためのホームがあります。(3) ともに祈れば、皆さんが暮らしているこの町で、周囲に貧しい人を見つけるでしょう。(4)

＊

イエスは貧しい人をとおして再び受難を生きておられます。貧しい人びとは、キリストのご受難を現実にたどっているのです。わたしたちはこの人びとに敬意を払いつつ、仕えなければなりません。彼らをドアからドアへ、シシュ・ババンからマザーハウスにただ送ればいいわけではありません。彼らはもう十分に苦しんできたのですから、大切に迎えましょう。貧しい人びとは、現代において苦しまれているイエスご自身なのです。人びとを助けるよりよい方法や手段を見つける必要があります。貧しい人びとの苦しみを増すようなことがあってはなりません。この人びとは、カルワリオの丘を今、登りつつあるイエスなのですから。(5)

*

わたしたちは、五万二千人もの人びとをカルカッタの路上から連れてきました。社会から放り出され、望まれず、愛されない人びと、気にかけてくれる人が誰もいない人びとです。おそらく皆さんはこんな経験をしたことはないでしょう。これは非常に大きな痛み、ひどい痛みです。(6)

*

駅や非常に貧しい地区に行けば、公園や道端で寝ている人びとを目にするでしょう。わたしは、ロンドンやニューヨーク、ローマで、路上や公園で暮らす人びとを見てきました。寒い夜に路上で、男性が、女性が、新聞紙を一枚敷いて寝ている、これはとてもつらい光景です。でもホームレスのかたちはこれだけではありません。これよりももっとずっと深刻なホームレスの状態があります。それは、人びとから拒絶され、望まれず、愛されないことです。(7)

## マザー、どうしてその男性に気づいたのですか

デリーの大通りを、車で走っていたときのことです。車道から歩道にかけて倒れている男性がいました。車が何台もそばを走り抜けていきますが、彼の様子を見るために、止まる車は一台もありません。わたしが車を止めて、その男性を乗せると、シスターたちは不思議そうに尋ねてきました。「マザー、どうしてその男性に気づいたのですか。」誰ひとり、シスターたちでさえ、彼に気づかなかったのです。(8)

## 彼は突然、神に愛されていると実感しました

ホームレスは、煉瓦《れんが》でできた家がないというだけではありません。わたしたちは世界中にいくつも、病人や死にゆく人びと、ホームレスのためのホームをもっていますが、煉瓦でできた家をただ提供しているのではなくて、社会から望まれず、愛されず、気にかけてもらえないと感じ、見捨てられている人びとのためにつくりました。わたしたちのもとには今、エイズで苦しむ人びとが本当にたくさんいます。彼らは社会から見捨てられていますが、わたしたちの兄弟姉妹で

す。ニューヨークに開いたホーム「愛の贈り物」や、ワシントンの「平和の贈り物」は、エイズ患者や多くのボランティアの人生を大きく変えました。これらのホームにエイズで苦しむ大勢の人びとを迎え、患者たちは愛され、世話をされています。そして穏やかな最期を迎えています。これは、わたしや皆さんが、彼らと分かち合える愛の実りです。命を守るということです。彼らはより偉大なことのために、愛し、愛されるために創られた人びとなのです。(9)

＊

オーストラリアに、アルコール依存症の人びとのためのホームをつくりました。あるときシスターたちが路上から、長年にわたってアルコール依存症だった男性を連れてきました。彼は、自分の人生だけでなく子どもたちの人生、家庭、その他すべてを破壊してきました。でも、シスターたちの彼への接し方のおかげで、彼は突然「神に愛されている」と実感しました。なぜそのときそう思えたのでしょう？　シスターたちの彼への話し方、触れ方、愛し方によるものです。シスターたちは何か特別なことをしたわけではなく、大きな愛をもって心から共感し、深い理解を示し、彼が大酒飲みで、無力で、どん底にあることをごく自然に受け入れ、接したからです。そして「神に愛されている」と突然気づいたその男性は、その日から、アルコール類を一切断ちました。家庭に戻り、復職し、元の生活を取り戻したのです。初めての給料を受け取ると、彼は、わたしたちが建設している、アルコール依存でホームレスとなった人びとのリハビリセンターの建築現場まで持って来てくれました。わたしたちはこのセンターをとりわけ、行き場がないためにアルコールに溺れ、収監されてしまう年老いた人びとを迎えるためにつくっていました。

こうした理由で収監されている人びとを、このセンターに迎えて家庭のような場を与え、愛され、大事にされていると感じてほしいのです。お給料をもってきた男性は言いました。「神さまは、わたしにすばらしいことをしてくださった。シスターたちによって、シスターたちをとおして、神さまがわたしを愛してくださっていることを知りました。そのおかげで人生を取り戻せました。この人生をわたしは他の人びとと分かち合いたい。」シスターたちのしていることはとても小さなこと、わずかなことです。ですが、わたしたちのとても小さな行いをとおして、少なくともわたしたちが彼らを愛し、大切に思い、わたしたちが彼らの役に立とうとしていると、知ってもらえるのです[10]。

＊

男の子が夜遅くに経験した悲しみをわたしは決して忘れないでしょう。「お父さんのところに行ったんだ」と男の子は話し始めました。ですが、お父さんだけでなく、お母さんも、男の子を迎え入れませんでした。幼い男の子は、勇気を出して夜の遅い時間にわたしたちを訪ねてきました。すばらしいでしょう？　わたしは男の子を家の中に迎えました。すてきな子でした。[11]

＊

ある日、シスターが、歩道に倒れていた男の人を連れてこようとしました。彼を運ぼうと持ち上げると、背中から腰全体にかけての皮膚が肉もろとも、地面に、歩道にへばりついていました。ウジが大量にわいていて、喰《く》われていたのです。シスターは、彼をホームに運び込み、ウジに覆われた体を洗い、大切に扱いました。三時間後、彼はこのうえなく美しいほほえみを浮かべながら息を引き取りました。その場に来たわたしに、シスターが起きたことを話してくれたので、わたしは彼女に尋ねました。「どう感じていましたか。心の中でどう感じましたか。彼の体に触れているとき、あなたはどう感じましたか。」若いシスターは、美しい言葉で返してくれました。「彼をとおしてキリストの体に触れていることがわかりました。これまで一度もこのように感じたことはありませんでした。[12]」

## 誰からも受け入れられない人びと

ホームレスは、煉瓦《れんが》や木でできた家がないだけではありません。誰の心の中にも自分の居場所

が見いだせない人びと、拒絶され、愛されていない人びとでもあるのです。(13)

＊

昨日、大司教がタージマハルに案内してくださいました。生命のない巨大な大理石の建物を見て、とてもつらい気持ちになりました。こうした富のすぐそばで、ハンセン病を患う人びとや死が迫っている貧困者が、極度の苦痛と欠乏のうちに暮らしているのですから。心を貫かれるような痛みを覚えました。でも同時に、苦しみ痛む人の姿となられたキリストのために、よりいっそう尽くそうと決意しました。(14)

＊

マリアがイエスを見つけて家に連れて帰られたように、迷子になっている若者たちの内におられるイエスを見つけて、家に連れて帰りましょう。司祭であるあなた、そして他の司祭がたもマリアとともに、苦しみ悩む若者の姿をとられたイエスを探し、愛と聖性の力によって家に連れて帰らなければなりません。

若者たちは、ミサ聖祭のときに、父母のうちに、兄弟のうちに、周囲の人たちのうちにイエスを見いだすでしょう。(15)

## 望まれなかった子どもたちに家庭を

わたしたちはつねに、子どもたちのことをいちばんに気にかけ、見守っていかなくてはなりません。子どもたちがいるから世界はあり続けていくのであって、彼らは未来への唯一の希望です。人が神の国に召されたら、その後を継ぐのは子どもたちです。神さまはわたしたちにどのように語られているでしょうか。聖書にはこう書かれています。
「女が自分の乳飲み子を忘れるであろうか。母親が自分の産んだ子をあわれまないであろうか。たとえ、女たちが忘れようとも、わたしがあなたを忘れることは決してない。見よ、わたしはあなたを、わたしの手のひらに刻みつける。」（イザヤ書49・15〜16）

わたしたちは神さまの手に刻まれているのです。赤ちゃんは受胎の瞬間から神さまの手のひらに刻まれ、地上においてだけでなく、永遠に愛し、愛されるために神さまから呼ばれています。神さまは決してわたしたちをお忘れになりません。

美しい話をしましょう。わたしたちは養子縁組をとおして、中絶に反対しています。母親たちの面倒を見るとともに、生まれてきた赤ちゃんを養子に出すことで、たくさんの命を救ってきました。わたしたちはこれまでクリニックや病院、警察署に手紙を送ってきました。「どうか堕胎しないでください。わたしたちが面倒を見ます。わたしたちが赤ちゃんを引き取ります。困っている母親たちに『面倒を見ますから、わたしたちのところに来てください。あなたの赤ちゃんに家庭を見つけます』と伝えてください」と。子どもを授からない夫婦からたくさん問い合わせがあります。でも避妊してきた夫婦には子どもを決して渡しません。イエスはおっしゃっています。「わたしの名のためにこのようなひとりの子どもを受け入れる者は、わたしを受け入れるのである」（マタイ18・5）。子どもを養子にする夫婦はイエスを受け入れ、中絶をした夫婦はイエスを拒絶したのです。赤ちゃんを殺さないでください。引き取りたいのです。どうかわたしに子どもをください。中絶される赤ちゃんを引き取り、子どもを愛し、子どもから愛される夫婦の手に渡します。これまでカルカッタの子どもの家だけで、三千人以上の赤ちゃんを中絶から救いました。こうした子どもたちは、養父母にたくさんの愛と喜びを与え、愛情に囲まれながら育っていきました。(16)

＊

今も大変な苦しみのうちにある難民のために、特に祈りをささげましょう。難民たちはどこでも過密状態で暮らしています。ですから、聖母に、難民たちの母となってくださるように、そして、彼らが苦しみを受け入れ、その苦しみを世界の平和へとつなげる手助けをわたしたちができるように願いましょう。(17)

難民や流民を支援する神父様の努力に神のお恵みがありますように。ホームレスや貧しい人びとに、神の愛、そして希望と力が神父様をとおして伝わりますように。イエスのみ言葉「旅をしていたとき、世話をしてくれた」を思い起こしてください。[18]

＊

## 愛のつつましい奉仕

愛されず、見放されている極貧の人びとに、神さまのいつくしみ深い愛と配慮を伝えるわたしたちの愛のつつましい奉仕は、世界の人びとを深く感動させ、他者と分かち合いたいという強い思いを抱かせました。有り余る中から分かち合った人もいましたが、それよりもむしろ自分の欲しいものを我慢して、より恵まれない兄弟姉妹と分かち合った人がほとんどでした。犠牲の精神が多くの人びとのうちに見られるのは美しいことです。貧しい人たちだけがその恩恵を受けるのではなく、与えるほうも神の愛で豊かになるからです。[19]

## 最もすばらしい人生の展開

わたしたちは、病人や瀕死の人びとのお世話をしています。路上から人びとを迎えています。

カルカッタだけで、おおよそ三万一千人を連れて帰り、そのうち一万四千人は美しい死を迎えました。わたしにとって、人生の最もすばらしい展開は、神との和解のうちに息を引き取ることです。[20]

*

あなたがたもわたしも、ある同じ目的のために創られました。マリアが行く先々で行われたように、愛し、いつくしみの心を広めるためです。マリアのように人の痛みを感じ取って、何かしてあげるのは、女性の共感する心のすばらしいところです。あなたがたもわたしも、この共感する心をもっています。わたしたちは本当に相手に寄り添っているでしょうか。他者の必要を見とおすマリアの目をもっているでしょうか。家で、親や夫、子どもたちが求めているものに気づいているでしょうか。イエスがマリアとともに家に帰られたように、子どもたちはわたしたちと家に帰ろうとするでしょうか。子どもたちに家庭はあるでしょうか。[21]

## あなたの心の中で、キリストはホームレスかもしれません

人びとは煉瓦《れんが》の家がないために、あるいは孤独で、望まれず、面倒を見てもらえず、愛されていないために、ホームレスなのかもしれませんし、何よりもあなたの心に愛の家を見いだせなく

て、ホームレスかもしれません。愛は家庭で始まります。あなたの心の中で、あなたの家庭で、近隣で、あなたの暮らす国で、世界のただ中で、キリストは飢え、裸で、病気で、ホームレスかもしれません。(22)

＊

「あなたの家の扉をたたいたのはわたしだ。路上で寝ていたのはわたしだ。壊れた家庭で凍えていて死んだのはわたしだ」とイエスは言われています。(23)

＊

あなたの心の中に居場所を求めて、イエスはホームレスです。あなたはイエスに応えるその「ひとり」になってくれますか。(24)

＊

イエスはあなたの家庭をとても愛しておられることでしょう。エルサレムに居場所のなかったイエスが、マリアとマルタ、ラザロが暮らすベタニアまでずっと歩いて行かれたことをいつも思い起こします。三人はイエスを愛していました。イエスを求めていました。今でもイエスは「エルサレム」に居場所がないようです。あなたの家庭が、イエスにとって「ベタニア」となっていることを確信しています。いつでもイエスが迎えられますように。(25)

## 人びとの証言によるマザーの行い

### イエスを路上に放っておくわけにはいきません

ロンドンの路上に多くのホームレスがいることを知ったマザーは、彼らのところに連れていってくれるように、頼みました。そこである夜、アン・ブレーキー夫人とわたしはマザーを案内しました。ひとりのホームレスに特に目を留め、マザーは車から降りました。近寄っても、その男性は気づかないようでしたが、マザーが彼の手を握ると顔を上げて言いました。「人の手の温もりを感じたのは久しぶりだ。」マザーは車に戻って言いました。「彼は病気です。このまま彼を路上に放っておくわけにはいきません。」「マザー、おっしゃるとおりです。でもこんな真夜中に彼をどこに連れていけばよいでしょう」とブレーキー夫人は尋ねました。夜の十一時でした。「彼を枢機卿のお住まいに連れていきましょう。」運転手とブレーキー夫人は乗り気ではありませんでしたが、男性を連れて真夜中に枢機卿の館に向かいました。到着しましたが、もちろんすべての門に鍵がかかっていました。中に入るのを諦めかけていたとき、外出先から帰ってきた司祭が小さな門扉を開けました。運転手は走っていって、車の中にマザーテレサがいてホームレスが泊まれるところを探していると、彼に伝えました。その司祭は、わたしたちに待つようにと、とても親切に言ってくれ、救世軍に電話をかけ、すべて取り計らってくれました。わたしたちは男性を救世軍に連れていきました。(26)

## マザーはホームレスの苦しみに気づいていました

シェルダー駅構内や周辺のホームレスの苦しみに、マザーは以前から気づいていました。街でわずかな仕事を求める無職の人や物乞い、夜を過ごす場所のない人びとです。マザーは、鉄道会社の総責任者と警視総監と話し、全面的な協力を得ることができました。バラックポールから派遣された警察隊が、歩道に防水シートや竹製のシェルターを設置しました。シスターたちは駅を見回り、ホームにいる病人たちを連れていきました。毎晩九時半には、二人のシスターが、パンやミルク、毛布を配りました。ボランティアたちも手伝いました。ホームレスの多くが、朝になると仕事を求めて出かけていきます。病人や弱っている人、子どもたちは残りました。瀕死の状態にある人びとはニルマル・ヒルダイ（死を待つ人の家）に迎えられ、病人は手当てを受けるか、病院に行き、子どもたちはお昼まで学びました。

石綿の屋根がついた建物も完成し、落成式が開かれました。このとき、ディアス夫人は、マザーテレサが、触れるものすべてを黄金に変えるミダス王のようで、黄金はとても高価だけれども、マザーテレサがもたらしたものは、さらにずっと価値のある、愛と思いやりの黄金である、と話しました。巡回クリニック、救援センター、中等学院（ベンガル語とヒンディー語）、女性たちのための裁縫教室も新たに開かれました。夕方、子どもたちは、駅の周辺の通りをきれいに保つために、落ちているココナッツの殻《から》を拾いました。殻は、ごみとして収集されるまで、他に場所がないことから、緊急宿泊所の片隅に高く積み上げられていました。ある日、訪ねてきたマザーが責任者のシスターに「何のために殻を集めているの」と尋ねました。「特に目的はありません」と聞いて、不意にマザーは言いました。「これを全部プレム・ダンに送りなさい。ごみから何かを生み出しましょう。」大型トラック一台分の殻が、週に一度、職のない貧しい人びとのところに届けられ、彼らに仕事をもたらしました。殻の繊維からロープやドアマット、マットレス等がつくられるようになりました。(27)

## マリアとヨセフに宿を断るのですか

シシュ・ババン（子どもの家）に、精神を患う母とその子どもたちが暮らしていました。長男は体が不自由で知的障がいがありました。母親がひどい暴言をわたしたちに浴びせ続けたため、ある日わたしはシシュ・ババンに行くことを拒み、彼女がシシュ・ババンにとどまるかぎり戻らないと言って、鍵を返しました。マザーが来て、母親に荷物をもって子どもたちと一緒にシシュ・ババンを去るように勧めました。母親は立ち上がり、出ていきました。夕方で、霧雨が降っていました。わたしは彼女から解放されて喜んでいましたが、マザーは違いました。夕方五時ごろ（母子らが去って一時間後）、マザーはシシュ・ババンに戻ってきて、母子を捜しに行くと言いました。わたしも深く後悔していましたので、マザーについていきました。母子に家はなく、霧雨も降っていたので、マザーは心配し、わたしの心も和らぎ始めていました。母子を聖テレサ教会で見つけたわたしたちは、彼らをシシュ・ババンに連れて帰りました。わたしにとって決して忘れられない教訓となりました。マザーはわたしにこう言いました。「マリアとヨセフがベツレヘムで宿を断られたのをいつも思い起こしなさい。あなたは宿を断るのですか」と。(28)

## マザーはすぐに立ち上がりました

聖テレサの祝日に、マザーハウスのシスターたちが、大掛かりな劇を準備していました。その日はどしゃぶりで、突然の大雨にカリガートの水位は上昇していました。外には病人がたくさんいました。部屋が十分になく、わたしは彼ら全員を中に入れることができませんでした。そのことをマザーに伝えると、劇の途中であるにもかかわらず、すぐに立ち上がり、一緒にカリガートに向かい、たちまち問題を解決しました。マザーのおかげで、病人たちはたいした混乱もなく全員が中に入れました。マザーの手にかかると、皆に居場所ができるのでした。マザーがいったいどんな業《わざ》を使ったのかわたしにはわかりませんが、皆、幸せそうでした。訪ねてくる人を、マザーが誰ひとり断ったことがないというのは本当です。わたしもマザーに倣って、すべての人を迎えることにしました。マザーのいうように、貧しい人に姿を変えてイエスがドアをたたいておられるのですから。たとえ場所がまったくなくても、決して断りません。神のお助けがあれば、どうにかなるでしょう。(29)

## 人に会うのを断ったことは一度もありません

訪ねてきた人を皆、マザーは快く迎えました。人に会うのを断ったことは一度もありません。相手が誰であろうと、いつも心を開いて受け入れるマザーは「人に会うのを断ったことは一度もありません」と自ら言っています。カーストや宗教、その他のことを考えずに、マザーは休むことなく奉仕しました。神のみ前ですべての人を平等に見る徳を備えていました。(30)

## いつの間にか群衆から離れて

マザーは、指導的立場にあるシスターや共労者、その他多くの人びとに囲まれていました。わたしは他の志願者と一緒に、車の近くで待っていると、貧しい老人が近寄ってきました。目が悪いようで、マザーはいつ来るのか、と尋ねてきました。門の近くの群衆をわたしたちは指し示しました。マザーの姿は見えません。この老人が近くからマザーを見ることはできないだろうと思うと、胸が痛みました。シスターたちが、マザーにあまり近づかないようにと合図してもいたからです。どうしたことか、いつの間にか、信じられないことにマザーは群衆を離れ、老人のもとに来られました。彼は帽子をとり、目の上に祝福を与えてくれるようにと、マザーに頼みました。マザーは彼に英語で話しかけ、目を祝福し、笑顔を見せました。その老人は泣いていました。わたしはとても衝撃を受けました。わたしたちが立っているところに、マザーがこられることはありえない、と思っていたからです。[31]

## マザーの支えと励まし

ボーイズ・タウンは、おおよそ二十年まえにできました。ホームにいた男の子たちが成長し、別に暮らす必要がでてきたからです。マザーはヘンリー大司教に助けを求め、間もなくボーイズ・タウンが創設されました。ここで少年たちは教育を受けます。その後、マザーは彼らのためにバタプロジェクト（インドの靴製造会社が、少年たちが稼げるように支援するプログラム）を始めました。少年たちが靴をつくって、生計を立てていくためです。やがて彼らが結婚し、住まいが必要になったため、今度は彼らが土地を所有し、家を建てられるようにと、新たなプロジェクトが始まりました。これによって、今ではここで八十以上の家族が暮らしています。当初、少年たちの素行は悪く、さまざまな問題を引き起こし、司祭たちとの関係も険悪でした。数年ここで活動していた司祭は大変な困難を覚えました。司祭職を諦めようとしていた彼を、マザーは支え、使命を果たし続けられるように、ご自身でボーイズ・タウンに連れて帰りました。マザーの支えと励ましを得て、司祭はその後何年間もこの地にとどまり、すばらしい成果をあげました。(32)

## 最底辺の人びと

ローマのある施設は、高齢となった娼婦たちの世話をするためにつくられました。病気に感染し、もはや自分ひとりでは暮らせなくなった女性たちです。マザーテレサはとりわけ彼女たちを気にかけ、神の愛の宣教者会のシスターたちが世話をしていました。社会の最底辺にいる女性たちの面倒を見ようとする人がいることすら、わたしには想像できませんでした。(33)

## 幼子たちの友だち

マザーは見捨てられた子ども、ときにはごみ箱に捨てられ、死にかけている赤ちゃんを見つけることがありました。一九五五年に、マザーは子どもの家シシュ・ババンを開設します。これが最初のホームとなり、その後、各地につくられていくことになります。たくさんの乳幼児が、警察やソーシャルワーカー、そしてシスターたちによって連れてこられました。どの子も、愛情深く世話をしてもらい、栄養失調の赤ちゃんも、奇跡的な回復を見せました。マザーと子どもたちとの触れ合いは、とても温かなものでした。子どもたちは、マザーがいると安心して、すぐに笑顔になり、一緒に遊び始めました。重い病気の子どもたちにとっては、マザーは温かく静かに寄り添い、元気づけてくれる人でした。子どもたちといるマザーを見た人びとは、「幼子の友だち」であられるイエスを思い起こしました。[34]

## マザーテレサは赤ん坊を夜の十時に引き取りに来ました

あるとき、カルカッタのわたしの管轄地域で、生後一週間の捨てられた赤ん坊を、警察官が見つけました。その赤ん坊を受け入れるところはどこにもありませんでした。夜九時半になって、その警察官は相談の電話をわたしにかけてきました。すぐマザーテレサに連絡をとると、幸いなことに彼女はいて、この困った状況を伝えました。すると彼女は、どこの警察署なのかそれだけを尋ね、警察官から同じ説明を受けると、三十分以内に赤ん坊を引き取りにいくと伝えました。それが夜の十時ごろでした。[35]

## 大好きなマザーがわたしたちを見守っていました

わたしは、ダージリンのシシュ・ババン出身の孤児です。両親は、わたしたち兄弟が幼いときに亡くなりました。両親のことは覚えていません。

わたしたちのことを気にかけ、見守り、ホームを見つけてくれた人がいます。わたしたちの大好きなマザーです。子どものときからわたしはマザーを知っています。幼いころ、マザーが時折、会いに来てくれたことを今でも覚えています。

マザーは、カルカッタからシリグリまで列車で来て、そこからダージリンまでバスで移動し、ダージリンの駅からホーム（シシュ・ババン）まで歩いて来ました。マザーの姿が見えると、わたしたちはうれしくて、大声で「マザー！」と叫びました。するとマザーは笑顔で手を振ってくれました。わたしたちは走って出迎え、荷物を持ち、手を握りました。マザーに会うと、とても幸せになったのです。捨てられて孤児となったわたしたちを、愛するマザーがホームに迎えてくれ、わたしたちの面倒を見、どのように生きていけばよいのかを示し、自立できるようにしてくれました。夫とわたしは共働きで、家庭をもてて幸せです。愛するマザーと神の愛の宣教者会のおかげです。(36)

## ぼくはシシュ・ババンで、いちばんのいたずらっこでした

ぼくが四歳のころ、マザーがカルカッタの路上から拾ってくれました。ぼくを養育し、教育を受けさせてくれました。マザーがお母さんだったので、いつも身近に感じていました。シシュ・ババン（聖なる子どもの家）でいちばんのいたずらっこだったせいか、マザーはぼくをとてもかわいがってくれました。体じゅうに腫れ物ができていたぼくを洗って、手当てをしてくれました。薬ももらい、パンとミルクを食べさせてくれました。マザーが一緒のとき、ぼくたちは「神の天使」がいると感じていました。(37)

## これって奇跡だわ

ごみ箱の脇でアグネスが拾われたとき、まだ生まれたての赤ちゃんで、皮膚病を患っていました。アグネスが二、三か月のころ、家に一時引き取って、親戚の医者に診てもらい、それからシシュ・ババンに返しました。そしてスペインの養父母のもとに行くまでの七か月間に、たびたび家に迎え、家族で過ごすようにしていました。

養父母には、アグネスより年長の男の子と、アグネスを迎えた後に生まれた愛らしい男の子がいました。すてきな家に住み、わたしたちにもとても親切でした。かわいそうな幼いアグネス

に、今、すてきなお家と、優しいお兄さんと弟がいることを思い起こすたびに「これって奇跡だわ」と感嘆します。[38]

## 思いやりの心でハンセン病患者に触れる

一九五七年に、ハンセン病を患い、職を追われた五人がマザーを訪ねました。いつもそのときどきのニーズに敏感なマザーは、このときからハンセン病を患う人びとへの奉仕活動を始めました。直ちに巡回クリニックで彼らの診療を開始し、間もなくカルカッタに五つのセンターを開きました。

ハンセン病患者が増えてきたので、彼らのためのホームも創設しました。屋外での活動も含め、いくつかの部門に分かれていました。チタガールのこのセンターをマリア会も支援しました。この活動から、今ではよく知られたスローガン「思いやりの心でハンセン病患者に触れる」が生まれました。体が変形し治療中の患者と話そうと、マザーは力を尽くしました。彼らがまだ働けることを伝え、希望と尊厳を与え続けました。この活動から、やがてコミュニティーが形成され、インド全土から訪れる大勢のハンセン病患者がここで回復し、生活しています。[39]

＊

政府はハンセン病患者家族のために、土地を用意しました。ハンセン病を患う人びとは街の外の、日の当たらないような場所で暮らしていました。ハンセン病患者を治療するために、この辺り一帯がマザーに提供されました。マザーはすばらしい仕事をやり遂げていました。そしてハンセン病患者家族が暮らしていける小さな共同体を創設したことで、政府から認められました。夫とわたしが初めてマザーに会ったとき、百五十ドルで、家族で暮らせる小さな家を建てられ、野菜を栽培できる狭い土地も手に入ります、と言われました。こうした家々をつくるために多くの人が寄付をしました。ハンセン病患者は治療を受け、その家族は感染を予防してもらえました。マザーはこうした場所を、平和の村と呼んでいました。(40)

## マザーは直ちに行動しました

一九七一年に、バングラデシュと国境を接する西ベンガル州に難民が押し寄せてきたとき、マザーは直ちにシスターたちの一団とともに、大規模な難民キャンプに向かいました。マザーは一日目で、必要なものを把握し、ひとりでカルカッタに戻り、マットレスや衣服、食料を持たせて新たにシスターとブラザーの一団をすぐに派遣しました。毎日、マザーはソルトレイクに出向き、できるだけ多くの若いシスターたちが活動に全面的に関わるように目を配りました。シスターたちは、朝早く出発し、夕方戻ってきました。キャンプで大きな問題となったことの一つは、食事や服を与え、診療も済ませた大勢の女性たちに、どう時間を過ごさせるかでした。

マザーは、グリーンパークにある難民の子どものためのセンターを引き継ぎました。飢えや病で死の瀬戸際にある子どもたちを、シスターたちは、昼夜、見守りました。他に二つのセンターがあり、一つは、病気で高齢の女性たちのため、そしてもう一つは妊婦のためでした。マザーは、竹やテントで、彼女たちが過ごす場所を整えました。そのころ、ある小冊子が出版され、世界各国に届けられ、反響を呼びました。その中で、マザーが訴えていました。「栄養不足と飢えで苦しんでいる子どもたちが大勢います。食料が届かなければ、子どもたちは死んでしまいます。世界はその死にたいして責任を取らなければならないでしょう。」世界は応じました。マザーは難民たちのために、できるかぎりのことをしました。状況が悲惨だっただけに、大海の中の一滴のようにしか見えなかったかもしれませんが、マザーは休むことなく献身的に取り組みました。当時、神の愛の宣教者会は規模が大きくなりつつあり、マザーの導き、指示が必要とされ、多くの要請があったにもかかわらず、マザーはシスターたちとともに、難民のために全力を尽くして働きました。(41)

## マザーは最後まで見届けられました

ある午後、わたしがマザーハウスに行くと、非常に貧しい年老いた夫婦が泣いていました。ひとり娘がてんかんだったために、家から追い出されたというのです。その娘は、マザーのホームの一つに迎えられることになり、安らぎを得ました。母親は、娘を医者に診てほしい、と頼んでいました。娘はいくつもの病院で診察を断られていたのです。医者であるわたしの夫がそこにいました。マザーはすでに弱っていましたが、娘がホームに落ち着くまで見守りました。必要なことがなされたかどうか最後まで見届ける大変なパワーを、もっていました(42)。

### 大臣の隣に

大臣がマザーと同乗していたときのことです。マザーは道路脇に非常に老いた人が座り込んでいるのを見かけました。マザーは、彼を車に乗せて大臣の隣に座らせ、そしてマザーのホームの一つに連れていきました。このときばかりは、大臣よりもこの貧しい老人が優先されたのです(43)。

### 路上で暮らすことがどれほど大変なことか、わたしたちは皆、忘れています

わたしがマザーハウスにいるときに、マザーを訪ねてきた人がいました。マザーは別の部屋にいらしたので、わたしが玄関にいくと、ホームレスの女性が、取り乱した様子で立っていました。ぼろぼろの服を着ていて、精神を患っているように見えました。「トイレに行きたいの」と言って、飛び込んできました。扉の反対側にはベッドルームにまっすぐつながっている階段があ

りました。ちょうどそのとき美しいアメリカ人のシスターが部屋に入ってきて、「マーガレット、よく来たわね」と迎えました。マーガレットは猛烈な勢いで階段を駆け上がり、トイレに飛び込み、扉も閉めません。「かわいそうなマーガレット。路上で暮らしていて最もつらいことの一つは、トイレにいくにしてもプライバシーがないことよ」とシスターはわたしに向かって言いました。どうもマーガレットは、一日に何度もここに来ているようでした。彼女は降りてきましたが、落ち着かない様子で、「チャペルで、イエスさまとお話しできる?」とシスターに尋ねました。「もちろんよ」とシスターは答えました。そこで彼女はチャペルに向かい、使い古した靴を脱ぎました。シスターとわたしもともにひざまずきました。今でも覚えているのは、この女性の靴下が穴だらけで、裸足に近く「気の毒に」と思ったことです。マーガレットはそれほど年をとっていたわけでもなく、おそらく三十代だったと思います。チャペルから出ると、彼女はシスターとわたしにお礼を言って、出ていきました。感動的な時間でした。シスターの態度はすばらしく、声に優しさがあふれていました。路上で暮らすことがどれほど大変なことか、わたしたちは皆、忘れてしまっています。トイレを快く貸してくれる場所がないのです[44]。

## 人びとが路上で死んでいくときに、どうして扇風機の下で横になっていられるでしょう

わたしがマザーの部屋にいたとき、「ドクター、お暑いですか」とマザーに聞かれました。「え

え、マザー。暑くて汗をかいています。」天井を見上げても、扇風機はありません。「どうして扇風機を使わないのですか」とわたしは尋ねました。このときの返事に心を動かされ、それ以来ずっと覚えています。「街の路上で多くの人びとが死んでいくときに、どうして扇風機の下で横になっていられるでしょう」とマザーは言ったのです。とても心に響きました。(45)

## 人の足が突き出ている

修道院からマザーとわたしが出てくるのをブラザーたちが待っていました。裏口から出ると大型のごみ収集箱が置いてありました。その前を通り過ぎようとしたら、人の足がそこから突き出ているのにわたしたちは気づきました。片方の足には赤い靴下、もう片方は裸足でした。「ああ、助け出さないと」とマザーが言いました。男性は深く寝入っていました。始めは死んでいるのかと思うほど、まったく身動きしません。マザーは、彼のほうに身をかがめ、「大丈夫ですか」と声をかけました。するとその男性は目を開けましたが、ひどく酔っ払っていて、酩酊《めいてい》状態なのは明らかでした。何週間も身体を洗っていないようにしか見えません。彼を立ち上がらせ、「一緒に来ませんか」とマザーが尋ねました。彼が来るというので、「ブラザーたちがあなたの面倒を見ます。清潔な服と食べ物をあげますから。」マザーにはこのあわれな男性しか見えていませんでした。

ワゴン車の後部座席にブラザーたちが座り、マザーとその男性とわたしは、真ん中の列の席に座りました。修道院からブラザーたちの住まいまで、マザーはその男性と話していました。マザーはとても丁寧に、その男性に話しかけていました。家族がいるかどうかを尋ねると「ああ、もう二十五年は会っていないけれど、家族はいた」と言うので、家族を探してほしいか、とマザーは聞きました。長年、家族の誰とも話をしていないから、どうしたらよいか見当もつかない、と彼は答えました。

マザーは寛大に振る舞おうとしていたのではなく、本当に気にかけていました。このひどく困窮している男性について、酔っ払いだとか、汚いとか、長い間、顔も洗っていなくてひどく臭うとか、ひと言もマザーはわたしに言いません。彼は大切な人なのです。到着し、建物の中に入り、しばらくしてからブラザーたちは彼を上階に連れていきました。男性はシャワーを浴び、昼寝をし、食事をしました。翌日、その男性は、わたしたちにお礼を言いにきましたが、別人に見えました。ブラザーたちは、今日は彼に小切手が届く日で、郵便局で社会保障小切手を受け取ったら、そのまま食料品店に向かい、全額ワインか何か他のアルコール類に使ってしまうだろう、と言っていました。ともかく、彼は威厳たっぷりにやってきて、町で用事がある、とマザーに話しました。帰り際に、彼はマザーとブラザーたちの助けに感謝の気持ちを伝えました。その男性はすでに何度も同じことを繰り返していて、ブラザーたちは彼のことを知っていました。帰った後も、マザーは彼を批判しませんでした。他の人なら、彼に近づきたがらないでしょう。マザーがそうした態度をとったことは一度もありません。もし彼が「いや、ぼくはここで寝ていようと思う」と断っていたとしても、マザーは考え直させようとはしなかったでしょう。マザーの彼への態度はすばらしかったのです。とても美しく感じられました。マザーのそうした振る舞いにたいして、彼は同じように応えようとしたのです。すばらしいひとときでした。必要とあれば、いつも直ちに対応するマザーの姿をわたしは見てきました。(46)

## マザーはどんな場所にも駆けつけます

インディラ・ガンディーの国葬の後、デリーで暴動が起き、多くの死者が出ている、とわたしたちはマザーに伝えました。マザーは眠れず、たびたび寝返りを打っていました。ミサが終わると、すぐにマザーは司式を行った司祭に人びとの様子を尋ねました。［……］それから大急ぎで朝食をとると、シスターを何人か連れて、近くの学校に向かいました。そこは人でごったがえしていて、混乱状態にありました。自宅を焼かれた大勢の人が、学校に避難してきていたのですが、食料も水もなく、人びとは狂ったように叫び、泣きわめいていました。警察が、学校とその周囲にいる人びとを鎮めようとしていましたが、この事態をどうおさめたらよいか、わかっている人は誰もいなかったでしょう。大変な騒々しさでした。

マザーは、シスター数人を連れて静かに入っていきました。マザーに気づいた人びとは、泣きながら訴えてきました。彼らの間を歩きながら、マザーは落ち着いて「大丈夫だから。大丈夫、勇気をもって」とベンガル語とヒンディー語で話しかけ続けました。しばらくして、マザーはわたしたちに、ほうきを取ってくるように指示しました。わたしたちはありったけのほうきを集めて、急いで戻りました。マザーはほうきを受け取ると、教室を掃き始め、掃除を終えると、「家族ごとに集まって」と伝えました。わたしたちも掃除を始めると、たくさんの人が手伝ってくれました。掃き終えたと思ったら、次にマザーはトイレに向かいました。ひどく汚れていました。マザーが最初にトイレの掃除をし始めたのです。わたしたちも手伝いましたが、その間に、騒がしかった人びとが静まったことに気づきました。家族が、それぞれマザーに従って、居場所をつくるうちに、叫び声やわめき声も小さくなっていました。労力のいるトイレ掃除を終えると、マザーは飲み水を確保するために市当局と連絡をとりました。飲料水が届くと、皆が確実に水を受け取れるように、列に並ばせました。マザーは、再び市長や大臣と連絡をとり、食料が届くように手配をし、その後全員に行き渡ったかどうかを自分の目で確かめました。五千人の空腹を満たされたイエスその人と一緒にいるかのように、わたしは感じました。避難所に平和が戻りました。

夕方、マザーは他の避難所に向かい、同じことを行いました。大司教を始め宗教関係者、司祭、ブラザー、ボランティアにマザーは呼びかけ、会議を開きました。間もなく六十以上の避難所が組織されました。寛大な人びとからたくさんの物資が届いて、マザーはそれらが公平、適正に、避難所にいる困窮している人びとに配布されるよう目を配っていました。マザーが、苦しむ人びとへの配慮から率先して取り組んだことで、デリーは破壊から免れました。マザーはまた、政府の役人や大臣らが――［政党にかかわらず、さまざまな人びと］――連携して活動できるように計らいました。少しでも時間が取れるときには、傷や火傷を負った人に包帯を巻いていました。また避難民に、絶えず優しい言葉をかけ、背中をさすり、笑顔や愛情に満ちたまなざしを向けました。マザーは避難所で、人知を超える奇跡を起こしました。五日間避難所を取り仕切った後、マザーはいったん現場を離れましたが、間もなく戻ってきました。ほうきとともに、避難所に平和が戻ってきたのです。(47)

＊

バングラデシュでの洪水、一九七〇年代西ベンガル北部の難民キャンプ、一九七六年のグアテマラ地震、一九八八年のアルメニア地震、一九九三年のマハラシュトラ州での地震……、こうした場所に、マザーはすべて駆けつけ、力を尽くしました。他の多くの自然災害でも活動しています。効果的に支援する方法を模索するために情報収集を怠らず、連日活動を続けました。誰も引き受けようとしない人びとを、マザーは求めました。政府の関係者に、望まれない人びとがいたら連絡をくれるように伝えていました。マザーは独立性と自立性を保ちつつ、いつも当局や教会の上層部と連携して活動しました。より人間的で、より清らかな世界を実現するために、マザーは天から与えられた資質と恵みを存分に用いていました。あらゆる面で、マザーは汚れた、悲惨な状況と向き合うことになりました。でも、そうした状況をもたらした人びとを探し出して、非難するのはマザーにとって時間の無駄でした。その代わりに、もてる時間とエネルギーのすべてを、苦しむ人びとの救済のために注ぎました。貧しい人びとの名において、あらゆる屈辱、不当な扱い、誤った告発等に耐える覚悟でした。(48)

## 自らを省みる

「旅をしていたときに宿を貸してくれた。」(マタイ25・35)

「ホームレスを迎えてください――煉瓦《れんが》でできた家を与えるだけでなく、理解し、包み込む、愛に満ちた心を差し出すのです。(49)」

通りでホームレスを見かけたとき、わたしは不快な経験を避けるために、道の反対側に渡っていないだろうか。ホームレスに目がいくだろうか。笑顔で挨拶し、彼もしくは彼女の話に耳を傾けられるだろうか。ホームレスを受け入れないだけでなく、それどころか軽蔑するとき、優越感や、独りよがりな感情を抱いてはいないだろうか。

家族に、あるいは地域や職場、周囲の人に、どう心を開けばいいだろう。わたしの家で、家族や親戚、友人、同僚が、受け入れられ、喜ばれ、愛され、歓迎されている、と感じるように、わたしはどんな小さな親切を行えばいいだろう。訪ねてきた人が、受け入れられたと思えるような笑顔で接することが、おもてなしを実践する最良の方法である。

## 祈り

わたしたちの最愛の母であられる聖マリア、
このうえなく美しく、清らかで、汚れなく、愛と謙遜で満たされたみ心を、
わたしたちにお与えください。

わたしたちが、生命のパンをとおしてイエスをいただき、
あなたが愛したようにイエスを愛し、
貧しい人びとの中で最も貧しい人の苦しみ痛む姿となられたイエスに、
仕えることができますように。

マザーテレサ

# 5 病気の人を見舞う

マザーテレサは、病気の人びとにたいしていつも特別な思いを抱いていた。人は誰でもいつかは、程度の違いはあっても病を経験し、そうしたとき人は最も弱く、助けを必要とする。自分の限界や弱さが浮き彫りになり、他の人をいっそう頼るようになる。こんな状況にある人と出会うと、マザーテレサは、心を尽くして世話をし、愛を注いだ。彼女は骨身を惜しまずに病気の人を看病しつつ、彼らが誰ひとりとして、自分を厄介者、あるいは負担となっていると感じないように気を配った。

慢性的な病気を患っている人びとや瀕死の人びとに、マザーテレサはとりわけこまやかな配慮を見せた。世界中に創設した数多くのホームで、彼女は、病人が適切な医療を受けるだけでなく、愛を込めて看護されることを求めた。マザーテレサは、とても親切に、真心を込めて「病気の人、瀕死の人の体だけでなく、心や精神も含めて見る」ように、シスターたちを促した。マザーテレサは、見ている一人ひとりの安寧を願いながら、その病気にたいする治療薬を手に入れようとした。貧しい人びとへの奉仕活動を始めたころ、マザーテレサは、ハンセン病（当時は普通に感染することもあった）で苦しむ人びととの世話に力を注いだが、後にこれと匹敵する難しい状況に立ち向かっていくことになった。例をあげれば、アメリカで最初にエイズ患者のためのホスピスを開いたのはマザーテレサである。自らに危険が及ぶとしても、彼女は病気の人を救うためにできるかぎりのことをしたのだった。

マザーテレサの、病人への深い共感は子ども時代に培われたものである。母親が、病気の女性を回復させるために、しばしば自宅に連れて帰ったが、その母の姿をとおして、彼女は病人の世話の仕方を学んでいった。母親は二人の娘に、病気の女性を手助けし、回復するまで安静に過ごせるよう、彼女の子どもたちの面倒を見るように言った。

病人への共感の根幹には、マザーテレサ自身、病を免れなかったこともある。七十代に心臓病を患うまで健康だったものの、一見とるにたらない、つらい身体の不調に耐えなくてはならなかった。マザーテレサの担当医のひとりが意義深いことを明かしている。「マザーは慢性的な頭痛に悩まされていました。［……］彼女はいつも大したことのないように言っていましたが、実際絶えず頭痛がしていたということは、その痛みはひどく、おそらくやむことがなかったのでしょう。マザーはこの頭痛を神に差し出していた、とわたしは確信しています。興味深いのは、彼女が頭痛を、『茨《いばら》の冠』ととらえていたことです。イエスと一つになる、彼女なりの方法でした。(1)」他の試練と同じように、マザーテレサはこの肉体の苦しみを、魂の救済のために主にささげた。彼女は聖パウロとともに、「今やわたしは、あなたがたのために苦しむことを喜びとし、キリストの体である教会のために、キリストの苦しみの欠けたところを身をもって満たしています」（コロサイ1・24）と断言できた。

まっすぐに受け入れた苦しみには価値があることを知っていたマザーテレサは、他の人にも、苦しみの価値を知り、受け入れるようにと説いた。苦痛も含めて、あらゆるものを最良の方法で用いる機知に富んだマザーテレサは、病苦をささげる共労者会を立ち上げた。共労者は、貧しい人びとに奉仕する使徒職が実り多いものとなるために、祈りや苦しみをささげる。「愛は犠牲を求めます。苦しみそれ自体には何の意味もありません。でもキリストの受難を分かち合う苦しみなら、それはすばらしいお恵みです」とマザーテレサは語る。「あなたが神の愛の宣教者会メンバーとして病苦をささげるひとりになりたいと望んでいるのをうれしく思います。神の愛の宣教者、神の愛の運び手になりたい人は誰であっても歓迎します。でもわたしは特に、体の不自由な人、不治の病に侵された人たちが加わってくれることを望んでいます。彼らがイエスの足元に多くの魂を導くと知っているからです。」

世俗的な考え方に支配されている西欧では、死によって苦しみを避ける方法がいくつも示されるが、それとはまったく別の道であり、苦しみにたいして際立って異なる考え方である。病人への温かないつくしみ深い愛と、避けられない苦しみを霊的なレベルにまで引き上げ、受け入れることで、マザーテレサは、一人ひとりの命――胎児、新生児、若者、年寄り、病人、体の不自由な人――の大切さ、価値、尊厳と、それを尊重し、守る必要を表明している。

善いサマリア人のたとえ話に出てくる祭司とレビ人のように（ルカ10・31〜32）「路上で倒れている人」から、わたしたちも最初は目をそらし、通り過ぎていくだろう。でもマザーテレサの行いは「愛する心と仕える手」(2)を必要とする困った状況にある人を「心から思いやり」「寄り添う」ようにとわたしたちを促す。

## マザーテレサの言葉

わたしは病んでいました。そのときあなたが訪ねてくれたのです

あなたが病んだかたのお世話をすることは、そのかたの、イエスを求め、その愛への渇きを満たす、美しい行いです。聖母マリアが、あなたにお与えになった最もすばらしい賜物《たまもの》だと、わたしは思います。(3)

## イエスは重い皮膚病を患う人びとと一体になられました

聖母マリアの御身に起きたこと――それは愛に満ちた母の驚くべき共感の力です。少しもたじろがずに、イエスを我が子と認められました。すべての人がイエスのもとを去った後も、マリアはたったひとりイエスとともにおられました。イエスが鞭打《むち》たれ、唾をかけられても、また、すべての人から嫌われ遠ざけられていた重い皮膚病を患っている人びととイエスが身を同じくされ

たときにも、これがわたしの息子イエスである、と敢然と認められました。ここにも聖母マリアの深い共感の力があります。人びとが苦しんでいるとき、わたしたちは寄り添えているでしょうか。あるいは屈辱を感じているとき。または、夫が仕事を失ったとしたら？　わたしは夫の支えになれるでしょうか。夫を深く思いやれるでしょうか。彼の苦しみを理解してあげられるでしょうか。子どもたちが間違った方向に歩み始めたとき、彼らを探し、見つけ、寄り添い、家に温かく迎え、大きな愛で包み込んであげられるような、深くいつくしむ心をもっているでしょうか。共同体のシスターたちにたいして、わたしはマリアになれているでしょうか。シスターたちの痛みや苦しみがわかっているでしょうか。司祭であれば、マリアのみ心を、ゆるしとなる共感の力をもち合わせ、目の前にいる苦しむ罪びとに神のゆるしを与えます。それはマリアの深い共感のみ心です。マリアは恥じることなく、イエスが息子であることを認められました。(4)

＊

ご受難のときに、そこに立つマリア。神の母が立っておられるのをわたしたちは見つめます。我が子への愛を貫くために、どれほど強く信じ抜かれたことか。すべての人から卑しめられ、嫌われ、退けられ、極悪人とされた我が子を見つめ、そこに立つ。マリアはイエスを我が子として心に抱きしめました。イエスは自分のものであり、自分もイエスのものであると認めたのです。

マリアは息子を認めるのを恐れませんでした。人びとが苦しんでいるとき、見捨てられているとき、わたしたちは彼らを、本当の仲間、家族として、自分たちのうちに受け入れているでしょうか。わたしたちは、彼らが苦しんでいることをわかっているでしょうか。思いやりに満ちた愛に飢えているのでしょうか。イエスに飢えていると気づいているでしょうか。思いやりに満ちた愛に飢えているのです。この思いやりに満ちた愛を抱いておられるからこそ、マリアはこのうえなくすばらしいおかたなのです。あなたがたやわたしも女性なのですから、自らのうちにこの計り知れない愛をもっています。貧しい女性たちが子どものために、来る日も来る日も苦しみと向き合い受け入れている、美しい姿をわたしは見てきています。母親がどれほどの欠乏に耐えていることか、そして子どものために物乞いすらします。障がいのある子どもを抱き締めて離さない母親もいました。その子は自分の子であり、子どもの苦しみを思いやる愛をもっていました。(5)

## イエスは喜びと平和をもたらされました

神さまがシスターたちをとおして世界中でなさっていることを思うと……。ロシアにいたとき、週に一回、晩に司祭がみえました。わたしたちの小さなチャペルでミサを執り行い、司祭の手からホスチアとなられたイエスが与えられます。これによって病院全体の雰囲気が変わりました。その場がまったく違って見えたのです。一週間後に医師が来て言いました。「マザーテレサ、病院でいったい何が起こっているのですか。」「わかりません、ドクター。何が起きているのですか。」「何かが起きている。看護師たちも医師たちも患者たちにたいしてずっと親切だし、心がこもっています。患者たちも以前のように痛みで叫んだりしていない。何が起こってるんだ。シスターたちは何をしたのですか。」マザーは彼のほうを見ながら応えました。「先生はご存じでしょう？　七十年ぶりに、イエスがこの病院にいらしたのです。今、イエスはこの場におられます。ここに、この小さなチャペルにおられ、愛に満ちていらっしゃいます。喜びと平和をもたらしてくださったのです。」医師は「ああ」と言った後、ひと言も発せずに去っていきました。これほどの大きな変化について話し合いたくなかったのです。このすばらしい変化がわたしたちとご聖体によるものだということが信じられなかったのです。(6)

## たくさんの貧しい人が、誰かが訪ねてくるのをただ待ち望んでいます

「病気のとき、見舞ってくれた」、これはイエスのみ言葉です。たくさんの貧しい人が、誰かが訪ねてくるのをただ待ち望んでいます。彼らに話しかけるとき、言葉にあなたの愛と優しさのすべてを込めてください。あるいはむしろイエスがあなたをとおして話してくださるよう、お願いしましょう。キリストが神であり、待望のメシアであることの証し、そしてわたしたちの奉仕が神の働きである証しは、福音（よい知らせ）が貧しい人に説かれることです。こうした奉仕に、

生涯をささげるよう選んでくださったことを神に感謝し祈りましょう。(7)

## ほんのささやかなことに割く時間を惜しみがちです

昨日、わたしは会員たちが働いているところでシスターたちと話しました。シスターたちは、身寄りのない、誰からも求められない年老いた人びとが暮らす施設を訪問しています。彼らはただそこにいて、日曜日がくるのを指折り数えていました。日曜日には、シスターたちが来て、ささやかなお世話をします。彼らにほほえみかけ、シーツのしわを伸ばしたり、ちょっと起き上がらせたり、髪をとかしたり、爪を切ったりします。こうしたほんのささやかなことに割く時間を惜しみがちです。この人びとはわたしたちの兄弟姉妹ですのに。(8)

＊

インドでは、ますます多くのヒンドゥー教徒やイスラム教徒、仏教徒がわたしたちの奉仕活動に参加しています。彼らの目的は何でしょう。なぜわたしたちのところにやってくるのでしょう。それは、ある存在を感じるからです。それぞれの方法で、神に奉仕したいのです。犠牲をとおして、また祈りをとおして、神に奉仕でき、それによって貧しい人びとの中で最も貧しい人たちに接することができると気づきました。特にインドでは、ハンセン病の患者や瀕死の人に触れるのは、非常に難しいことなのです。それでも若者たちはやってきて、奉仕しています――わたしたちの修道会ではつつましい仕事しかありません――飢えている人の内におられるイエスを満たし、裸の人の内におられるイエスに着せ、ホームレスの内におられるイエスに宿を提供し、病人、囚人の内におられるイエスを見舞います(9)。

＊

わたしたちは五万三千人のハンセン病患者のお世話をしています。非常に高価だけれども最適な薬があるので、治療することができます。多菌型の患者でも、この薬を使えば、菌を排除できます。この薬によって希望が生まれました。ハンセン病患者たちは人生を取り戻し、愛と喜びをもって生き生きと暮らせるようになりました。わたしたちが政府から譲り受けた土地で、彼らは新たな人生を歩んでいます。でも、孤独で、人から求められず、愛されない貧しさに苦しむ人びとに希望をもたらすことは、同じようにはいかないのです(10)。

＊

ニルマル・ヒルダイとシシュ・ババンでは、朝と夕の祈りを欠かさないでください。祈りとともに、ハンセン病患者や他の患者への医療活動を始め、病気の人びとにたいして、少しでもより親切に、思いやりをもって接してください。そうすればキリストの体に触れていることを思い起こすでしょう。イエスは触れられることに飢えておられます。満たして差しあげられますね。(11)

＊

この修道会の、貧しい人びとの中で最も貧しい人へのつつましい奉仕を貫きとおしてください。ホームは清潔で整頓されているように、かつシンプルで質素であるように。貧しく病気で瀕死の患者には愛情の込もった看護が求められます。お年寄り、体の不自由な人、精神を患っている人の尊厳を大切にし、敬意を払いましょう。いつもイエスの、このみ言葉を心に留めておくように。「わたしの兄弟であるこの最も小さい者のひとりにしたのは、わたしにしてくれたことなのである。(12)」

＊

貧しく、病気の人の内におられるキリストに仕えるときは、心から奉仕しましょう。病人一人ひとりを注意深く見守り、他の心配事や雑事のために、キリストの体に触れ、仕えるのを妨げられないようにしましょう。(13)

世の中の発展の動きに引っ張られ、病気や瀕死の人びと、体の不自由な人びと、ハンセン病を患う人びと、望まれない人びとを少しずつ避けるようになるシスターもいます。そのうち彼女たちには、こうした人びとのために割く時間や場所がなくなっていくでしょう。神に自分をささげたのは貧しい人びとの中で最も貧しい人のため、誰からも望まれない人びとのためです。(14)

*

## あなたのような魂を必要としています

苦しみそれ自体には何の意味もありませんが、キリストの受難を分かち合う苦しみなら、すばらしいお恵みとなります。キリストの受難を分かち合える、最も美しいお恵みです。

お具合がよくなっていますように。しばしばあなたを想い、あなたの苦しみをわたしの仕事と結びつけています。あなたが近くにいてくださるように感じます。今日お伝えすることは、あなたに喜んでもらえると確信しています。宣教者になりたいとずっと望み続けてきたあなたは、心の奥深くですでに宣教者です。あなたがそれほど親しく感じている神の愛の宣教者会に霊的に結ばれるのはいかがでしょう。わたしたちがスラムなどで奉仕している間、あなたは痛みと祈りをとおして、わたしたちに与えられる恵み、祈り、仕事を分かち合うのです。仕事は膨大で、働き手を求めているのは確かですが、でも奉仕活動のために祈り、苦しみをささげる、あなたのような魂も必要なのです。わたしの霊的な姉妹となって、体はベルギーにあっても、魂において神の愛の宣教者会のひとりになりませんか。インドだけでなく、世界中で、イエスを待ち望みながらも、彼らの罪を償う人がいないために、主に向けて歩み出せない人びとのために。あなたは神の愛の宣教者となり、彼らのためにゆるしを求めている間、シスターたち——あなたの姉妹たち——は、彼らが神のもとに立ち返るように働きます。わたしのこの提案について祈り、そしてあなたの望みを聞かせてください。あなたのように、こうしたかたちで入会する人をわたしはたくさん必要としています。というのも、⑴天において、栄光に満ちた神の愛の宣教者会、⑵地上で、苦しみを担う霊的な子どもたちによる神の愛の宣教者会、⑶戦場である現場にいるシスターたちによる、戦う神の愛の宣教者会、を望んでいます。魂の戦場で、シスターたちが悪魔と戦うのをあなたは喜んでくださるでしょう。魂に関わることなら、彼女たちは何事も苦にしません。

お加減はいかがですか。まだ床に就いていらっしゃるのかしら。いつまでそうしていなければならないのでしょう。あなたにご自分の苦しみの一部をお与えになるほど、主はあなたを愛しておられるのですね。主から選ばれたひとりであるあなたは、幸せなかたです。勇気をもって、快活でいらしてください。そしてわたしのために多くをささげてください——わたしが多くの魂を神のもとに導けるように。人びとの魂と触れ合うようになったら、あなたの渇望は日ごとに強ま

るでしょう。(15)

＊

あなたが神の愛の宣教者会の苦しみを担う会員となってくださると聞いて、とてもうれしく思います。おわかりでしょう。これからこの会に加わるあなたや他の人たちは、わたしたちの祈り、活動、そのほか人びとの魂のためにわたしたちのしていることすべてを分かち合います。あなたがたは、祈りと苦しみをとおして、同じことをわたしたちにしてくださるのです。修道会の目的は、スラムの貧しい人びとの救いと聖化のために働き、魂への愛に渇く十字架上のイエスを癒やすことです。

あなたや、あなたのように苦しんでいる人たち以上に、誰がこの務めをよりよく果たせるでしょう。あなたがたの苦しみと祈りは聖杯となります。そこにわたしたちが働き手として、ともにある人びとの魂の愛を注ぎます。ですから、あなたがたは、会の目的を成就するために、大切で必要なのです。イエスの渇きを癒やすためには、聖杯が必要です。聖杯をつくるためにあなたや他の人たち——男性も女性も、子どもも、老いも若きも、貧者も富者も——を喜んで迎えます。実際のところ、わたしが駆けずり回るよりも、苦痛で横たわっているあなたのほうがずっと多くのことを成し得ます。でも、あなたとわたしがともにあれば、わたしたちを力づけてくださるイエスにおいて、すべてのことを成し得るでしょう[16]。

霊的に確かな家族となるために、わたしたちが唱えているいくつかの祈りを、あなたがたも唱えられるようにしましょう。わたしたちが共有しなければならないのは、会の精神です。神にすべてをゆだね、愛を込めて信頼し、どこまでも快活であること。これによって、あなたがたは神の愛の宣教者として知られるでしょう。神の愛の宣教者、神の愛の運び手になりたい人は誰であっても歓迎されますが、でもわたしは特に、体の不自由な人、不治の病に侵された人たちが加わってくれることを望んでいます。彼らがイエスの足元に多くの魂を導くと知っているからです。そしてわたしたちシスターそれぞれに、祈り、苦しみ、思いなどをとおして結ばれる姉妹――第二の自分――ができます。わたしの愛する姉妹であるあなたにはおわかりでしょう。わたしたちの仕事には大変な困難がともないます。あなたがたがわたしたちとともにあり、わたしたちと仕事のために祈り苦しんでくださるなら、イエスの愛に向けて大きく歩めます――あなたがたのおかげで[17]。

あなたや他の人たちが霊的に入会することを思うと、わたしとしてはとてもうれしく、魂に新しい力がわいてきます。あなたと他の人たちがわたしたちとともに働く今、イエスのためにしな

いこと、できないことなどあるでしょうか。(18)

## 祈りと忍耐

あなたが、祈りや犠牲、病気の苦しみを、神の愛の宣教者会にささげてくださっていることをうれしく思います。病を、神のあなたへの特別なお恵みとして受け入れてください。あなたがイエスのすぐ近くにまでこられたために、イエスは十字架上にいるご自身のところまであなたを導かれたのです。もはやあなたが苦しんでいるのではなく、あなたの内でキリストが苦しまれています。祈りや忍耐のうちに、あなたの病気をささげ続けてください。多くの魂にとって実りとなるように。(19)

# 人びとの証言によるマザーの行い

## 死に瀕しておられるイエスを運ぶ機会が与えられたのです

ある日、マザーが病人のいる家々を訪ねていたときのことです。マザーは人力車を呼び、わたしを座らせました。マザーはシスターとともに、四十五歳前後の重体の男性を連れてきました。

咳《せき》をし、血を吐いており、結核でした。服もひどく汚れていました。排水溝に倒れていたにちがいありません。マザーは車夫に結核病院に向かうように伝え、シスターとともに人力車の前を歩いていきました。わたしは生涯、この出来事と、重い病気で血を吐いている男性へのわたしの心ない態度を決して忘れないでしょう。マザーはわたしに言いました。「死に瀕しておられるイエスを運ぶ機会が与えられたのです。彼の看病をなさい。恐れないで。病院で受け入れてくれるように手続きをしてきますから。」わたしは心の中で激しく闘っていました。「道中、父や親戚に、病で瀕死の若い男性がわたしの膝の上にいるのを見られたら一体どうなるだろう。」わたしは心の中で聖母に祈りをささげました。

祈り終えた瞬間に、男性が目に涙を浮かべ、苦痛に満ちたまなざしをわたしに向けました。その瞬間、一筋の光がわたしの心と目に射し込みました。「十字架から降ろされ、聖母の腕に抱かれたイエスだ。」マザーの言葉「死に瀕しておられるイエスを運ぶ機会が与えられたのです。愛を込めて彼を運びなさい。彼が傷つくことのないように。マリアさまに助けてくださるように祈りなさい」――が現実に迫ってきました。最初に感じた拒絶感は、超越的な愛に変わりました。病人や死にかけている人びとの内におられる、姿を変えられたイエスを現実に経験したことは、わたしの中で決して消えないでしょう。わたしの魂に植えつけられた信仰、痛ましい姿になられたイエスの実在は、この日マザーによってわたしの内に深く根をおろしました。(20)

## わたしたちは行って、活動を始めます

世界中が心配する事柄にマザーテレサは取り組みますが、彼女とシスターたちの活動方法はシンプルです。わたしはしばしば尋ねました。「どうしてわかるのですか。暴風や火事が起こったときに、何をしたらよいか、どうしてわかるのですか。」「わたしたちはすでに多くの経験を積んでいます、そうでしょう？　ですから、わたしたちは行って、活動を始めます。人びとが集まってきて、皆が助けてくれるので、仕事ができます。」マザーテレサはとても簡単なことのように言います。わたしは彼女が気づいているのだと思います。彼女やシスターたちが、いってみれば公平無私な善良さを体現しているので、一般の人びとの善良さも引き出され――誰でもいくらかの善良さはもっている――、ともに努力することで、仕事がやり遂げられることに(21)。

## 脚を切断しないですむようにマザーは頼みました

あるとき、ぼくは（孤児で、マザーテレサに育てられました）学校で大けがを負いました。凧《たこ》を揚げていたら、学校の屋根から落ちて、脚を骨折したのです。校長先生がカルカッタの病院で治療を受けられるように取り計らってくれ、そのことをマザーに連絡しました。知らせを聞いて、マザーはぼくのスポンサーと一緒に会いに来てくれました。この病院の治療に不満だったマ

ザーは、一か月後にぼくを転院させました。そこの整形外科の先生は、壊疽《えそ》のために脚を切断しなければならない、とマザーに告げました。でもマザーは、脚を切断しないですむ最良の治療を行うように頼んでくれたのです。マザーとぼくのスポンサーは、お見舞いによく来てくれました。病院に一年半近く入院し、時間はかかったけれど、三回手術した後、完治したのは奇跡に思えました。(22)

## マザーテレサほど心の広い人はいません

ティフアナに、マザーテレサと一緒に到着したときのことを思い出します。彼女も他の皆も疲れていました。時刻も遅く、太陽も沈みかけていました。近所の人がやってきて言いました。「マザー、入院している患者のために司祭を探しています。」マザーテレサは「神父様、行きましょう」と応じました。

正直なところ、わたしは疲れていました。わたしたちは飛行機で到着したばかりでした。そこでわたしは、筋はとおっているけれども、寛大ではない言い訳を始めました。「マザー、勝手に行くわけにはいきません。この教区の許可を得ないと。」マザーテレサはわたしを遮りました。「もちろんです、許可を得ましょう」と言って車に乗り込みました。病院とその隣の教会に向かいました。彼女は教会に入っていって、教区司祭に会いました。「病院の患者を見舞ってもよろしいですか。」教区司祭の許可を得て、マザーは見知らぬ人を見舞いました。マザーが直接の責任を感じる必要はなかった相手です。[23]

## マザーにとってこの世で最も大切な仕事

カリガート（カルカッタのホスピス）に行くと、ベッドで死にかけている人を目にします。ウジが体を大きくむしばみ、体の中をうごめいているのを見ると、普通の人は近寄ることすらできません。でもマザーテレサにとっては、ある男性の手当てをし始めたときのことが、最良の記憶の一つなのです。膝の上に男性の頭を乗せ、悪臭をまったく気にかけることなく体からウジを取ったときの様子を繰り返し話します。そのときマザーにとってこの世で最も大切な仕事は、彼の体からウジを取ることでした。もちろんウジを取ったからといって、助かる可能性がないことは十分にわかっていました。もう死ぬのだから、そのままにしておこう、と普通の人は考えるのではないでしょうか。彼が死んだら、体を清浄し、覆い、きちんと埋葬してあげればよいと。でもマザーは違います。彼女は座って、何時間にもわたってウジを取り続けたのです。こうした話を聞くのと、実際にカリガートに行って似たような状況を目にするのとはわけが違います。人の体の中でウジがうごめいているのを見ると、全身が総毛立ちます。近くにいたくないのです。怖くて、「この場を離れよう」と体じゅうがつき動かされます。でもマザーは、何時間も、ひたす

ら取り続けました。マザーはその男性の内にイエスを見いだし、彼の内にいるイエスを愛したかったからです。(24)

## 助けを必要としています

ある日、マザーとともにマザーハウスを出ました。水が不足する地区のために、給水車がマザーに寄付されるイベントに出かけるところでした。マザーハウスを出たところの路地で、男性が息も絶え絶えに倒れていました。介抱しなければならないことは明らかでした。マザーは、自分がメインのゲストであり、表彰され、給水車が与えられる会場に向かっていることをもう忘れたようでした。彼のすぐそばにひざまずき、抱きかかえました。「助けてあげないと。放っておけません。病院に連れていかなくては。」マザーはもはや彼のことしか目にありませんでした。遅刻すること、給水車が授与される場にいない、といった自分の立場はすべて消え去っていました。道で倒れている隣人が彼女を必要としていたからです。わたしたちが彼の面倒を見て、病院に連れていくからと、会場に向かうようにマザーをどうにか説得しました。マザーはしぶしぶ離れていきましたが、わたしたちが約束したとおりにしているかどうか、振り返って見ていました。

マザーにとって、給水車を受け取りにいくことより、こちらのほうが大事だったからです。(25)

## 警察からもディーは恐れられていました

ニューヨークにエイズ患者のためのホスピスがあります。マザーはしばしばここを訪ね、患者を見舞いました。［……］ここにディーという名の男が連れてこられました。彼は犯罪者で、警察からも恐れられていました。闇社会から足を洗ったディーは、マザーのことが大好きでした。彼の容体が悪化したので、わたしたちは病院に連れていき、入院した彼を、マザーが見舞いました。友だちに会いたい、と彼は申し出ていたのですが、その友だちとはマザーだったのです。マザーがディーに会いに来ると、マザーと二人きりにしてほしいと彼は頼みました。そこでわたしたちは部屋から出ていきました。ディーは話し始めました。「マザー、頭がひどく痛みます。でも、キリストの茨《いばら》の冠と結びつけています。手もひどく痛みますが、イエスの傷ついた手と結びつけています。足もひどく痛みますが、イエスの傷ついた足と結びつけています。」体の各部分について、イエスの痛みと結びつけていることを伝え、それからマザーに言いました。「マザー、お願いが一つあります。」「それは何ですか。」「シスターたちのホームに帰りたい。そこで最期を迎えたいのです。」マザーは彼を連れて帰りました。マザーはわたしたちのところに戻ってきてすぐ言いました。「わたしがチャペルで、イエスと向かい合っているとき、ディーは十字架上のイエスにしばらく話しかけていました。」後にマザーは満面の笑みで話してくれました。

『『ディーがどれほどイエス、あなたを愛しているかおわかりでしょう』とイエスにわたしは伝えてきました。』わたしは、神から遠ざかっていた人びとが、マザーのイエスへの愛をとおして、神のすぐおそばにまで導かれたことを伝えるために、この話をします。マザーはイエスへの愛を人びとと分かち合うことで、この愛を、生きた行動にするのです[26]。

## マザーは彼を助けようと駆け寄りました

一九六九年、マザーとともに移動していたときのことです。バンガロールで、自分たちの乗る列車に向かって駅のプラットフォームを歩いていました。マザーはわたしの右側にいて、線路は左にありました。周囲が騒がしかったので、聞こえるようにわたしはマザーのほうに体を傾けながら話しかけていましたが、荷物の間を抜けるように歩いていたので、時折、足元のほうを見ていました。何回目かに顔を上げたとき、マザーがいません。周囲を見回しましたが、見つかりません。プラットフォームの端では人びとが集まっていて、その輪の中から突然マザーが現れました。わたしは急いで駆け寄りました。片足がなく松葉づえをついた物乞いが線路を横断していたのです。列車が急速に近づき、彼が渡りきれないでいるのをマザーが見つけ、助けようと駆け寄ったのでした。マザーはかがみこみ手を伸ばして彼を引き上げようとしたのですが、逆にマザーが線路に引っ張られてしまいました。プラットフォームで見ていた人びとは、すぐに助けようと駆け降り、二人をプラットフォームに引き上げました。わたしは、人びとがごった返すなか、マザーがその物乞いを見つけたことに驚きました。荷物の間を抜けながら、わたしと話もしていたのですから。完全に自分をささげることができ、深い愛の心をもったマザーは、愛の磁石のように、他者をとおして神に仕える機会を引き寄せているのだと思います。(27)

## このときの温かい愛情を決して忘れません

わたしがひどい喘息《ぜんそく》に苦しんでいたとき、マザーから温かい愛情と世話を受けました。すばらしい経験でした。わたしはマザーのところに行って、特別な祝福をお願いし、わたしのために祈ってくださるように頼みました。マザーは愛情に満ちたまなざしをわたしに向け、それから、九日間毎日ルルドの水とスプーンを持って、自分のところに来るようにと言われました。マザーはわたしを祝福し、ともにメモラーレの祈りを唱えました。それからルルドの水をスプーン一杯飲ませてくれました。マザーの温かい愛情をわたしは決して忘れません。(28)

## マザーテレサはすぐに行動を起こします

わたしの教区の女性で、十二人の子どもがいる母親を、マザーテレサに紹介しました。「貧しい人に仕えるためにひとりください」とマザーテレサは彼女に言っていました。二人が子どもたちについて話しているときに、近くにいた女性がてんかんの発作を起こし倒れ、痙攣《けいれん》し始めました。マザーテレサはすぐに行動を起こしました。女性の背中に腕をまわし、地面の上で体を伸ばせるようにしました。シスターたちに毛布と温かい飲み物を取りに行かせている間、そばにひざまずいて祈り始めました。ともに祈りましょうと言って、マザーテレサはポケットから不思議のメダイを取り出し、女性の額のところに掲げているように頼まれました。声を合わせてアヴェ・マリアを唱えていると、間もなくして女性は静まり、背を起こし、平安な様子でわたしたち二人にほほえみました。マザーテレサは笑顔でわたしに向かって言いました。「神父様はいつも奇跡を起こされますね。(29)」

もしマザーテレサがあなたに会いに来たら……

当時わたしは病院付き司祭で、病院に何人かの患者を見舞ってくれるよう、マザーテレサに頼んでありました。彼女は聖クリストファー大聖堂で今までにないほど大勢の聴衆の前で講演をした後、三人の患者を見舞いました。心臓移植を受けることになっていた男性は、神と和解する気になるかわからない、と言っていました。わたしは彼を何度も見舞っていたので、ついに「もしマザーテレサがあなたの見舞いに来たら、それで神のもとに立ち返れますか」と尋ねました。「そんなことはあり得ません」と彼は答えました。本当にマザーが見舞いに来ると、彼はベッドの上で起き上がり、短い祈りを唱えるマザーから、不思議のメダイを受け取り、その後、ゆるしの秘跡も受けました。彼は移植手術を受けた後、数年間生きることができました。(30)

## イエスご自身がいらした

カルカッタの病院で、心臓の外科手術を受けました。術後三日目に、集中治療室から病棟に移ったとき、突然看護師が「マザーテレサがこられます！　マザーテレサがいらっしゃいます！」と叫んでいるのが聞こえてきました。そしてすぐに廊下で走る足音がしました。「なぜマザーテレサがここに来るのだろう」とわたしは不思議に思ったのを覚えています。気づくとマザーはわたしの傍らにいて、わたしのほうに身をかがめています！　わたしは感動のあまり、まともに返事もできないくらいでした。マザーの訪問はイエスご自身、イエスその人の愛のしるしだという強烈な感情に襲われていました。わずかな時間に、部屋は人でいっぱいになりました。ハートセンターの所長、手術室から手術着のまま駆けつけてきたわたしの担当外科医、他にも大勢の医師や看護師、それに患者で。わたしはそのことに心動かされました。皆、マザーに愛情と敬意のこもった笑顔を向けていました。マザーが自分たちといることに一人ひとりが幸せを感じていたのです。小さな出来事？　そうかもしれません。でもマザーの行く先々で同じことが起こります。尊敬に満ちた愛が自然とあふれ出すのです。人びとはマザーに会い、話し、祝福されることを待ち望んでいます。そうした光景を何度も目にしてきました。[31]

## 彼を治す手だてはありませんでした

結婚して間もない男性が、鉱山での事故で体全体が不随になってしまいました。治す手だてはありませんでした。絶望した家族は、彼が横たわっている寝台をミサ聖祭の間、祭壇の正面に置きました。マザーテレサはすぐに彼を気にかけ、わたしに彼を祝福するよう求めました。それから、ティラナ（アルバニア）の病院にシスターたちが彼を連れていけるように取り計らいました。困っている人を助けるための、具体的な方策が確実にとられるように、というマザーの配慮を伝える例の一つです。マザーは、自分もしくはシスターが対応できない場合には、適当な人に託すことを考えました。[32]

## 生きる喜び

一九七九年八月、ハイチのポルトープランスの貧しい地域をマザーと歩いていました。マザーは、病人と瀕死の人びとが放っておかれていることに気づきました。ねずみが彼らの体をかじっているのをわたしは目にしました。下痢をしている貧しい男性は、外の排水溝に放置されています。こうした光景を見て、ハイチはカルカッタより貧しいとマザーは言い、ホームの開設を決めました。その建物には屋根があり、二つの部屋の床はセメントでした。マザー自ら、勢いよく部屋を掃除し、ペンキを塗りました。ここには水も電気もなく、移送手段もありません。でも神さまが見ていてくださいました。カトリック救援事業会（ＣＲＳ）の責任者がマザーに会いに来たのです。マザーは彼に「病人や瀕死の人を運ぶ車が必要です」と頼みました。すぐにことは運び、八月五日には、ポルトープランスの総合病院から治る見込みのない患者も含め、七十人がホームに運び込まれました。

このとき騒ぎが起きました。大勢の病人が運び込まれるのを見て不快になった近隣の人びとが、門の正面に溝を掘り始めました。車が通れないようにするためです。混乱のさなか、マザーが姿を現しました。マザーはひと言も発せず、手を合わせ、静かに祈り始めました。その祈りは奇跡を起こしました。同じ人びとが、今度は溝を埋め始めたのです。平和が戻り、ホームを開設することができました。ホームのオープニングの最後に、マザーはガンジーの言葉「貧しい人に仕える者は神に仕える」を引用しました。マザーは続けて言いました。「貧しい人、病気の人、死にかけている人、愛されず、望まれない人、ハンセン病患者、精神を患っている人に、わたしは長いこと仕えてきました。神を愛し、イエスの言葉『わたしにしてくれたことだ』を信じているからです。貧しい人、ホームレス、望まれない人、飢えている人、渇いている人、裸の人に姿を変えられたイエスを愛し仕えることが、わたしの生きる理由、喜びであり、そしてもちろんこうした奉仕をとおして、苦しむ兄弟姉妹の一人ひとりにイエスの愛といつくしみを伝えています[33]。」

## 真っ先に気づき立ち上がる

大聖堂は人でいっぱいでした。マザーを一目見ようと大勢の人びとが集まってきていました。他のホームから、大勢のシスターだけでなく、高齢者や病人、エイズ患者が皆、来ていました。聖体拝領のときです。わたしたちのホームから来ていたホセは、足元がおぼつかなかったのですが、立ち上がって聖体拝領に向かいました。ホセは転び、頭を大理石の階段にぶつけ、出血してしまいました。大勢の人がその場にいたのですが、真っ先に立ち上がったのがマザーで、ホセに駆け寄りました。ホセ（マザーの二倍ほどの身長がありました）を支えながら、マザーは脇の小祭壇に彼を連れていったのです。マザーは彼の顔と頭部を拭き、そばから離れようとしませんでした。

マザーが真っ先に気づいて立ち上がり、ミサ聖祭がその間進行していたにもかかわらず、救急車が来るまで彼から離れようとしなかったことに、わたしは心を打たれました。マザーが自分のことを気にかけることは決してありません。マザーは自分のことを完全に忘れていました。貧しい人の内におられるイエスに仕えるためなら、いつでも駆けつける主のはしためです[34]。

### 誰かがわたしのそばに立っているのを感じました

夜中に突然激しい歯痛に襲われました。四階の最奥のベッドに座って、頬に手を当てていました。他の皆は、深く寝入っていました。真夜中に誰を起こしてよいかわからず、シスターたちが寝る大部屋で、痛みを和らげるために歯を押さえながら、朝が来るのを待ちわびていました。ふと、誰かがわたしのそばに立っていて、肩に手がおかれたのを感じました。どうしましたか、と尋ねられ、見上げたらマザーがいました。歯痛を訴えると、「薬はないけれど、水を一杯持ってきてあげましょう」と言って姿を消しました。わたしは座ったままで、マザーが四階から一階まで下りて、また階段を上って来ないといけないということすら考えられませんでした。マザーは手にコップ一杯の水を持って現れ、わたしに渡すまえに、「三回アヴェ・マリアを唱えましょう」と言いました。二人でアヴェ・マリアを唱えた後、水を飲みました。マザーは「もう大丈夫だから、おやすみなさい」と言って、わたしを毛布で包み込み、祝福してくださいました。そしてわたしは本当に深く眠れ、痛みもとれ、その後何か月も痛むことはありませんでした。(35)

### マザーテレサはガス漏れ事故のあった街に駆けつけました

一九八四年にボーパールで大勢の犠牲者を出したガス漏れ事故のとき、マザーテレサは医師たちや神の愛の宣教者会員たちと一緒に、飛行機に援助品を乗せて駆けつけました。人道支援に熟達した人びとも、さらなる救援を待っているような時期でした。到着してすぐに、マザーとシスターたちは、救援活動に取りかかりました。マザーがボーパールに現れ、救援活動に取り組み始めたことで、他の人びとも、シスターたちと力を合わせ、ガス漏れ事故の被害者たちへの支援を広げる困難な仕事に取りかかりました。マザーはシスターたちとともに、政府の部隊も恐れて行かないような場所に赴き、被害者たちを一軒一軒訪ねました。マザーの一団が、休む間もなく活動し続けたことは奇跡で、それに促されるように他の人びとも救援活動に加わりました。この「信仰活動」が展開される一方で、人びとは何か恐ろしいことが起きるのではないかと不安に駆られ、家の扉を閉め切り、閉じこもっていました。こうしたなか、マザーは屋外にあって、被害者たちに援助品を配り歩き、悲劇的な状況に立ち向かう勇気を与え続けました。(36)

## これほどの愛と心くばりをもって

休暇に入るその日に、同僚の外科医からマザーテレサがわたしの診察を（神の愛の宣教者会のシスターのひとりが事故にあっていた）不安な思いで待っていると連絡を受けました。わたしは病院に急いで向かいました。シスターのベッドサイドで、マザーが彼女の吐く血を拭いていました。脈も弱く、大量に出血し、あえいでいました。マザーは苦痛に満ちた表情でわたしのほうを向いて言いました。「あなたがX医師ですか？　先生をお待ちしていました。シスターの命を救ってください。あなたのために祈りますから。」シスターの命を救うために、母親のように祈るマザーに、わたしは心を奪われました。不思議な感覚とともに驚くほどの力を感じ、シスターを必ず救おうという固い決意が胸に込み上げてきました。すでに静脈内輸液と輸血が行われ、できうるかぎりの処置は施されていました。医師団がわたしに協力してくれました。マザーはひどく心配そうに、シスターの顔をじっと見つめていました。徐々に脈も戻ってきて、呼吸も落ち着いてきました。少し希望がもて、マザーも不安から解放されました。

翌日にはシスターも口がきけるようになり、容体が幾分か安定しました。マザーは大いに慰められ、表情も明るくなり、快活になりました。マザーは感謝の気持ちからわたしの手を握り、言いました。「先生、お願いですからシスターの回復をなんとかして早めていただけませんか。二か月以内に誓願を立てなければならないのです。」シスターは、顎《あご》と前腕の骨の大手術を受けなければなりませんでした。間もなくシスターは危険な状態を脱し、わたしはマザーから彼女を退院させるように頼まれました。多くの貧しい人たちが入院を断られるような忙しい病院にシスターが居続けるのは望ましくなく正しくもない、とマザーが考えたからです。シスターは、セント・メリー教会で予定どおり誓願を立て、わたしも参列しました。(37)

### 子どもに食べさせる母親のように

マザーはカリガートに行くのを喜びとしていました。重い病気の人のそばに座り、言葉をかけ、時折ご自分の手で食事を与えました。愛情深く子どもに食べさせる母親のようでした(38)。

### マザーはわたしの手をとりました

志願者だったわたしは、ニルマル・ヒルダイ（カリガート）で奉仕活動を行うことになりました。最初の数日は、老いた人びとに触れるのを恐れていました。ひとりの男性は脚に大きな傷があり、ウジがわいていました。わたしがおびえているところに、マザーが通りかかりました。包帯のトレイを持ったまま、どうしてよいかわからず、立ちすくみ、おびえているわたしにマザーは気づきました。マザーはわたしの手からトレイを取って、男性の傷を洗浄し、ウジを一匹残らず取り除きました。それからわたしに鉗子《かんし》を握らせ、わたしの手にご自分の手を重ね、わたしの手を動かしながら、彼の傷を洗浄させました。わたしが少し洗った後は、マザーが続け、包帯を巻きました。それで恐れの感情はなくなりました。

マザーは温かいミルクを走って取りにいき、彼の口に少しずつわたしに注がせました。その間ずっとマザーはそばにいてわたしを笑顔で見守ってくれました。それから別の患者のもとにわたしたちは移動し、一人ひとりに必要な手当てをマザー自ら施していきました。この日の午前中、マザーはずっとわたしのそばで教え続けてくださったのです。これ以降、わたしは恐れなくなりました。(39)

## 汚れ仕事をすることに喜びを

病人の手当てを始めようと、マザーを待っていたのですが、みえないので、探しにいきました。マザーはトイレの掃除をしていました。手伝おうとしましたが、マザーに言われました。「なかの仕事をしなさい。トイレはわたしがしておきます。」わたしはそれでもマザーを手伝いたかったので、ほうきを取りにいきました。戻ってきたときにはトイレの掃除は終わっていて、マザーは配水溝を磨いていました。それからごみ入れのごみを台車に移していました。マザーが自分で台車を道路の反対側まで押していきました。外にある共同のごみ入れに投げ入れるために、台車の片側はわたしにもたせてくれました。マザーの、ホームの人びと、死にゆく人びとへの愛情を感じ、また汚れ仕事は（トイレの掃除、病人用の便器や尿瓶の洗浄、患者が吐いた容器の洗浄等）一切他の人にはさせず、自ら喜んで行っている姿は、わたしにとって大きな霊的励ましとなりました。(40)

## 相手への深い関心

マザーはいつも相手への深い関心を示すことで愛情を表していました。カリガートに行くと、患者のそばにひざまずきました。そして、患者の体を軽くさすりながら、欲しいものがあるかを尋ねました。もしラスグッラ（ベンガル地方の代表的なデザート）か何か欲していたら、それが与えられたかどうか、後から確かめていました。病人から病人へと、一人ひとりに触れ、ほほえみ、話しかけました。(41)

## わたしの友だちはどこ

わたしは、プレム・ダンでの志願期のときに、女性たちの部屋で働いていました。マザーは到着すると、まず全員の患者たちに、それからシスターたちに会いました。そしていつも「わたしの友だちはどこ？」と尋ねます。その友だちとは、ジャングルの近くで見つかった耳の不自由な女性で、マザーは彼女をまずダムダムに連れていきました。そこから彼女はプレム・ダンに来たのです。マザーが訪ねてくると、その女性は笑顔を見せました。マザーは患者一人ひとりを見舞いました。一人ひとりを気にかけるマザーの姿はまさに聖なるもので、マザーの愛の大きさにわたしは感動しました。これほど一人ひとりの患者、子ども、シスター、その他の人びとに、愛情

を込めて接する人を、生まれて初めてわたしは見ました。(42)

## この薬を貧しい人のために受け取ります

初めから、マザーは貧しい人びとのために乞う業《わざ》をもっていました。マザーを支援したいという人びとに、そのことを伝えるのです。この方法で、本や鉛筆、衣服、薬品等を集めてきました。医薬品を寄付してもらうために直接出かけていくと、成功するときもありましたが、断られることもありました。

わたしは、マザーが大きな医院の医者を訪ねたとき、同行しました。骨結核の幼い少女マルチェラのために、薬が欲しかったのです。医者は、たかびしゃな態度で断りました。するとマザーは立ち上がり、手を合わせ、笑顔で丁寧に「ありがとうございました」と言ったのです。医者は虚をつかれたようでした。マザーの帰り際に伝言が届き、医者のいる診察室にまで戻るように言われました。医者はマザーに言いました。「わたしはあなたに何も差しあげなかったのに、お礼を言われました。わたしがもしこれを差しあげたらなんておっしゃるのですか。」そう言ってマザーが求めていた医薬品を渡してくれました。「最初にいただけなかったものはわたしのために、この薬は貧しい人のために受け取ります。」こんなことは、医者にとって初めての経験でした。(43)

## キリストの十字架を運ぶ

わたしの背中をついにはレントゲンで検査し、脊椎がひどく損傷していることが判明しました。そのことをマザーテレサに知らせました。［……］すると彼女から手紙が届きました。苦しみをすべて自分と修道会の仕事のためにささげてくれるように、そして同じように苦痛をささげてくれる人を探してほしい、とありました。

わたしにとって、苦しみ自体には、何の意味もありません。わたしは障がいを抱え、苦痛はわたしを消耗させました。でも、キリストの受難を分かち合う苦しみは、大切なお恵みとなりました。わたしの生命の中心にはイエス・キリストがおられ、受難と十字架をとおして至高の希望のメッセージ――キリストの復活をとおしてわたしたちが救われる――が与えられることを知っています。わたしは苦痛の意味を模索するとき、わたしを導くイエス・キリストを見上げます。カルワリオの丘に向かって歩まれるキリストのお姿を見て、後にただ続けばいいとわかるのです。マザーテレサが、わたしたちに告げていること「神がくださるものを何でも受け入れ、取られるものは何でも心からのほほえみで差し出しましょう」、これをそのままに生きようと努めています。苦しいとき、背中が痛むとき、自分がキリストの十字架を背負っているように本当に感じます。[44]

## 帰天後の今も

マザーテレサは、使命声明文「もしも、わたしが聖人になるとしたら、きっと『暗闇』の聖人になります。地上で闇の中にある人びとに光をともすために、いつも天国を留守にしているでしょう」を忠実に守り、帰天後の今もあわれみの行いを続けています。患者たちがたびたび、ベッドサイドにマザーテレサがいてくれたと証言しています。二つ紹介します。

## ありがとう、マザーテレサ

こんにちは。ぼくの名前はミゲル、三十四歳だ。カトリックではなく、別の宗教の出だ。六月二十三日、ぼくは脊椎の手術を受けた。一時十五分に手術室に入り、五時四十五分ころに終え、七時ころに全身麻酔から覚めた。

その後、眠りに落ちたぼくは、夢の中で誰かが近づいてきて、右脚を触ったように感じた。目を開けたけれど、誰もいなかった。再び右脚に両手がおかれたのを感じた。また、目を開けたけれど、何も起きていなかった。三回目は、左手だけを感じた。サリーの端とロザリオから誰の手かわかった。カルカッタのマザーテレサの手で、ぼくは目を見開いた。目にしている光景が信じられなかった。皺《しわ》やロザリオ、年老いた人に見られる少し大きなしみが見えた。しっかりした指の爪の先も見えたし、手のひらでぼくの脚に触れているのを感じた。間もなくして、医師がやってきてぼくに告げた。「君が取り乱さないように先に言っておきたくて来た。君の脚はもう動かない。平静でいてほしい。」そこでぼくは脚を動かして見せた。「そんなことはないです。見てください。動いています。」医師は驚いて、去っていった。次の土曜日、再び医師がきて、立ち上がってみるように言われた。「すでに昨晩、トイレに行くために立ち上がりました。」医師は再び驚いて、言った。「誰かに支えてもらっただろう？」「いえ、ひとりで。」医師は喜び去っていった。彼はぼくを六月二十七日に退院させる予定だったけれど、二十五日に退院できた。ありがとう、マザーテレサ。

「そうよ、この人よ！」

メキシコのとても貧しい牧場の出身です。お金がなく貧しいのですが、信仰をおろそかにはしていません。荷車をもっていたので、わたしは娘ドロレスと一緒に、卵の殻《から》にキャンディーやお菓子を詰めて売っていました。塩味やチリ味のトルティーヤを食べ、ときにはスープを飲めるくらいは稼いでいました。他の牧場に着いたとき、車が娘をはね、地面にたたきつけました。娘は意識がありませんでした。娘の顔をたたいて、意識を戻らせようとしても、反応しません。そらんじることのできる祈りはなかったので、マザーテレサに娘が無事であるように、血栓ができないように、とお願いしました。主の祈りと、アヴェ・マリア、栄唱、それにマザーテレサへの射祷をささげました。

事故から八十分たって娘は意識を回復しました。後に、娘が語ってくれました。年老いた愛らしい小さな老女が彼女の髪をなで、祝福してくれ、その衣は雪のように白く、ほほえみながら消えていった、と。わたしたちはマザーテレサに会ったことはなく（写真を見たことすらなく）、テレビも家にはありませんでした。後に、ある青年（証言を書き留めるのを手伝ってくれた）が、カルカッタのマザーテレサの写真をくれたとき、娘が大はしゃぎで言いました。「そうよ、この人よ！」

## 自らを省みる

「病気のときに見舞い、旅をしていたときに宿を貸してくれた。」（マタイ25・35〜36）

「病人の慰めの天使となりなさい。[45]」

「病気の人たちは、医療、そして優しく触れられ、温かい笑顔を向けてもらうことを切望しています。」(46)

自分が病気だったときの気持ちを忘れず、病気の人に、優しく思いやりをもって接しよう。病気の人の苦しみをどうしたら自分は和らげることができるだろう。必要な薬を手に入れてあげられるだろうか。病気の人にわたしがしてあげられる小さな親切は何だろう――お見舞いに行く、話し相手をする、あるいは、ごみ出し、目の不自由な人に新聞を読み上げる、お見舞いの手紙を送る、といったささやかな手助け等。個人的な感情を乗り越えて、どうしたら病人のために必要な一歩を踏み出せるだろう。小さなことにでも大きな愛を込めれば、誰かの人生に大きな違いをもたらすことができる。

もしわたしが病気なら、病による弱さや限界によって、他者との関係が悪くならないために、何ができるだろう。

病気の人びとを、わたしがどう支えれば彼らの苦しみがキリストと結びついていて、なんらかの善意のためにささげた苦しみなら価値があると彼らが認められるだろうか。知り合いが病者の塗油の秘跡を受けられるように、わたしは手助けできるだろうか。

# 祈り

主よ、偉大な癒やし主《ぬし》よ、
わたしはあなたのみ前にひざまずきます。
完璧な賜物《たまもの》はすべてあなたから与えられるからです。
わたしの手に技を、わたしの精神に明晰なヴィジョンを、
わたしの心に優しさと柔和さをお与えください。
目的に向かうひたむきさ、
苦しむ人びとの重荷を少しでも取り除く強さ、
自分に与えられた恵みを真に知る力をお与えください。
わたしの心からすべてのずるさや世俗的な関心を取り去ってください。
子どものように単純な信仰をもってあなたを信頼できるように。
アーメン。

（日々マザーテレサが唱えている無名の医者の祈り）

# 6 囚人を訪ねる

囚人と聞くと、何か悪いことをしたのだ、と反射的に思う人がほとんどだろう。よく考えもせずにそう判断しがちだが、わたしたちは正しいのかもしれないし、間違っているのかもしれない。どちらにしても、教会がわたしたちにこの身体的な「あわれみの行い」を実践するように促していることに変わりはない。マザーテレサにおいて特徴的なのは、どんな場合であれ一切の判断を、囚人にたいしてだけでなく誰にたいしても、くださなかったことだ。「行いは間違っていても、なぜそうしたのか、あなたにはわかりません。［……］シスターや貧しい人がなぜそうしたのか、その動機はわからないのに、わたしたちは裁いています。」

マザーテレサは囚人たちを訪ね、心を込めて相手をした。偏見をもったり、見下したり、恩着せがましい態度をとったりすることはなく、むしろ一人ひとりに敬意を払い、大いなる希望を相手に見いだした。彼女はつねに、新たなチャンスを（何回でも！）与えた。彼らが拘束されている理由が何であれ、一人ひとりとあわれみ深い態度で接したのだった。それは「神のお恵みがなかったら、わたしもそうなっていたかもしれない」という自身の思いと、苦しんでいる囚人その人を深くあわれんだからだった。もし環境が違っていたら、彼らは今こうした状況にはなかったかもしれない。逆にいえば、もし彼らと同じ境遇にあったなら、同じことを、あるいはもっと悪いことを自分はしていただろう。苦しんでいる理由は何であれ、彼らは助けを必要としていて、わたしたちはそのことに無関心でいてはならない。

マザーテレサは、拘置所に収容されている少女たちのために、特別な使徒職を新たに始めた。この少女たちは（しばしば心の健康を損なっている）、道ばたで暮らしていたところを、他に施設がないために、拘置所に収容されていた。そこでマザーテレサは、政府の協力を得て、少女たちを釈放させ、彼女たちのためにホームを開き、作業療法を行い、簡単な仕事を与えた。こうして少女たちは働くようになったことで、尊厳をもって生きていくことができた。その後、マザーテレサは少女たちの家族と連絡を取り、きずなを取り戻せるように計らった。

## マザーテレサの言葉

### 貧しい人びととともにいられる特権

わたしはこうして皆さんと集まり、神の賜物《たまもの》として、貧しい人びととともにいられる特権、つまりキリストに二十四時間触れていられる特権を分かち合う機会が与えられたことを神に感謝いたします。わたしたちをいつも裏切らないイエスが言われました。「あなたはわたしにそれをしてくれた。」「わたしが飢えていたときに食べさせ、喉が渇いていたときに飲ませ、旅をしていたときに宿を貸し、病気のときに見舞い、牢にいたときに訪ねてくれた。」わたしたちは、これを実践しようとしています。皆さんとともに苦しみ痛む人の姿となられたキリストに触れる喜びをもたらそうとしているのです[1]。

＊

聖パウロのように、キリストに愛されていると確信したときから、他のことを一切気にしなくなりました。鞭《むち》打たれ、投獄されても動じませんでした。重要だったのはただ一つ、イエス・キリストでした。「何も、そして誰も、わたしをキリストの愛から引き離すことはできません。」どうしたらわたしたちもこうした確信がもてるでしょうか[2]。

＊

イエスからいただいたものは惜しみなく、お与えなさい。愛で満たされているのですから。すべての困難を引き受けてイエスが天からこられたのは、互いに愛し合うように、という福音（よい知らせ）を告げるためでした。シスターの皆さん、わたしたちは聖マキシミリアノ・コルベ神父のように、人を愛せるようにならなくてはなりません。コルベ神父[3]は、餓死室に送られる人として呼ばれなかったのですが、そちら側に呼ばれた男性が「ああ、妻が、子どもたちが」と叫ぶのを聞いて、「わたしが代わりに」と申し出ました。わたしたちはその後の結末を知っています。

コルベ神父は、餓死室の監房に連れていかれました。わたしたちは飢えの苦しみがどんなものか知りません。わたしたちは知らないのです。わたしはこれまで人びとが亡くなっていくのを見てきました。飢えで何日も苦しむのです。コルベ神父は飢えでは死にいたらなかったので、注射をされました。なぜコルベ神父はこうした行動がとれたのでしょう。偉大な愛のなせる業《わざ》です。シスターのために、わたしも同じ行動がとれるでしょうか。(4)

刑務所に入るか、路上で暮らすしかない人びと

わたしたちのもとに何万人ものハンセン病患者がいます。最も望まれず、避けられている人びとだからです。アルコール依存症、困窮している人びと、刑務所に入るか、路上で暮らすか、その二つの選択肢しかない人びとが、わたしたちのところにいます。夜を過ごせるようなシェルターをわたしたちは用意しています。［……］飢えている人に食べさせたり、衣服を洗ってあげたり、温かい愛情をもって、これら望まれていない人の世話をする、こうしたつつましい仕事を行うことは、わたしたちにとって時間の無駄ではありません。(5)

＊

わたしたちはエイズ患者のホスピスをニューヨークに開きました。彼らは裕福であっても、誰

からも受け入れられなかったのです。エイズに感染したと知った三人の男性が、ビルの三十五階から飛び降りました。エイズに感染した人、死にかけている人のお世話をシスターたちが始めたことで、大きな変化がアメリカじゅうで見られました。知事に会いに行きますと「エイズ患者のもとにキリストを連れてきたのはあなたが最初で唯一の人だ」と言われました。知事はこのとき、アメリカで前例のないことをしました。十二人のエイズを患っている囚人を釈放し、わたしたちのもとで最期を迎えられるようにしたのです。シスターたちは実際、このホームで奇跡を起こしています。ジョゼフ神父[6]が今朝、電話をかけてきて、ここで起きている奇跡を話してくれました。ひとりは洗礼を受け、初聖体、堅信を授かってから、亡くなりました。また「彼らが息を引き取るとき、表情に何という平安と喜びをたたえていることでしょう」とシスターが書いてきました。この国に新たな希望がもたらされた、とわたしは思っています。今では多くの人が手伝いに来ています。すべて神さまの行われた奇跡です[7]。

＊

昨日、シスターたちが刑務所を訪問していると聞きました。彼女たちが通い始め、ご聖体が刑務所に安置されるようになった様子を話してくれました。ここの教誨師である司祭が毎日聖体礼拝を三十分、執り行うようになったそうです。少年たちを含む受刑者たちが礼拝しているのです

（中には初聖体の準備をしている少年たちもいました）。彼らは生けるキリストを感じ、力をいただけるほど、本当に心を開いているのです。彼らは神に飢えています。神にとても飢えているのです。[8]

### 助命を嘆願

知事様

今日わたしは、ジョゼフ・ロジャー・オデールの助命を嘆願いたします。死刑の判決を受けた理由をわたしは知りません。わたしにわかるのは、彼もまた神の子どもであり、神の大きな計らいの中で、愛し、愛されるために創られたということです。ジョゼフが神と、そして傷つけたすべての人びとに謝り、神との和解のうちにあることを祈っています。彼の命が奪われませんように。彼の人生に、そしてわたしたち皆の人生に希望がもたらされますように。わたしたち一人ひとりをあわれみ、いつくしみ深く、優しく愛してくださるイエスは、ゆるしの奇跡を行われます。親愛なるジョゼフ、あなたに向けられた神のいつくしみ深い愛を信じてください。そして、神が与えてくださるものを何でも受け取り、取りあげられるものは何でも心からのほほえみで差し出してください。ともに祈りましょう。神があなたを祝福されますように。

マザーテレサ[9]

## 少女たちが出所するとき

この他、わたしたちは今、ハーレムで新たな活動として、シスターたちが、拘留されている少女たちを、拘置所と呼ぶのでしょうか、そこに訪ねています。少女たちが釈放されると、誰でも彼女たちを連れていくことができ、どこかへ行ってしまいます。そこでわたしたちは、少女たちを修道院に連れて帰ることにしました。彼女たちには、服が一そろい必要ですし、さらにそれぞれにあった仕事に就くようにしないといけません。[……]どの街にも、こうした人びとがいるはずです。[……]少女たちをいったん修道院に迎えた後は、共労者たちが引き継いでくれます。(10)

## 人びとの証言によるマザーの行い

### それよりも人間の尊厳の問題でした

カルカッタのテングラに、マザーが大切にしていた仕事の一つですが、「拘置所に収容されていた少女たちのためのホーム」があります。貧しい人びとの物質的なニーズだけでなく尊厳を守ろうとするマザーの想いがかたちになったものです。こうした少女たちのほとんどが、程度の差はあるにしても、精神的、情緒的に不安定で、カルカッタの路上をさまよっているところを警察に保護されていました。彼女たちを受け入れる施設がないために、罪を犯していないのに収容されていたのです。多くの少女たちがこうした状況におかれていることを政府は知り、西ベンガル州の首相がマザーに連絡をしてきました。シスターたちが彼女たちの面倒を見ることができるか尋ねてきたのです。食料や寝泊まりする場所の問題ではもちろんありませんでした。それなら拘置所でもいいのですから。それよりも人間の尊厳の問題でした。こうした少女たちが治る、あるいはせめて回復が進み、愛され、尊重されている、と感じられるような環境と世話が求められていました。マザーは、政府が彼女たちを迎える施設を建てるために土地を提供してくれるなら、とすぐに承諾しました。ホームは建てられ、マザーは、共労者や支援者たちの関心が少女たちに向くように絶えず努めていました。また少女たちの教育に携わり、たとえば手工芸のように役に立つ技能を教えてくれるボランティアの先生なども見つけてきました。[11]

## 別人のようになった男性

マザーテレサは殺人を犯した人にも、大いなる希望を抱きました。［……］アメリカで、わたしはある殺人犯と親しくなり、無期懲役の彼は、獄中でカトリックに入信しました。わたしがマザーテレサと連絡をとると、彼女はこの話全体を深い愛の心で受けとめました。この男性は生き方をすっかりあらため、彼をとおして他の囚人も変わっていきました。わたしがカルカッタに行くたびにマザーから「友だちのXはどう？　殺人犯のXは？」と聞かれました。彼は別人のように変わりました。教誨師が刑務所を訪れるたびに、Xはその助手を務めています。ある年、復活祭のミサをわたしが執り行いました。そのときに彼は、自分が描いたマザーテレサの肖像を、一枚は彼女に、もう一枚はわたしにくれたので、マザーを敬愛するわたしの父にあげました。彼は死刑になるかもしれないけれど、キリストのために生きることはできる。セキュリティーの厳しい刑務所にいる彼と、マザーは手紙を交わすようになりました。わたしは故郷に帰るときには、いつも彼を訪ねます。わたしの人生の喜びの一つです。［……］刑務所にいたとしても、そこでキリストに仕えることはできます。彼からの手紙にこうありました、「あなたに会ってから、そしてマザーテレサに手紙を書くようになってから、よく考えるのです。もし悲劇が起きるまえにイエス・キリストを知っていたなら、わたしの人生はどんなに違っていただろう、と。残りの人生を、わたしの助けを必要とする人びとに、ささげたいと思う。[12]」

## アメリカで初めての、エイズ患者のホスピス

わたしはマザーテレサとほかの二人とともに、ニューヨークのオシニングにあるシンシン刑務所を訪ねました。［……］ほとんどの囚人が終身刑でしたが——殺人犯やレイプ犯など、重労働

によって鍛えられた筋骨たくましい男たち――その多くが、マザーテレサの前ではひざまずき、彼女が祝福しながら彼らの頭に軽く触れ、不思議のメダイを渡し始めると、泣き出しました。(13)

＊

マザーにとって、彼らは犯罪者ではなく、神の似姿として創られているのです。ですから、マザーは彼らに希望を与えました。彼らがイエスと触れられるような、ふさわしい言葉、行いをいつも見つけるのでした。(14)

＊

マザーは、ニューヨークにエイズ患者のホスピスをつくることにしました。最初のホームは一九八五年にできました。ニューヨークでは、ほとんどのエイズ患者が同性愛者か、薬物依存症でした。そのころ教会では、大論争が巻き起こっていました。同性愛者は反カトリックで、教会は彼らの生き方を声高に批判していたのです。幾人かの有力な司祭はマザーに忠告しました。「マザー、巻き込まれないでください。関わらないでください。彼らの生き方を支持していると批判されますよ。」でもマザーにとっては、誰も触れたがらないエイズ患者は、今日におけるハンセン病患者でした。誰もが彼らを避けました。刑務所を訪ねたことがきっかけとなって、マザーがエイズ患者のためのホスピスを開こうとすると、誰もがそれに意見したのです。結局、エイズ患者のホスピスを開くまでおおよそ六か月かかりました。マザーは、シンシン刑務所に向かい、エイズで苦しむ受刑者たちに不思議のメダイを渡し、伝えました。「ホスピスができたら、また迎えに来ますから。」マザーは市長とオコナー枢機卿を訪ねます。期待に満ち、マザーの心は昂《たか》ぶっていました。白内障の手術を受けたばかりで、マザーはサングラスをかけていなければなりませんでしたが、それでもクリスマス・イヴにホスピスを開設したいと考えていました。「イエスさまのお誕生日プレゼントとして、このホスピスをおささげしたいのです。イエスさまのお誕生日に彼らをホスピスに迎えましょう。」

ニューヨークのクリスマス・イヴの日といったら……何もできません。周りじゅうの人がマザーに言いました、「マザー、諦めてください。」でもマザーは「彼らを刑務所から釈放してあげないと」と繰り返すばかりです。マザーは州知事に電話をかけました。「クリスマスの贈り物をわたしにください。幼子イエスにクリスマスプレゼントを差しあげたいのです。あの囚人たちを仮釈放してください。イエスさまのお誕生日に彼らをわたしたちのホスピスに迎えられるように。」州知事は言いました。「マザー、もしそれをお望みならば、わたしのためにあることをしていただきたいのです。わたしとわたしの家族のために祈ってください。」「わかりました。」ブロンクスの修道院で、マザーは受話器をそのままにして、その足でチャペルに向かい彼のために祈り始めました。州知事が「もしもし！　もしもし！」と叫んでいたので、わたしが受話器をとりました。「マザーはどこに行ったんだ。」「お祈りのためにチャペルに行かれました。」「おお、何ということだ。」州知事は、直ちに病気による仮釈放の書類にサインをしました。「……」宇宙飛行士のような防護服を着用した男性たちが救急車で、サイレンを鳴らしながらやってきました。

マザーテレサは論争におじけづくことはありませんでした。

マザーはこのホスピスにも、他のホームと同じ規則を定めていました。それもまた人びとの論争の的となりました。「テレビ、ラジオが彼らには必要だ。他にすることが何もないのだから。」マザーはきっぱりと断りました。「いいえ、この規則に従ってもらいます。」入居者たちはどうしたかというと、互いに言葉を交わすようになり、親しくなりました。彼らは家族のようになっていったのです。間もなくロザリオの祈りを唱えるようになりました。バックグラウンドはさまざまで、ある者は殺人を、別の者は十歳からずっと路上で暮らしていました。薬物依存症の人もいました。彼らは教理を学び、兄弟のように過ごしました。[15]

## マザーテレサに深く心を打たれる

世間に名が知られている犯罪者が、十一年間、連邦刑務所に入っていました。服役中に彼はゆるしの秘跡の恵みを受けます。彼のもとにシスターたちが手作りしているロザリオをわたしたちは送り届けていました。彼がこのことに心を動かされたのをわたしは知っています。また、犯罪組織のメンバーだった他の二人を、マザーに訪ねてもらうと、深く心を打たれたようでした。マザーは彼らを抱擁しました。(16)

## マザーテレサから愛と希望と励ましをいただきました

一九九一年にわたしは逮捕され、拘置所へ送られました。裁判を待っている間、わたしの身に起こったことを手紙に書いて、マザーテレサに送りました。彼女からすぐに返事が届き、そこには励ましと愛と希望の言葉がつづられていました。返事を書く時間を割いてくれたことに、わたしは驚きました。一九九二年から一九九七年に亡くなる数週間前まで、マザーテレサは定期的に手紙をくれ、わたしからの手紙に一つも欠かさず返信してくれたのです。初めてマザーに手紙を書いたとき、わたしはうつ状態で自分に失望していました。悩みのいくつかを打ち明けると、マザーテレサは、過去の悩みは忘れて、現在と未来に目を向けるようにと、励ましてくれました。いつも神の愛は無限であることをわたしに思い起こさせ、その愛への道を示してくれました。また、彼女は他の囚人たちについて知りたがり、そして彼女からの手紙を、他の囚人たちと分かち合うよう、強く求めました。わたしが、他の囚人たちについて書いて知らせると、いつも喜んでくれました。わたし宛ての手紙からの抜粋です。

お手紙をありがとう。あなたの内で、またあなたをとおしてすばらしいことをなさっている神に感謝いたします。［……］あなたの内で神の恩寵が働き、そして鉄格子の向こう側にいる人びとを思いやる気持ちを、あなたの心にともした神に感謝しましょう。

＊

受難をとおしてイエスは、愛をもってゆるし、謙遜をもって忘れるように教えてくださいました。あなたの人生に訪れた苦しみが、イエスに近づく道となることを祈っています。あなたの内でイエスが生きてくださり、あなたがイエスのあわれみを同じような状況にある人びとに広められますように。

＊

あなたがもはや過去にとらわれず、周りで苦しむ人びとへの愛のために現在を活かし、神への愛のうちに成長しようとしていると聞き、うれしく思っています。聖書は、イエスが苦しみつつ長い時間祈られたことを伝えています。わたしたちもまた苦しく、闇の中にあるとき、苦悩なさる主の孤独に近くあり、祈りのうちに主とともに深く一致しましょう。

キリスト教徒は、生ける神の聖櫃《せいひつ》です。神はあなたを創造され、あなたを選ばれ、あなたの内に住まわれました。それは神があなたを望まれたからです。神がどれほどあなたを愛してくださっているかわかったなら、その愛を輝かせながら人生を生きていくのはごく自然なことです。(17)

＊

## 二度と同じ過ちを繰り返してはなりません

貧しい女性が泣きながらマザーと話していました。マザーはこの女性に深く同情していました。通りがかったわたしを見て、マザーは呼び止めました。「この女のかたについていってあげて。彼女の夫が二日まえに車を盗んで逮捕され、今ラルバザールで拘留されているから。そして警察署長のところに行って、『マザーが彼を釈放するように、と言っています』と伝えなさい。」わたしは言われるままにすぐに従いました。ラルバザールがどこかも、拘留されているということがどういうことかも、誰が署長なのかもわかりませんでした。マザーの言葉にただ従って、泣き続けている女性とともに出かけました。マザーが門のところまで見送ってくれました。

ラルバザールの警察署に着いたのは午前十一時でした。そこで、署長は午後三時に来ると言われました。辛抱強く待ち続け、署長が来たので伝えました。「車を盗んだ○○という名前の男の人がいます。マザーが彼を釈放するようにと言っています。」「どこのマザーだ?」「マザーテレサです。」彼は再び尋ねました。「それは誰だ?」「マザーです。」（わたしはマザーをマザーとしてしか知りませんでした。マザーはマザー以外の何者でもないのです）。署長は笑顔を見せ、警察官を呼び、何か指示を与えました。その後、皆で警察のジープに乗って、護衛つきで、別の警察署に向かいました。そこの署長に同じことを伝えると、「でも彼は泥棒《どろぼう》なんだ。彼を釈放することはできない。」「でもマザーが彼を釈放するようにと言っています。」「もし彼がまた盗みを働いたらどうするんだ。」「それは、わたしにはわかりません。わかっているのは、マザーが彼を釈放するようにと言っているということだけです。」署長は指示を出しました。カーテンのすき間から、手足をひとまとめに縛られ、立てないで座っている男性が見えました。警察官は彼の手足の鎖をはずし、彼を釈放しました。

夜になってわたしたちはマザーハウスに戻りました。男の人は泣いていました。マザーは彼に言いました。「ゆるしの秘跡によく備えましょう。そして二度と再び盗んではいけませんよ。神はあなたにすばらしい家族を与えてくださいました。子どもたちを愛し、ともに祈り、毎晩ロザリオの祈りを唱えなさい。マリアさまがあなたがたを助けてくださいます。」マザーは夫婦を祝福し、彼らは帰っていきました。マザーは彼らに食料を与えました。この日から、子どものころから盗みを繰り返していたこの男性は、生き方をあらため、飲酒、そして悪い仲間、習慣を断ち切ったのでした。仲間が彼を誘いに来ましたが、「二度と繰り返してはならない、とマザーに言われているし、ぼくも約束したんだ」と断っていました。この男性は別人になったかのようです。貧しく、生きていくのに必死ですが、マザーとの約束を、今日にいたるまでずっと守っています。マザーが彼のために祈っていた、とわたしは確信しています。(18)

## 帰天後もマザーは、刑務所を「訪ね」続けています

あるシスターが、わたしの両親に不思議な話をしました。昨日、そのシスターがろうそくを買いに出かけたときのことです。ある男性の視線を感じたので、振り返って、こんにちは、と挨拶をしました。彼は挨拶を返し、尋ねました。「今でも、囚人たちに食べ物を届けに刑務所を訪ねているのですか。」「わたしたちはそうした司牧には携わってはいません（サン・ペドロ・スーラでは、シスターたちは、エイズ患者、高齢者、危機にさらされている子どもたちの世話をしています。）」「二〇〇四年にぼくが不当に拘留され、二日間何も食べていなかったときに、食べ物をくれた女性と、あなたは同じ格好をしている。だからあなたを見ていた。」「あなただけに？」とシスターは尋ねました。「いや、囚人たち全員に。夜の十一時から夜中の一時ごろにかけてだった（もちろん訪問するような時間帯ではありません！）」「その女性は若かった？」「年とっていた。」マザーテレサの小さな肖像を見せて尋ねました。「彼女かしら？」男性は泣き始め、「確か

に この人だ」と言いました。

## 自らを省みる

「牢にいたとき訪ねてくれた。」（マタイ25・36）

「病気で牢におられるイエスは、あなたを友として求められています。あなたは主に応えるその『ひとり』になってくれますか。[19]」

刑務所にいる人びとを、わたしはどう思っているだろう。そこにいるのは当然と思っていないだろうか。自分だってそうなったかも、と考えるだろうか？　人を見たり、あるいは話を聞いたりしたときに、「いったいどんな罪を犯したのだろう」という目で見ていないだろうか。神の子ども、わたしの兄弟姉妹として見ているだろうか。

この「あわれみの行い」にわたしはどのように関われるだろうか。たとえば、ボランティア活動に参加したり、更生プログラムに協力したり等、できるだろうか。もしわたしが偏見に「囚《とら》われて」いるなら、真実を知り、わたしの誤った考え方を修正するために、具体的にどんな手順をたどればよいだろうか。

わたしはエゴイズムやプライドにとらわれていないだろうか。自分の殻《から》を破って、わたしより困難な状況にある人に手を差し伸べられるだろうか。依存症に「とらわれて」いる人に、わたしは思いやりのある肯定的な態度で接することができるだろうか。彼らに深い理解と愛情をもって近づき、平安と喜びをもたらすことができるだろうか。

## 祈り

栄光に満ちた聖ヨセフ、
身をかがめてあなたに乞い願います。
イエスとマリアへの、
あなたの愛と思いやりによって、
わたしたちの魂、そして現世のことを
み手の中に受けて、

神のさらなる栄光にお向けください。
聖なるみ旨を行う恵みを与えていただけますよう、
とりなしてください。
アーメン。

聖ヨセフへの祈り。
（マザーテレサが毎週水曜日にささげる祈り）

# 7 死者を埋葬する

死にゆく人びとにマザーテレサが見せた繊細な配慮は、死者にたいしても同じように向けられた。どんな社会的地位、人種、宗教の人であっても、一人ひとりの内なる尊厳に畏敬の念を示し、誰にたいしても最大限の敬意を払った。特に「死を待つ人びとの家（カリガート）」でのことがはっきり示され、瀕死の人びとの命を救うために闘う一方で、最期を迎えたときにはそれぞれが信仰していた宗教にのっとって弔われるように気を配った。彼女がこうした努力を払わなかったとしても容易にゆるされただろう。病人の世話だけでも手いっぱいのような場所で、そこまでやる必要はない、やりすぎだ、と思われかねなかった。それでもマザーテレサは、旅立っていった人にもこまやかな愛情を示すことを望んだ。人間の尊厳に関わることはすべて大切で聖なるもので、最後の最後まで敬意を払うべきものだった。

死者の埋葬は、中世では、疫病が流行する町ならしばしば命を危険にさらすことになった。今ではそんなことはないにしても、この「あわれみの行い」をとおして、現世での命を終えた後も、その肉体に敬意を払うよう、わたしたちは求められている。あまたの聖人が、さまざまな疫病の流行で人びとを助けたために感染し、命を落とし、また他の多くの聖人は、危機にある隣人を助けようと、勇気をもって危険と向き合ってきた。そうしたひとりに、ハワイのモロカイ島のハンセン病患者に人生をささげたダミアン神父がいる。実際、マザーテレサはダミアン神父を深く崇敬していた。こうした英雄的行為が求められる状況にわたしたちがおかれることはないであろうが、でも必ず死の現実に立ち会う機会が訪れ、この「あわれみの行い」が求める愛の行いをすることになるであろう。

## マザーテレサの言葉

「彼は本当に死んだのですか」

あるとき、路上から瀕死の男性が連れてこられました。ヒンドゥー教では、人が亡くなると遺体を囲んで祈りをささげ、その後、死者の口にくわえさせた木に火をつけて、そこから遺体が燃えていきます。そこで、死んでいるはずの男性の口に火をつけると、なんと起き上がり、「水を！」と言ったそうです。その男性はカリガートに運ばれてきました。わたしはそのときいましたが、その出来事を知りませんでした。わたしがその男性のもとに行くと、彼はほとんど動けない様子でした。「この人は、もう天国に入りかけているわ」と言いながら、わたしは彼の顔を拭い清めたのです。［……］すると男性は目を大きく見開き、美しい笑みを浮かべてから息を引き取りました。電話でその死を告げると、彼の身に起きたことを話してくれ「本当に死んだのですか」と尋ねられました。(1)

## キリストの愛は皆にしみわたりました

この間タンザニアを訪問したときには、部族の首長たちが勢ぞろいし、キリスト教徒ではないのに、シスターたちへの感謝を伝えるだけのために、わたしを訪ねてきました。シスターたちがブルンジの難民の世話をしているときほど、神の愛が行いをとおして表れているのを見たことがなかった、と彼らは言いました。一万二千人以上の難民が一気に押し寄せてきたとき、小柄なシスターたちが、死者を埋葬したり、病人を運んだり、その他多くのことで走り回っていました。これはこの地域全体、ひいてはタンザニア全体にとって新たな始まりでした。こんなに活気にあふれ生き生きとした、喜びに満ちた活動を、彼らは初めて見たのです。その当時、お店の人までがシスターたちに、「シスター、必要なものは何でも持っていっていいわよ。何でも持っていって」と言っていたそうです。シスターたちは、お店で、難民たちが必要とする品々を、何も支払うことなく選びました。本当に美しいことです。シスターたちのキリストへの愛が他の皆にしみわたったのです。恐ろしい状況だったにちがいないのですが、そんな中でシスターたちはそうした振る舞いをとっていました。シスターたちの人びとへの接し方や死者の運び方、埋葬の仕方に表れていたのです。

九人の子どもを連れていた母親が、難民キャンプに着いたときには、ひとりしか残っていなかった、とシスターたちは話していました。後の子どもたちは皆、途中で命を落としていました。シスターたちがこの母親とその子どもの面倒を見たように、わたしたちも、家庭で、近隣で、あるいはどこにいようと、同じようにできなくてはなりません。人びとはそれに飢えているのですから。今日の若者たちが求めていることです。(2)

### ただわたしの手を握っていてください

先週の日曜日のことです。死期が迫っている男性がいましたが、彼は何も欲しがりませんでした。ただ「わたしの手を握っていてください。わたしの手をあなたの手の中に。逝く準備はできています。」体はすでに冷たく横たわっていましたが、顔にはまだ生気がありました。彼が望んだのはそれだけでした。言葉をかけてもらうとか、何かしてほしいわけではなく、ただわたしが彼のベッドサイドに座って、手を握っていれば、死を迎える準備ができたのです。いつかどこかであなたもこうした経験をするかもしれません。人びとがわたしたちを信頼し、この男性のように信頼しきるほどまでにわたしたちを愛してくれるのは、本当に美しいことです。さまざまなところでこうした経験をわたしたちは重ねています。(3)

＊

物を持たない貧しい人びとは、ときに非常にすばらしい人間になります。ある日、わたしたちは出かけ、路上から四人連れて帰りました。そのうちのひとりは、ひどく悪い状態にありました。そこで、シスターたちに、他の三人の面倒を見るように伝え、わたしがそのより悪い状態にある女性をみることにしました。わたしは愛情を込めてできるだけのことをしました。その女性をベッドに寝かせると、彼女はなんともいえないほど美しい笑みを浮かべました。そしてわたしの手をとって、たったひと言「ありがとう」と言って、息を引き取ったのです。彼女の前で、わたしは自分を省みずにはいられませんでした。もしわたしが彼女の立場だったらなんと言うでしょう。そう考えてみると、答えはいたって簡単です。自分に少しでも注意を向けさせようとして「おなかがすいています。わたしは死にかけています。寒い、痛い」などと言ったことでしょう。でも彼女はわたしにたくさんのことを、感謝に満ちた愛を与えてくれたのです。彼女はわたしに笑顔を残して息を引き取りました。(4)

## ぼくは天使のように死んでいく

側溝から連れて帰った男性を、わたしは決して忘れることはないでしょう。ウジ虫が彼の顔以外の、体じゅうをうようよはい回っていました。彼は生きながらにしてウジ虫に喰《く》われ、あちこちむしばまれていました。おそらく彼は意識を失って、側溝に転落したのでしょう。大勢の人びとが通り過ぎていったはずですが、そのうちに泥が彼を覆ってしまいました。わたしは何かが動いたように感じました。見ると、それは人だったのです。側溝から救い出し、わたしたちのホームに連れて帰りました。彼は静かにしていて、わたしが拭いてあげようとすると「ぼくは路上で動物のように生きてきたけれど、愛され、世話をされながら天使のように死んでいく」とつぶやきました。彼を拭い清め終えた二時間ほど後に、息を引き取りました。でも彼の顔は喜びで輝いていました。それまで見たことのない真の喜びでした。イエスはこの喜びをわたしたちに与えてくださるためにこられたのです。[5]

## 人びとの証言によるマザーの行い

### 尊厳ある死を迎える

「死を待つ人の家」を開こうとマザーが考えるようになったのは、路上にいた女性を病院に連れていって、入院を断られたときからです。その女性がマットレスに寝かせられるまでマザーは引き下がりませんでした。その後、女性は亡くなりました。神の似姿として創られた人間が、このような状態で死を迎えることをマザーはどうしても受け入れられませんでした。病院に断られた

人びと、とりわけ貧しい人びとが尊厳をもって死を迎えられるように、という思いがこのときマザーに芽生えました。(6)

## 手の施しようがありません

路上で死にゆく人を受け入れてくれる病院を探していたとき、わたしはマザーに同行しましたが、一つも見つけられずにいました。手当てと治療を求めて、いくつもの病院を回りましたが、「手の施しようがありません」と断られるばかりでした。人びとは路上で、世話をしてもらえないまま悲惨な状況の中で死んでいきました。そこでマザーは、彼らに最良の場所を、少なくとも彼らが家庭にいると感じられるような、体を清潔にし、おなかを満たせる、そうした家を与えようとしました。

マザーが、瀕死の人のためのホームを創設したとき、病院をつくろうとしていたのではありません。薬医学の研修を終えたわたしが、医療施設を開くことをマザーは望みませんでした。たとえわたしがそうしたかったとしても、マザーは言ったでしょう。「いいえ。治療が必要な場合は病院に連れていきます。誰も引き受けないことをわたしたちがするのです。彼らを清潔にすること、おなかを満たすこと、それから医者や最寄りの病院に連れていくことです。(7)」

## 神はご自分の似姿としてあなたを創られました

マザーがカリガートに最初のホームを開いた当時、それはまず何よりもカルカッタの路上で死にゆく人たちの尊厳を守るためでした。社会から、そして人生からも見捨てられ、敬意を込めて見送られるという基本的な尊厳すらもたない人たちがここにはいました。マザーは、病院を建てすべての人のどんな症状をも治そうとしたわけではありません。路上にいるために、人びとからまたがれ、横を素通りされる人びとを、マザーは迎え入れ「あなたは神の創造物なのですよ。神はご自分の似姿としてあなたを創られました。わたしはあなたのうちにイエスを見ます。敬われつつ、品位ある死を迎えていただきたいのです」と伝えたのです。マザーはすべての病気を治し、さまざまな理由で亡くなっていく人びとになんらかの解決を授けようとしていたのではありません。人生の最期を、尊厳をもって迎えてもらおうと看取ったのです。そのために批判もされましたが、これがマザーの召命でした。だからこそカルカッタや他の多くの場所で死にゆく大勢の貧しい人びとを、率先して敬い、尊厳を与え、愛を注ぎました。(8)

## 人として死を迎える

カリガート（ニルマル・ヒルダイ）すなわち「死を待つ人の家」では、公立病院よりもはるかによい治療が受けられました。ニルマル・ヒルダイに連れてこられる人びとは、もはや助かる見込みのない最悪の状態にあります。治療を受けていないために回復が見込めないほど悪化してしまっているのです。それでも心のこもった世話と治療のおかげで多くの人が回復していきました。亡くなる場合もありますが、路上で動物のように死ぬのではなく、人として死を迎えました。(9)

＊

わたしともうひとりのシスターがマザーと一緒に、カトリック救援事業会（ＣＲＳ）のワークショップのためにテングラに向かっていたときのことです。マザーはそこで講演することになっていて、わたしたちの小さな救急車で向かっていました。モラリー交差点に差しかかると、道路脇で誰かが倒れているのが見えました。「病気の人が倒れているようよ」とマザーが言うと、運転手は「頭がおかしい人にちがいない」といって道路を横切り、そのまま進もうとしました。でもマザーは「少し戻って。様子を見に行きましょう」と言いました。彼は車を方向転換させ、倒れている人のそばに止まりました。皆で車から降りて、見に行くと驚いたことに高熱をだしている若い女性が、自分の排泄物の上で倒れていました。直ちにストレッチャーに乗せ、テングラに連れていきました。マザーは、シスターたちに、すぐに彼女を清拭し、着替えさせ、カリガートに連れて行くように指示しました。彼女は翌日亡くなりました。マザーはわたしたちに「彼女が倒れているのを見たとき、わたしの中で何かが反応しました。そこで引き返して、様子を見に行ったのです」と話しました。[10]

## なんて美しい逝き方でしょう

母と一緒にカリガートに行ったときのことです。ひとりのシスターがマザーを呼びに来ました。「マザーに会いたがっている人がいます。」ベッドに横たわるその男性は口をきくのもやっとのようでした。「どうしました？」とマザーは身をかがめ、優しく彼の頭を抱きかかえながら尋ねました。それは言葉を失うほどすばらしい光景でした。傷だらけで、体じゅうが膿《うみ》に覆われている、これほど悪い状態にある人にたいして、普通の人にはとうていできないことです。わたしたちならこうした姿を見ただけで、気分が悪くなってしまうでしょう。それに悪臭もしていました。マザーは彼を優しく抱擁して、尋ねました。「何かしてほしいことはありますか？　どうすればいいのかしら？」彼は歯の欠けた口をあけて、それは美しくマザーにほほえみかけました。再びマザーはベンガル語で尋ねました。「何か欲しいものはある？」「ジャレビ（インドのお菓子）が食べたい」と彼が言うので、「彼にジャレビを買ってきてください」とマザーはわたしたちに頼みました。母が買いにいくと、ちょうど出たところでジャレビをつくっている人がいました。急いで買って戻ると、マザーはジャレビを彼の口に入れました。もう飲み込む力は残っておらず、最期のときを迎えようとしていました。でも彼はジャレビを口にして、満面の笑みを浮かべました。そして、ジャレビを飲み込もうとしましたが、ちょうどそのときに息を引き取りました。「ごらんなさい、なんて美しい逝き方でしょう」とマザーは言いました。想ってもみてください。死というものがかくも美しくなりうるなら、マザーがともにいてくれさえすれば、どんな場所でも美しいところになりうるのではないでしょうか。マザーの腕の中で亡くなった男性は間違いなく天国に迎えられたでしょう。こうした奇跡は毎日のように起こっています。(11)

## 同じイエス

マザーはしょっちゅうカリガートに来ていました。ある日曜日、ミサにあずかりにみえたとき、修練生のひとりがマザーに腰掛けに座っていただこうとしましたが、マザーは断り、死が迫っている患者のベッドサイドに座りました。ミサの間ずっとマザーの左手は、患者の上にありました。マザーは、男性に付き添いつつ、ミサにあずかり、彼をさすり続けていました。その男性は息を引き取るところで、感謝の典礼の間も、マザーは手を男性の上に置いたままでした。マザーがご聖体をいただいて戻り、また男性に触れたときに、その患者は亡くなりました。マザーの言葉が真に理解できました。「イエスは裂かれたパンの内に現存していますが、同じイエスが貧しい人びとの傷ついた体の内にも現存しておられます。(12)」

## マザーはイエスを見ていました

一九八〇年に、マザーはポルトープランスにわたしたちを訪ねて来ました。わたしたちはマザーとともに、「死を待つ人の家」に向かいました。一人ひとりを大切になさるマザーは全員と話をされました。そして末期の青年のベッドを訪れました。その青年は結核で、さらにすべての皮膚が剥れてしまうという恐ろしい病気にかかっていて、痛みもひどかったのです。彼のところで立ち止まるマザーから、わたしは目を離さずただ立って見ていました。マザーが何と言葉をかけたのか覚えていませんが、でもその青年の内にイエスを見ていたのはわかりました。マザーの態度は優しさ、愛、温かさ、聖なるものに満ちあふれていて、その光景を表す言葉が見つかりません。苦しむ人びとに、このときのマザーのように触れる人を、これまで見たことがありません。神の愛そのものでした。[13]

## 天国に向かっているところです

わたしは、神の愛の宣教者会のボランティアでした。ニューヨークのグリニッジビレッジにあるエイズにかかった男性のためのホスピス「愛の贈り物」で働いていました。

ある晩、十時ごろに薬物依存症のエイズ患者のひとりとおしゃべりをしていました。いろいろなことについて話しているうちに、彼の人生で最良の出来事は、エイズに感染したことだというのです。わたしは、椅子から滑り落ちそうになりました。もしエイズになったことが彼にとって人生最良の出来事なら、最悪は何だろうと考えました。そこで、尋ねました。「どうしてそう思うの。なぜそれが人生最良の出来事なの？」「だってもしエイズにかかっていなかったら、ぼくは誰からも愛されずに薬物依存症として路上で死んでいたから。」このような言葉こそ奇跡です。[14]

## 最悪の病は孤独です

どれだけ多くの人が、本当にどれだけの人が、インドで、あるいは世界のどこかで、誰にも看取られることなく死んでいることでしょう。マザーはよく言われていました。「最悪の病はがんでもエイズでもありません。孤独です。誰からも気にかけてもらえないことです。」「死を待つ人の家」でボランティアをしていたとき、クリスマスのころでしたが、亡くなった男性を、霊柩車で運ばれるまえに、清拭する場所に移していました。そこには、天国に向かっている途上です、と簡潔に書かれていました。単純でわかりやすい表現ですよね！　マザーは、人生における最も複雑な状況を単純化するまれにみる能力、天賦の才、聖性をもち合わせていました。[15]

## 凍てつくような寒さの中、マザーは出かけて行きました

一九八八年、マザーテレサはアルメニアに向かいました。そこには何万もの人が、瓦礫《がれき》の下に埋もれていました（同じ日に二回、地震が起きた後でした）。凍てつくような寒さの中、マザーは出かけていきました。［……］シスターたちと一緒に、マザーは瓦礫の下からまだ生存している人たちを救い出しました［……］。スピタクでは、マザーテレサの名はいつまでもアルメニア人たちの心に刻まれています。(16)

## カルカッタが憎しみに燃えていたとき

一九六三年にカルカッタで、ヒンドゥー教徒とイスラム教徒の衝突によって、暴動が起きていたときのことです。街のいたるところで、人びとが動きのとれない状態にありました。わたしは、マザーから部屋に呼ばれ、「死を待つ人の家」にいるイスラム教徒の患者の遺体を、イスラム教徒の埋葬場所まで運べないでいる、と伝えられました。当時、大佐だったわたしの父の助けを必要としていました。父に電話をかけ、状況を話すと、すぐにかけつけてくれました。マザーとわたしは、フォートウィリアムにあるわたしの実家に行き、そこで父は軍服に着替え、部隊を引き連れて「死を待つ人の家」までわたしたちを送ってくれました。その日は一日じゅう、イスラム教徒の患者の遺体はイスラム教徒の火葬場に、ヒンドゥー教徒の遺体はヒンドゥー教徒の火葬場に運び続けました。それからファティマ教会に向かいました（当時は、竹でつくられた大きな建物でした)。ヘンリー神父様がミサをあげていました。周囲のスラム街は燃え続けていて、家を失ったキリスト教徒たちは教会に寄り集まっていました。マザーが祭壇の近くに駆け上がり、ヘンリー神父様にミサを終えるようにささやいている間、父とわたしと部隊の人で、キリスト教徒をトラックに乗せていたのを覚えています。わたしたちは彼らをローワー・サーキュラー・ロードにある避難場所に連れて行きました。今ではそこも子どもの家として利用されています。このときほど恐怖と歓喜を同時に経験したことはありませんでした。周囲で炎が燃え盛り、火炎瓶がいたるところで投げられている中で、わたしたちは何百人もの男女、子どもとともに必死に助かろうとしていました。わたしは当時若い修練生《ノビス》に過ぎませんでしたが、カルカッタが憎しみに燃えていたとき、マザーテレサはイスラム教徒、ヒンドゥー教徒、そしてキリスト教徒を助けている、と気づきました。マザーの隣人への愛は限りがありません。マザーはずっとこの日のことを覚えていて、わたしの父について語るとき、いつもその日の恐ろしさと、救った命について話しました[17]。

今日、ぼくは真の男になった

マザーテレサとゲーブリック神父がカリガートで、ひとりの死にかけている貧しい患者の世話をしているときに、ファロン神父がヒンドゥー教徒の学生を連れてやってきました。しばらくして、彼らが見守る中、その病人が突然死んでしまいました。彼はイスラム教徒でした。遺体を移すために、ストレッチャーが運ばれてきました。ヒンドゥー教徒の青年は、マザーテレサと二人の神父が遺体を持ち上げて、ストレッチャーに移しているのを見ていたのですが、ゲーブリック神父は、彼が戸惑っていることに気づきました。彼の中で葛藤が起こっていたのです。心から尊敬するファロン神父と偉大なマザーテレサが遺体を持ち上げるのを見て、彼は明らかに衝撃を受けていました。三人でその遺体をストレッチャーで運ぼうとしているところで、彼は自分も手助けしないといけないという思いに駆られました。ストレッチャーを運ぶ四人目にならなければ、と。でも彼のうちに深くカーストが根づいていて、それから外れる恐れを感じていました。バラモンの自分が、イスラム教徒の遺体を運ぶなんてとうていできない……。ゲーブリック神父は彼を見て、すべてを理解しました。突然、そのヒンドゥー教徒の青年は、決心したかのように言いました。「手伝いましょうか。」ゲーブリック神父はすぐさま反対側に回り、彼にストレッチャーの一端を譲りました。そうして四人で遺体を安置所まで運びました。ストレッチャーを置いたとき、青年が深く息を吐き「アジュ　アミ　マヌッシュ　ホエチ！」（ベンガル語）――「今日、わたしは真の男になった！」と言ったのをゲーブリック神父は聞いていました。いうまでもなく彼は、人と人とを分ける障壁を乗り越え、真に解放された自由人になった、と言いたかったのです。(18)

## マザーは一人ひとりに優しく触れます

マザーは毎週日曜日にきまってニルマル・ヒルダイ（死を待つ人の家）に来ました。わたしたちと一緒に入り口のところで祈った後、エプロンをつけ、ほうきをとって掃除やその他のつつましい仕事を始めました。瀕死の人が連れてこられると、マザーは付き添いました。一人ひとりに優しく触れ、短い言葉をかけました。

毎日、マザーは遺体安置所を掃除し、遺体をきれいな状態で保ちました。ある日、マザーとある男性で白いシーツに包まれた遺体を安置所まで運んでいました。怖かったのですが、わたしは駆け寄り、その男性と交代しました。マザーはほほえみ、ストレッチャーを下ろしました。それからそっと遺体を安置されました。(19)

## 母親は子どもに自分の血を与えました

マザーは神のわたしたちへの愛を言い表すために、アルメニアの母親が、子どもを救うために、自分の命を与えるほどに愛していた、という話をよくされました。一九八八年のアルメニア大地震で、母子が瓦礫《がれき》の下に埋まってしまいました。這い出ることもできず、食べることも水を飲むこともできません。子どもを救うために母親はできるだけのことをしました。自分の指を切って、その血を子どもに飲ませるほかなく、そうしたのです。救援隊が駆け付けたときには、母子ともに危篤状態にありました。子どもよりも母親のほうが重篤でした。救援隊は二人を救おうとしましたが、しばらくして母親は亡くなりました。でも子どもは助かりました。母の真実な愛を伝える話です。自らの命を失ってでも、子どもを救おうとしたのです[20]。

## 自らを省みる

「わたしは同族の者たちに慈善の業《わざ》を行った。飢えた人びとに食べ物を与え、裸の人びとには着物を着せ、また同族の誰かの死体がニネベの町の城外に放置されているのを見れば、埋葬した。」（トビト記1・16〜17）

「神はご自分の似姿としてあなたを創られました。わたしはあなたのうちにイエスを見ます。敬われつつ、品位ある死を迎えていただきたいのです[21]。」

愛する人を失った家族をどう支えられるだろう。哀悼の言葉を伝えるだけでなく、具体的に何かわたしにできることはないだろうか。

人は死後も、人として敬意を払われなくてはならない。ときにわたしたちは、死者への批判を慎むことしかできなかったりする。心を込めたからといって、死者の状態が変わることはないにしても、それによってわたしたちの思いや言葉が整い、死者だけでなく、遺された人びとの品位が守られることになると教えられる。

## 祈り

御父よ、
あなたのみ手にわたしをゆだねます。
み心のままに、お使いください。
どのようになさろうとも、感謝いたします。
すべてをお受けする覚悟でおります。

わたしの内で、
そしてあなたの創られたすべての人びとの内で、
み心だけが行われますように。
主よ、わたしが望むのはそれだけです。

み手にわたしの魂をゆだねます。
わたしの愛のすべてを込めて、あなたにささげます。
主よ、あなたをお慕いしていますので、
わたしをおささげしたいのです。
わたし自らをみ手に託します。
無条件に、かぎりない信頼をもって、
あなたはわたしの御父なのですから。
アーメン。

福者シャルル・ド・フーコー
（マザーテレサが火曜日にささげる祈り）

# 8 無学の人を導く

マザーテレサは修道女になってから、最初のおおよそ二十年間を教師として過ごした。校長として、そして地理と教理の先生として優れた資質に恵まれ、英語、ヒンディー語、ベンガル語を流ちょうに話し、生徒たちに大きな影響を与えた。貧しい人びとの中で最も貧しい人への奉仕に献身する自分の修道会を設立してからは、彼女が中心となってシスターたちを教え、その講話は今でも豊かな霊性の宝庫である。教育の機会が人生の可能性を広げ、大勢の人びとに恩恵をもたらすことを知っていたマザーテレサは、初期のころのシスターたちを学校や大学に通わせた。それだけでなく、恵まれない人びとに教育の機会を与えることにも熱心に取り組んだ。マザーテレサが初めて開いた学校は、「スラムの学校」で、樹の下で始まった。地面が黒板代わりとなり、チョークの代わりに棒でベンガル語のアルファベットを書いた。基礎の基礎から教え始め、貧しい子どもたちが普通の学校に入学を認めてもらえるように教育した。そして学業をとおして暮らしを向上させる機会が子どもたちに与えられるべく、彼女はずっと見守り続けた。マザーテレサの考えは、彼女自身が言っていたように、「彼らのところまで降りていって、そこから引き上げる」だった。

しかしながらマザーテレサは、基礎的な教育を施しただけではなかった。必要と感じれば、宗教的、道徳的な講話を、特に、困窮し学ぶ機会を奪われていた人びとに行った。いっそう興味深いのは、マザーテレサの講話に見られた、人びとを真実へと直接導くその力であった。「真実が人を解放する」と彼女は知っていた。人に真実を伝えたり、教えたりすることは、ときに、相対主義的、物質主義的な世界では困難がともなう。それでも、マザーテレサはこの責務をまえにしてひるむことは決してなかった。機会があるたびに、貧しく抑圧されている人の苦しみに、人びとの関心を向け、従うべき道徳的に正しい道を示し、また生命の尊厳と、胎児の保護について話をした。自分の教えを実践することで、最も説得力のある師となったのだ。

## マザーテレサの言葉

### 地面を黒板代わりにして

初めて幼い子どもたちがわたしに会ったとき、子どもたちはわたしが女神なのか、それとも悪い霊なのか、お互いに言い合っていました。幼子にはそのどちらかしかありませんから。優しくしてくれる人は彼らの神々のひとりのように敬いますし、もし不機嫌な人だったら、恐れて、ずっと頭を下げています。わたしはすぐに袖をたくし上げ、部屋の家具を動かし、水をくんできてブラシを手に床を磨き始めました。子どもたちはあっけにとられ、わたしをじっと見続けていました。というのも、先生がこのような仕事をするのを一度も見たことがなかったからです。特にインドでは、カーストの最も低い者たちの仕事でした。でもわたしが楽しそうに陽気に掃除しているのを見て、女の子たちがひとり、またひとりと手伝ってくれ、男の子たちも水を運んでくれるようになりました。二時間後には、汚かった部屋が教室へと様変わりしました。どこもかしこもさっぱりきれいになりました。以前はチャペルとして使われていた細長い部屋に、五つのクラスが今できたのです。少し親しくなると、子どもたちはうれしくてどうしていいかわからないようでした。子どもたちはジャンプしながらわたしの周りで歌い始め、わたしが子どもたち一人ひとりの汚れた頭に手を乗せて祝福するまで、それは続きました。この日から、わたしをいつも、お母さんを意味する「マァ」と呼ぶようになりました。ああ、幼い魂はどれほど喜びで満ちあふれたがっていることか！ 「……」ある日、男の子がこの学校にやってきたのですが、その子の服は、破れ汚れていました。男の子を教室の外に呼び出して、石鹸でごしごし洗ってあげました。髪もとかし、宣教会の支援者からもらった服を着せ、教室に返しました。そうしたら驚いたこと！ 教室の誰もが同じ男の子だとは気づかずに、叫び始めました。「マァ、マァ、新入生だよ！ 新しい子が来たよ！」(1)

＊

モティジル――橋のふもとで、子どもたちはすでにわたしを待っていました。四十一人――だいぶ清潔になっていました。汚れている子は、タンクの水で洗ってあげました。始めに衛生について教え、そして公教要理、それから読み方の勉強をしました。それまで、幼い子どもたちに教えた経験がまったくなかったわたしは、よく笑わせてもらいましたよ。ベンガル語のアルファベットの勉強はあまり進みませんでしたけれど。わたしたちは地面を黒板の代わりにしていました。子どもたちは皆、はしゃいでいました。裁縫の授業の後は、病気の人のお見舞いに向かいました。(2)

## あなたがたの学校がキリストの輝きを放つ場となりますように

あなたがたの学校がキリストの輝きを放つ場となりますように。貧しさ、あるいは病のうちにあって、神さまを愛することを子どもたちに、病気の人びとに、ハンセン病患者に、死にゆく人に、教えてください。すべてを神さまにおささげするように、伝えてください。(3)

＊

「キリストはわたしのうちに生きている」とわたしははっきりと申します。そう言えるようでなくてはなりません。ひたすら望み続けましょう。天国で神さまと直接お目にかかったときに初めて、その望みが満たされます。地上にあるときは、貧しい人のうちにおられるキリストとともに生きたい、という想いを抱き続けましょう。イエスは「無知だったわたしに教えてくれた。わたしを教会のミサ聖祭に連れていってくれた」とおっしゃっています。これはわたしたちの想像力や感情に訴えているのではなく、実際にイエスは「わたし」とおっしゃっているのです。ですから、わたしたちがあちこちで出会う貧しい人がイエスなのです。(4)

＊

わたしは医師であるシスターに、神の愛の宣教者会のシスターたちに正しい応急処置の方法を教えてほしいと頼みました。シスターたちが、修道会の医療活動への理解を深めて、知って、実践できるからです。そうすれば病気の人びとに、心のすべてを込めた無償の奉仕を、いっそう献身的に適切にそして効果的にできるようになるでしょう。(5)

## 自らの信仰をより深く理解してください

シスターの皆さん、自らの信仰をより深く理解してください。わたしたちは信仰を深く理解し、愛し、生きなければなりません――理解して、愛し、生きる。わたしたちにとって、教理を教えることは非常に大切です。教理を教えるときにはよく準備してから、授業に向かってください。準備をするときから、本気で向き合ってください。[……]わたしがロレットの修道女だったとき、学校全体の責任者でした。一日中、宗教や地理、あるいはその他の科目について教えていました。責任も重く、会計などの仕事もありました。教えているシスターの皆さんは準備を怠らないでください(6)。

＊

信仰について人びとに教えてください。炊き出しでは、少なくとも十分間は信仰について話してください。子どもたちに、またその家族に教理を教えてください。初めてここでシスターたちが教え始めたときには、家庭で子どもたちに教え、家族もそのとき集まって、皆でともに学べるようにしました(7)。

＊

授業の準備をまえもって行い、短い祈りや教理の教えを用意しておきましょう——あらかじめ話すことをメモしておきましょう。B神父様は長年にわたって、忙しい日々のなか、毎日一時間を割いてミサ聖祭でのお説教を準備していました。というのも、神父様にとって、ミサ聖祭が最も大切かつ神聖で、シスターたちもまた聖なる存在だからです。良心の糾明のときに、イエスとともに彼らに誠実に愛をもって教えているかどうか、省みましょう(8)。

## あなた自身の経験から教えてください

わたしたちは修道女にとどまらず、実践的に宣教する修道者なのです。わたしたちは第四の誓願（貧しい人びとの中で最も貧しい人への心のすべてを込めた無償の奉仕）を立てています。公教要理のクラスをわたしはどう準備しているでしょうか。今、マザーハウスでは、本当にすばらしい準備がなされています。それは、教皇様が教理の教え方を厳密に指示されたことによって、カトリック要理を教えるわたしたちの心が結ばれたからです。熱意と備えが肝要なのです。金曜日の午後に集まるときに、ただ行って何か教えればいいというのではありません。宣教者は神の愛の運び手であって、その愛を与えることで、あなたは運び手になるのです。(9)

*

「渇く」ほどに、わたしたちは人びとの霊魂を愛さなければなりません。わたしは渇く。わたしたちは、霊魂への愛に渇いています。仕事をしているとき、授業に参加しているとき、あるいは授業の準備をするとき、心と魂のすべてを注いでください。どれだけのことをしたかではなく、どれだけそこに愛を込めたかです。(10)

＊

修練長の皆さん、シスターたちに祈ることを教えてください。本をとおしてだけでなく、自分の経験から教えてください。シスターたちが助言を求めて会いに来たときには、どのように黙想したか、どう良心の糾明を行ったのか尋ねてごらんなさい。あなたがたは彼女たちへの講話を準備していますか。彼女たちにこれから話すことを、話すまえに自分でよく理解していますか。すべての授業、そして講話を、「わたしは渇く」と結びつけてください。誓願について話すときも「わたしは渇く」と結びつけてください。教皇様が「わたしは渇く」について書かれたときは、本当にうれしく思いました。教皇様は教会全体に向けて書かれました。すべての教会で、十字架の脇に「わたしは渇く」が、徐々にきざまれていくことを期待しています。彼女たちがイエスさまのおそばにいつでもとどまっていられるように、短い祈りを教えなさい。また、彼女たちがお祈りの時間を大切に思えるように導いてください。どれだけ多くの人が、ひとときを祈りのうちに過ごすためにここに来ていることでしょう。ここでボランティア活動をするために、人びとは仕事場で余分に働きさえするのです。その奉仕活動をできるわたしたちが、それをどのように行っているでしょうか。シスターたちの面倒を見るあなたがたの仕事が、どれほど重要か、気づいていますか。(11)

## 叱るのではなく、導きなさい

教皇様は「叱るのではなく、導きなさい」と言われています。シスターがお互いのために、あるいは貧しい人びとのためにしていること、教えを説いたり、料理をしたりすること、これらは何であれ、神におささげする行為です。(12)

＊

若者がわたしたちのもとを訪ねてきたときには、お互いを大切にするように伝えます。「わたしがあなたがたを愛したように、あなたがたも互いに愛し合いなさい」（ヨハネ13・34）とイエスさまはおっしゃっています。ハンセン病患者とともに働くために、しばしば青年たちが訪ねてきます。わたしは、どのように互いに愛し合い、そしてこうした愛のうちにどうしたら神さまを見いだせるのか、教えます。インドに来れば、あなたにもお教えしますよ。愛の行いがわたしにとって最も大切なのです。このような愛を実践するための力を祈りによって得ています。これが真の愛であって、わたしたちはこの働きに自分の人生をささげています。他の人びとに愛を込めて仕えることでのみ、神さまの愛を証しすることができるのです。(13)

## 愛の先生

ロンドンでのことですが、その年齢に達しているのにまだ初聖体を受けていない少年や少女たちがわたしたちのいる地区にいました。初聖体の準備をするために、シスターたちは何度も、子どもたちやその家族に集まってもらうように努めていました。するとある日、ひとりの母親が提案しました。「シスター、わたしに教えていただけませんか。夕方になって、みんなそろって家に帰ってきたときがチャンスです。子どもたちもいるし、夫もいますから、わたしが教えます。」そこでシスターが母親に教えたところ、今では、母親が子どもたちに教えているときに自分も参加しようと、父親まで早く帰宅するようです。そのひとりの母親から始まり、今はこうした母親が二十人ほどいます。彼女たちは毎週土曜日にシスターを訪ねてきます。その週に家族に教えることを、シスターから教わるのです。(14)

*

この間、ベネズエラを訪れたときのことを、わたしは決して忘れないでしょう。ベネズエラには、わたしどもの修道院が五か所にあって、シスターたちが働いています。子どもたちのためのホームを建てるにあたって、裕福な一家が土地を寄付してくださいました。お礼を伝えるために、わたしは一家を訪ねました。そこで、いちばん上のお子さんが重い障がいを抱えていることを知りました。「お子さんのお名前は」とお母さんに尋ねますと「『愛の先生』です。この子は、いつも愛の実践について教えてくれているのです」と美しい笑顔を浮かべておっしゃいました。「愛の先生」！　重い障がいを抱え、体も歪んだそのお子さんから、どのように愛するか、家族は学んでいたのです。(15)

互いに大切にし合うように教えてください

わたしたちもそうですが、とりわけ学校で男女の生徒たちをあずかっている皆さんは、彼らに、命を大切にし、人としての品位をもって敬い合うことを教えてください。純潔、聖なることについて教えてください。恐れずに教えてください。互いに大切にし合うように教えてください。娘が若者を愛し、若者が娘を愛する、それはとても美しいことです！　本当に！　結婚式の日に、まっさらな心と純潔な身体をささげ合えるように、それまでお互いに触れないように教えてください。(16)

＊

大勢の人がカルカッタを訪れ、誰もが「死を待つ人の家」で働きたいと言うのを、わたしはたびたび目にしてきました。なぜでしょう。人びとは苦しむキリストと出会い、迎えました。そして彼らの多くは、聖体礼拝に参加するようになります。ほとんどの人が同じことを言うのです。「自分たちの国でもこうした苦しみを見てはいましたが、一度もそれに目を留めようとはしませんでした。苦しむ人と出会い、目を向け、イエスを見いだし、手を差し伸べることを、あなたはわたしたちに教えてくださいました。」

これに若者たちは飢えているのです。いたるところからやってきた若者たちが、ヒンドゥー教のアシュラムを訪れ、そこにとどまり続けます。彼らが出てきて、もし訪ねてくることがあれば、そのたびにいつもわたしは尋ねます。「イエスだけで十分ではないの?」「だってイエスをこんなふうに伝えてくれる人はいなかったんだもの。」

司祭である皆さんが若者にイエスを与えなければなりません。彼らは神を激しく慕い求めています。皆さんのほうがそのことをよくご存じでしょう。わたしたちがお世話をしている、苦しみを抱えた人びとのところで、若者たちがつつましやかな奉仕をしています。掃除に、洗い物、そして食事を供しています。人びとが死を迎えるとき、その場は温かい愛に包まれます。若者の多くは、しばらくぶりにゆるしの秘跡を受け、主のもとに立ち返るのです。どうしてでしょう? キリストの存在に触れたからです。

若者たちは教えを切に求めていて、そのために皆さんやわたしはイエスから選ばれました。イエスは言われています。わたしはあなたの名を呼んだ。あなたはわたしのもの。水の中にあってもあなたは溺れないし、火によっても焼かれない。あなたのために国々を差し出そう。わたしの目にあなたは貴い。わたしはあなたを愛している。このようにはっきりと、神さまのわたしたちへの愛が聖書に記されています。そして神さまは、わたしたちが優しさと愛そのものとなって人びとともにあるように望まれています。

皆さんが司祭になったのは、神さまが皆さんを使いたいと思われたからです。ソーシャルワーカーになるために司祭になったのではないのです。持っていないものを人に与えることはできません。わたしたちに、祈ることを、聖なる存在となることを、教えてください。そうすればわたしたちも、わたしたちの貧しい人びとも聖なるものとなるでしょう。皆さんがおそらく行けないような場所でも、もしわたしたちに教えていただければ、わたしたちがその人びとに伝えることができます(17)。

## 福音を告げ知らせる喜び

わたしたちが、偉大なことのために、互いに愛し愛されるために創造された、その福音を告げ知らせる喜びを、神さまは皆さんに託されました。ですから、皆さんが、何をなさるにしても、何を書かれるにしても、人びとを育てることもできれば、挫折させることもできることを必ず心に留めていてください。皆さんは、よい知らせをもたらし、多くの人びとの人生に喜びを与えることもできれば、大きな悲しみをもたらすこともできるのです。書かれたものをとおして、神の近くに引き寄せられる人もいれば、神から引き離されてしまう人もいることをつねに忘れないようにしましょう。

いつも真実を書いてください。イエス・キリストは「わたしは真理であり、光であり、喜びであり、愛である。わたしは語られるべき真理であり、愛されるべき愛である。わたしは歩まれるための道であり、そこにともされる光である。わたしは平和として与えられ、喜びとして分かち合われる」とおっしゃっています。今日、ここにわたしたちは集まりました。ですから、これを機に、皆さんが書かれるものをとおして、いつも愛と平和と喜びを広める、と固く決意しましょう[18]。

223

## チャレンジ

大洪水が起こったときのことを、わたしは決して忘れないでしょう。カルカッタでは大規模な洪水が起こります。当時、若者の一団が殺人や発砲、放火などありとあらゆる悪さをしていました。大洪水が起こり、わたしたちが首まで水につかりながら歩いていると、その若者たちが三十人ほどやってきて「あなたの指示に従います。なんでも言ってください」といってきたのです。

わたしたちはいつも午後十時ごろまで活動していましたが、彼らは夜を徹して、頭上に人びとを掲げて運び、助けていました。政府は、いろんな悪さをする大学生たちが、今、子羊のように最も単純な仕事をしているのが理解できないでいました。若者たちはキリストに飢えています。彼らはチャレンジしたいのです。(19)

## 貧しい人を甘やかすのはよいことです

あるセミナーで、あるグループを代表するかたちで、ひとりのシスターが立ち上がってわたしに言いました。「マザーテレサ、貧しい人びとに無償であげていては、彼らをだめにしてしまいます。人としての尊厳を失ってしまいます。少なくとも十ナヤパイサを取るべきです。そのほうが彼らも尊厳を保てるでしょう。」皆が静まり返るなか、わたしは穏やかに言いました。「神さまほどわたしたちを甘やかすかたはいません。神さまはわたしたちにどれほどたくさんのお恵みを無償でくださっていることでしょう。ここにいる皆さんは、どなたもめがねをかけておられませんが、それでも見えていますね。もし神さまが、視力のためにお金を取ったらどうでしょう？　生きていくために酸素を買うとしたら、すごくお金がかかりますね。でも、わたしたちは絶えず呼吸し、酸素に頼っていますが、何も支払っていません。もし神さまが『四時間働いたら、二時間太陽が照るようにしよう』と言われたらどうしますか。どれだけの人が生き残れるでしょう。」

わたしはさらに続けました。「裕福な人を甘やかしている修道会はたくさんあります。貧しい人を甘やかす、貧しい人の代理となる修道会が一つあるのもよいことでしょう。」深い沈黙が広がりました。それ以降誰も何も言いませんでした。[20]

**貧しい人のために費やす時間はありますね？**

損得を考えずに与える、燃えるような熱意はどこに見られるでしょう？　スラムの子どもたちのために、労を惜しまずに授業の準備を行う愛はどこに？　初聖体を受ける少年少女たちを見つける愛は？　日曜日のミサのために子どもたちを呼び集める熱意はどこに？[21]

＊

シスターの皆さん、わたしたちはどこにいるのでしょう――もしわたしたちもまた、貧しい人びとの中で最も貧しい人だというのなら？　飢えて、孤独であるとは、どういうことなのか、わたしたちはわかっているでしょうか。わたしたちは、日々、こうした貧しい人びとに会っています。その彼らを、わたしたちは理解しているでしょうか。わたしたちは本当に彼らの中のひとりでしょうか？　わたしの娘たち、もしわたしたちが貧しい人びとのために費やす時間がなくなるほど豊かになったら、それはイエスさまを傷つけ、またわたしをも傷つけます。[22]

## 人びとの証言によるマザーの行い

マザーには何でも相談でき、すぐに対応してくれました

セント・メリー校はカトリックの学校でしたが、ベンガル語で教える唯一の女子高校でした。ヒンドゥー教徒やイスラム教徒の上流家庭は、自分たちの文化や言語に当然ながら関心をもっていたので、この学校に娘たちを通わせようとしました。［……］マザーはすべての生徒を区別することなく同じように接し、全員が祈りに参加し、カトリックの教理の授業にも出席しました。マザーは、精神面、あるいは物質的なニーズも含めて、何でも相談でき、すぐに対応してくれました。裕福な生徒も貧しい生徒も、皆一緒に学校の清掃やその他のことを行い、寄宿生の間で食事や部屋などにも差はありませんでした。生徒は全員、同じシンプルな制服を着ていました。(23)

わたしは少し緊張していました。この町は初めてでしたし、この学校（ロレットのセント・メリー校）がどんなところかもわからなかったからです。でもマザーに会って、あらゆる不安が消えていきました。マザーは、談話室に入ってくると、完璧なベンガル語でわたしの名を呼び、べ

ンガル流に迎えてくださいました。心から歓迎してくださったのです！ その後の数か月で、マザーをよりよく知るようになり、教師あるいは、校長であることを超えて、敬愛するようになりました。(24)

## 誰が彼らに喜びをもたらすのでしょう

一九四七年、橋の上から、マザーはベレガタのスラムをわたしに指さしました。本当に惨めな光景が広がっていました。線路から石炭のかけらを拾って真っ黒になっている、ひどく貧しい裸の子どもたち。マザーは指し示しながら言いました。「見てごらんなさい！ この子どもたちがどんなに貧しいか。子どもたちに喜びがありません。貧しさから、生活していくためにこの仕事をするしかないのです。なんて惨めな日々でしょう！ いったい誰が彼らに喜びをもたらすのでしょう？ 子どもたちはイエスを知りません。永遠の幸せについても聞いたことがないのです。だからこの地上の生で、苦しみと貧困、惨めさを味わうことになり、それが永遠であるあの世でも、続くことになってしまいます。自分たちが神さまに愛されていて、神さまが自分たちを創造され、自分たちは神さまの子どもなのだから、惨めな今の生活を喜びの生へと変えていく、その福音を、誰が行って子どもたちに伝えるのでしょう。わたしと一緒に来てくれますか？ でも、もし今このまま行ったら、わたしはメムシャヘブ（上流夫人）のような格好をしているので、子どもたちは手を差し出してお金を欲しがるだけでしょう。神さまやイエスさまについてお話しすることはできないでしょう。もしわたしたちが貧しい簡素な服装で彼らのところで暮らし、子どもたちにイエスさまについてお話しできたらすばらしいと思いませんか？　イエスも貧しく、彼らのためにこられました。来てくれますか？　わたしと一緒に来てくれますか。すてきなことだと思いませんか？　イエスのことを伝えて子どもたちを幸せにできるのですから。[25]」

＊

マザーの目的はたった一つでした。それは、世界中のすべての人びとに神の愛をたゆむことなく伝え続けるために生涯をささげることです。それを実践するために、パトナで数か月の間、医療の基礎を学びましたが、それ以上何かの資格をとったり、専門的な勉強をするために時間を費やすようなことはしませんでした。カルカッタに戻ってくると、マザーは直ちにスラムに向かいました。スラムの子どもたちのために、モティジルで学校を開き、彼らを清潔にし、読み書きを教えました。地面が、石板あるいは黒板の代わりでした。もちろん幼い子どもたちにとって、マザーはすぐに、自分たちを励まし慰めてくれる、天使のような存在となりました。たくさんの子どもたちが通ってくるようになり、朝早くからマザーが来るのを待ちわびていました。マザーはすべての家庭を訪ね、学校に通える子どもがいるかどうか確かめました。わたしたちもマザーと一緒に回って、子どもたち皆に呼びかけました。どの子も勉強できるようにと、マザーは声をかけていました。[26]

## 子どもたちに喜びを

一九四八年に、マザーはモティジルに戻ってきました。彼女は、わたしの六人の姉妹と二人の兄弟の名前を尋ねました。わたしの名前がアグネスだと答えると、マザーはわたしを抱き締め、膝に乗せてくれました。それからマザーはわたしの母に、ここにまた来ます、と伝えました。わたしが力になりたいと思っているたくさんの貧しい人がここにいますから、と。その日から、マザーは毎日訪ねてきました。［……］貧しい子どもを見つけては、学校に通わせました。マザーは毎日クリークレーンからわたしたちのところに歩いてきました。マザーは、朝の八時に来てお昼の十二時まで過ごし、それからまた午後の三時に来て夕方の六時に帰っていくのです。［……］教具が何もなかったので、わたしたちは木陰に座って、地面に書いていました。ひと月もしないうちに、マザーは本やプリント、石板、鉛筆などをどこからか持ってきてくれました。シスターたちがわたしたちに教え始めたのですが、あるとき子どものひとりが倒れました。大きな腫れ物ができていて、ひどく痛がっていました。マザーは、その女の子を抱きかかえ、隣の部屋に連れていきました。このようにしてマザーは、他のところからも病人を五人連れてきて、この部屋で寝かせました。マザーが病人の面倒を見て、シスターたちがわたしたちに教えていました。［……］マザーは日曜日も休まずに八時に来て、子どもたち全員をバイタカナ教会に連れていきました。日曜日は、わたしたちにとっていちばん楽しい日でした。わたしは十一歳のときに初聖体を授かりました。それまでわたしは、勉強することも、読むことも、お祈りをすることも、一切何も知らなかったのです。全部マザーに教えてもらいました。わたしはモティジルでの勉強を終え、ムラーリで第八学年まで修めました。(27)

＊

ある日曜日の夕方、マザー、シスターアグネス、シスタートリニタ、そしてわたしの四人で出かけました。マザーはわたしたち一人ひとりにそれぞれ荷物を振り分けました。そして、とても貧しい地域の一つ、ベレガタに向かいました。わたしたちは四時に、ある遊びを企画していました。男性陣はわたしに任され、シスタートリニタは男の子たち、シスターアグネスは女の子たちと女性たちを担当しました。わたしたちは壁を背にして立ち、彼らにかけっこをさせました。一着だと男性は石鹸、女性なら毛布、子どもたちはお菓子、少年たちは石板やチョークをもらえました。次の日曜日も同じ遊びをしました。彼らの顔は喜びで輝いていました。修道院に帰ると、マザーは言いました。「子どもたちに何をあげられたかわかる？　喜びよ。あの人たちはイエスを知りませんが、わたしたちにはイエスが与えられています。ミサにあずかるのですから。彼らにイエスを与えるたった一つの方法が、喜びを与えることなのです。[28]」

マザーの顔は喜びで輝いていました

日曜日には、わたしたちは朝の四時半に起きました。日曜学校があり、シスターたちは、子どもたちや大人たちが、初聖体、ゆるし、堅信の秘跡を受ける日に向けて、その準備を手伝っていました。マザーはシスターたち全員が日曜学校に行って、教理をできるだけたくさん教えることを望みました。貧しい子どものほとんどが初聖体拝領式にふさわしい服を準備するだけの余裕がなかったため用意されました。毎年十月二日の守護天使の祝日に、小さな「天使」たちが、朝六時半から行われるミサにあずかるために、シスターたちと一緒にバイタカナ教会まで走っていくのを見るのはすばらしいことでした。その多くが初聖体を受ける年齢を超えていましたが、千人を超える子どもたちを見守るマザーの顔は喜びで輝いていました。マザーの熱意が実を結んだのです。[29]

＊

マザーはシュコドラを去るまえに初めて、子どもたちのホームがある二階に向かいました。歩けて心も健常な子どもたちは、マザーの周りに集まってきました。マザーはすぐにアルバニア語で、主の祈りを教え始めましたが、そのとき彼女はそれはすてきな方法で教えたのです。リズムのある節に祈りをのせて、マザーの後について一行ずつ、子どもたちに繰り返させました。そしてこれを何度も行ったのです。子どもたちはみんな笑顔で、楽しそうに学んでいました。(30)

## マザーの顔には、痛みとあわれみがあふれていました

マザーは、他の修道会のシスターたちに、ホームの子どもたちを学校に受け入れてくれるように頼みました。男の子たちも何人かは、イエズス会、もしくはサレジオ会の学校に通えることになりました。彼らを受け入れてもらうために、マザーは尽力しました。わたしたちのところよりもよい教育を受けられたからです。(31)

＊

一九六〇年、エンタリーのロレット校の中学生を担当していたとき、シシュ・ババンから通う親を失くした子どもたちが何人かいました。その中に、心が不安定で、指導者や先生たちの手をやかせる女の子がいました。先生たちは、その子をできるだけ支援し受け入れようとしましたが、周りじゅうを乱していると判断し、長上に神の愛の宣教者会に送り返すよう説得しました。

その後しばらくしてマザーテレサに会ったとき、彼女はこの件を覚えていて、送り返されたことをとても残念がっていました。その女の子について話すとき、マザーの顔には痛みとあわれみがあふれていました。(32)

## お小遣いを節約して

シスターたちは、子どもたちを迎えに行き、学校に連れていきます。ほとんどの子どもたちがとても貧しくおなかをすかせていたので、マザーハウスでパンを用意していました。シスターたちが、それぞれの学校の教室に必要な分を持っていきました。

子どもたちが毎日パンを一切れ食べられるように、イギリスの子どもたちがお小遣いをためていました。また大勢のデンマークの子どもたちのおかげで、一杯のミルクも提供できるようになりました。そしてドイツの子どもたちのお小遣いの節約によって、インドの子どもたちは毎日ビタミン錠を飲めるようになりました。また、子どもたちは体を洗ったり、髪をとかすのも手伝ってもらいます。石板やチョークも支給され、大きい子どもたちには、練習帳や文具が渡されました。服の面倒も見てもらえました。朝礼と出欠確認の後、基礎的な勉強をします。読み書き、算術のほかに、歌ったり、遊んだりしました。その間に、彼らが普通の学校に通えるように手続きが進められました。(33)

## 与えることの喜びを分かち合えるために

望まれず、見捨てられた子どもたちのホーム、シシュ・ババンは一九五五年に開設されました。子どもたちが成長するにつれ、マザーは子どもたちの福祉プログラムを始めました。裕福なヒンドゥー教徒の女性がスポンサーになって、最初の十人の子どもたちを十年間にわたって援助することを認めました。インドやインド国外の大勢の人びとが彼女に続き、スポンサーシップの仕組みもできました。学校に通う子どもたちの教育費や服代などが支払われました。この活動がわたしたちの手にあまるぐらい広がったので、マザーは教区をとおして司教管区に任せることにしました。(34) わたしがマハラシュトラ州のアムラヴァティにいたとき、中学生たちが、勉強する子どもたちのためにスクラップブックをくれ、マザーが訪ねて来たときにそのことを伝えました。するとマザーは「そう聞いて本当にうれしいです。ぜひその中学生たちに会いたいものです」と言われたので、中学校に連絡すると、先生が、生徒たちを集め、マザーと会えるようにしてくださいました。三百人ほどの生徒たちがいました。マザーは行って、生徒たちに同じことを伝えました。「無学な子どもたちの中におられるイエスさまは、『わたしはあなたが教えた子どものひとりだ』と言われるでしょう。これからもシスターがたを助けてください。本当にうれしく思います。(35)」

## 支援してくれる人が誰もいません

わたしが家にいたときは、働いて稼いだお金で、妹たちを学校に通わせていたけれど、今では妹たちを支援してくれる人が誰もいない、とマザーに伝えました。わたしの苦労を知り、マザーは妹二人の面倒を引き受けてくださり、学業に戻れるようにしてくれました。でも後に、妹たちは自分たちも修道女になりたいとマザーに伝え、二人とも入会しました。マザーが妹たちに示してくれた優しさと気遣いをとおして、わたしと妹たちは、生涯を完全に神にささげたいという気持ちが強くわいてきたのでした。[36]

## マザーは勉強が続けられるようにしてくださいました

わたしの姉妹に、四人の娘がいました。姪たちは、寄宿学校で勉強していましたが、学費が払えなくなり、ついに退学させられました。そのことをマザーに話すと、勉強を続けられるように助けてくださいました。[37]

## マンゴーの木の下で

タボラでは、マンゴーの木の下でわたしたちが教理を教えているのを、マザーがごらんになりました。マザーはその後、こられるたびに、「今でもマンゴーの木の下で、子どもたちに教えているの？」とわたしたちに尋ねました。子どもたちを集めて、信仰について教えるのを、マザーは心から喜ばれていました。「診療を始めるまえに、人びとと祈ってください。薬を与えるだけでは十分ではありません。神を与えてください」とも言われました[38]。

## 貧しい人びとの物質的なニーズだけを気にかけたわけではありません

マザーは、貧しい人びとの物質的なニーズだけを気にかけたわけではありませんでした。カトリックの貧しい子どもたちのために、日曜学校を開きました。その他にも、公立の学校に通っているカトリックの子どもたちのために教理を教えたり、子どもたちの勉強を支援するアフター・スクール・プログラム、周囲の貧しい地域の子どもたちのためのサマー・デイ・キャンプや、リトリート・センターで、既婚者やホームにいる元ホームレスだった人びと、病気などで家から出られない人びとのための黙想や祈りの集いを開きました。その他にも、人びとが集い、よりよい関係を築き、心の壁を取り払って愛し合えるために、また人びとが友好的になって苦痛や寂しさが和らぐような、さまざまな活動を行いました。

イエスの聖心《みこころ》の月である六月になると、マザーはホームを聖心にささげていました。家族でロザリオの祈りを唱えることや、平日に聖体礼拝を行い、教区の司祭が信徒とともに祈りをささげ、そのときにはゆるしと和解の秘跡を授けてもらえることをマザーは求めました。［……］神の愛の宣教者会の活動が、社会福祉ではなく神の働きであって、すべてイエスのために行っていることをマザーは繰り返し伝えました。(39)

## マザーは子どもたち一人ひとりをとても誇りに思っていました

シシュ・ババンで働いていたとき、特にクリスマスや復活祭の時期に、マザーのそばで過ごしました。こういうときに、マザーのすばらしい方法がわかったものです。羊飼いが群れを集めるように、マザーは、子どもたちを周りに集めました。一人ひとりを、そして子どもたちがそれぞれ達成したことを、マザーはとても誇りに思っていました。

あるとき、子どもたちがマザーのために、国旗の色を全部使ったフラフープの演技を見せると、マザーはすっかり感激し、子どもたちが祝福のために寄って来るのを待たずに、自分から子どもたちを祝福しにいきました。マザーが子どもたちを祝福するとき、その五本の指はそれぞれ、「わたしは——それを——あなたの——ために——した」を意味しました。マザーは、一つ一つの動作に意味をもたせ、今、行っていることには目的があって、その目的はイエスさまであることを、子どもたちに理解させました。(40)

もし母親が自分の子どもを殺してもいいのなら、
わたしやあなたが互いに殺し合うのをとめることなどできるでしょうか

一九九四年九月、カイロで開かれた国際人口開発会議に、マザーはメッセージを送りました。

「今日、わたくしは皆様に心を込めてお話しいたします。皆様に、世界すべての国々の一人ひとりに、大きな決断をする権力を持っている人びとに、そして都会や町、村々に住むお母さん、お父さん、子どもたちに。もし母親が自分の子どもを殺してもよいのなら、わたしやあなたが互いに殺し合うのをとめることなどできるでしょうか。命を取りあげることができるのはただおひとり、それはその命を創られたかたです。他の誰にも命を奪う権利はありません。母親にも、父親にも、医師にも、あるいは諸機関や会議、政府にも。」こうしたメッセージを送るのは、とても勇気のいることでした。このメッセージが引き起こした批判を見れば明らかです[41]。

## 自らを省みる

「そのとき、イエスは聖霊によって喜びにあふれて言われた。『天地の主である父よ、あなたをほめたたえます。これらのことを知恵ある者や賢い者には隠して、幼子のような者にお示しになりました。そうです、父よ、これは御心にかなうことでした。すべてのことは、父からわたしに任せられています。父のほかに、子がどういう者であるかを知る者はなく、父がどういうかたであるかを知る者は、子と、子が示そうと思う者のほかには、誰もいません。』」（ルカ10・21〜22）

「学校で勉強についていけない子どもたちの宿題を手伝ってあげなさい。知っていることを他の人と分かち合いましょう。[42]」

わたしの人生で、とりわけ霊的な面で、自分の無知に気づき、認め、学ばなくてはならない領域があるのではないだろうか。特に「幼子の魂」の知恵を。かたくなに優越的な態度をとり続け、学ぼうとせず成長を拒んでいないだろうか。周囲で反対されても、正しく真実であるとわかっていたら、そのために闘う勇気はあるだろうか。福音の真実と価値を広めるのに、わたしの頑固さや近寄りがたさが妨げとなっていないか。言葉をとおしてだけでなく、他者に思いやりの心を抱きつつ、行いをとおして導いているだろうか。

## 祈り

お聞き入れください、
ああ、いつくしみ深い御父よ。
あなたの聖なる霊が
わたしたちの心を照らし、燃え立たせ、
清めますように。
天からわたしたちを満たす雫《しずく》を降らせ、
善き行いを実らせてください。
わたしたちの主、イエス・キリストによって。
アーメン。

聖霊への連祷の終わりの祈り
（マザーテレサが月曜日にささげる祈り）

# 9 疑いを抱いている人に助言する

マザーテレサは、神がそのときどきに遣わされた幾人かの助言者から、自らの霊的生活について、特に何十年にもわたって続いた厳しい内的闇のうちにあったとき、極めて重要な助けを得た。彼女が深い内的な苦難に陥っていた、と導き手のひとりが証言している。

面接のときに、マザーテレサは自分の内的な生の試練と、そしてそれを誰にも打ち明けられないでいることについて話し始めました。[……] わたしは、彼女からの報告の正直さと率直さ、そして完全な闇のさなかを歩む深い不安に、強い印象を受けました。彼女は正しい道を歩んでいるのだろうか、あるいは幻が紡ぎ出す連鎖の犠牲になってしまったのか。なぜ神は、彼女をまったく見放されてしまわれたのか。若いころ神にあれほど近しかった彼女に、どうしてこうした闇が。彼女はシスターたちを導き、神の愛と祈りの生活へと向かわせなくてはなりませんでしたが、これらはまったくの空虚のうちにある彼女の生からは、消し去られていたのです。自分の心からはまったく消え失せてしまった神の神秘について他者に語る、恥知らずな偽善者となってしまったのでしょうか。(1)

長く苦しい内的な試練のうちにあったマザーテレサは、その苦悩を打ち明けられる数少ない霊的指導者たちから助言や支えを得て、深く感謝していた。疲れきった魂には、優れた助言がどれほど救いとなるかを身をもって知ったマザーは、それを必要とする人には誰にでも熱意をもって与えた。

マザーテレサは、「苦悩し落ち着かない心」を平安にする、際立った資質をもち合わせていた。彼女の方法は単純で、まず人びとの話に耳を傾けた。語られる内容を真剣に聞きながら、その話にともなう心の痛みと混乱に、よりいっそう耳を傾けたのである。ときに、マザーテレサは「人の心を読む」ことができるともいわれた。彼女の心が他者の苦しみを分かち合おうと開かれていたことは、彼女が確かに示した卓越した理解力と深い共感から明らかである。絶えず自らの弱さ、特に内的な闇を感じていたマザーテレサは、すべての人びとにたいして謙虚で率直な態度をとった。そうした態度によって、多くの人びとが彼女に心を完全に開き、深く共感してもらう体験をしたのだった。こうした率直な心と心の触れ合いによって、マザーテレサは偏見や批判的な態度をとることなく相手の話に耳を傾け、しばしば思いがけない助言を与えることができた。「信仰に照らされて」いるマザーには、「神の視点」からそのとき向き合っている問題をとらえることができ、人びとを正しい方向に導いた。

相手の話に耳を傾けたり、助言を与えるときに、マザーテレサは個人的な意見や型どおりの答えを勧めたりはしなかった。彼女は、心を開いて問題を見つめ、その展開とともに解決策を見いだそうとした。抱えている困難やおかれている状況がすぐに好転しなくても、人びとはマザーの助言や導きのうちに安らぎを見いだしたのだった。直ちに解決できるとマザーは言わなかったものの、たいていの場合、ある意味において、「直ちに」解決された。というのも、彼女はその問題を祈りのうちに神に向け、神がどうにかしてくださる、と信じていたからだった。

## マザーテレサの言葉

### 自分がもっているものをささげる

人は誰でも心の奥底で、神を知っています。そして一人ひとり心の奥深くで、神と語らうことを強く望んでいます。ですから、今わたしがお話ししていることは、「……」本当のことなのです。わたしはカトリック教徒で、すべてを神に奉献する誓願を立てた修道女なのですから。もちろん、わたしは自分がもっているものしかささげることはできません。ですが、人は誰でも、心の奥底で神がおられることを、わたしたちが愛し愛されるために創られ、この地上にただ数として存在するために創られたのではないことを、知っていると思います。わたしたちはある目的のために創られました。それは、愛となるため、共感となるため、善であるため、喜びであるため、そして仕えるためです。

動物の世界でも、動物は互いに愛情を示しますし、動物のお母さんは、自分の産んだ赤ちゃんに愛情を注ぎますね。こうした愛は、わたしたちにも刻み込まれています。ですから、皆さんにとって難しいことだとは思いません。あなた自身の言葉でその愛を表せるでしょう。一人ひとりが［……］神は愛であり、神が人びとを愛しておられると知っています。そのことを皆さんはよくご存じです。そうでなければわたしたち人間はいないのですから、存在しないのですから。神は、神がわたしたちを愛されるように、互いに愛し合うことを望まれています。わたしたちは皆、わかっているのです、神にどれほど愛されているかを！　誰もが知っています。わたしたち一人ひとり知っているのです。そうでなければ、わたしたちは存在できないのですから。神が――超越した、より偉大なかた――、わたしたちを支え、守ってくださっていることが、わたしたちの存在の証しなのです。

生とは命です。家族に、国に、全世界にとって、神さまからの最もすばらしい賜物《たまもの》は、子どもです。ですから、もし生まれてきた子どもに障がいがあったとしても、その命を奪うことはできません。まだ生まれてきていない胎児の命も、生まれてきた子どもの命も奪うことはできません。もし皆さんのご両親が望まなかったとしたら、今日皆さんはここにいないわけです。もしわたしの母がわたしを望まなかったら、マザーテレサはいなかったのです。わたしたちの両親がわたしたちを望んでくれたのは幸いですね。今度はわたしたちが人びとを助けるのです。子どもの面倒を見れない母親がいたら、皆さんやわたしが、母親を助けてその子どもの世話をするべきでしょう。それがその家族にとっての、神さまからの贈り物となります。[2]

## 天の父が与えてくださるでしょう

マルコム・マゲリッジは、イギリス人のジャーナリストおよび作家であり、マザーテレサとその活動についてのドキュメンタリーをつくった。信仰をめぐっていくつも疑問を抱えていたが、七十九歳のときについにカトリック教会に迎え入れられた。これはマザーテレサが彼に宛てた手紙である。

野の百合や空の鳥を気にかける天の父である神は、――神にとって、わたしたちは鳥や野の花よりもずっと大切な存在です――これまでの長い年月、そして今もこれからも豊かに満たしてくださいます。テレビ番組でお話ししたときに、あなたもわたしもお金について話したり、欲しがったりはまったくしませんでしたね。でも神がしてくださったことはご存じのとおりです。[3]

## 幼子のようにならなければ

あなたを以前より、よく理解できるようになったと思います。わたしは、あなたの深い苦しみにどんな答えも与えられないのではないかと恐れています。［……］なぜかはわかりませんが、あなたはわたしから見るとニコデモなのです（ヨハネ3・1）。わたしの答えもまったく同じ「心を入れ替えて幼子のようにならなければ」（マタイ18・3）で、もしあなたが神の手のひらのうちで幼い子どもとなれたなら、すべてをすばらしく理解なさるでしょう。

あなたはとても深く神を待ち望んでいるのに、神はご自身をあなたから遠ざけておられるようです。神はイエスを、わたしやあなたのために死なせるほどにあなたを愛しておられるからこそ、やむをえず神はそうなさっているのでしょう。キリストはあなたの糧となることを待ち望まれています。生ける糧に豊かに取り囲まれながら、あなたは飢えたままでいようとしているのです。あなた個人に向けられたキリストの愛はかぎりなく、あなたと教会との間にある小さな障害はかぎりがあるものです。無限の力によって有限の問題を乗り越えてください。キリストはあなたを望まれたから、あなたを創られました。あなたがどう感じているか、わたしにはわかりません。心の底から待ち焦がれているのに、空虚な闇に覆われているのです。それでも、キリストはあなたを愛してくださっています(4)。

## すべては神さまのために

今こそあなたは神の栄光のためにこれまで以上に、神さまから与えられた美しい賜物《たまもの》を生かすべきだとわたしは思います。あなたがもてるすべて、あなた自身のすべて――あなたがなれる、あるいはできること――これらすべてを神さまのために、神さまだけのために用いるのです。今日、教会の表層で起きていることは過ぎ去っていきます。でも、キリストにとって、教会は不変です――今日も、昨日も、明日も。使徒たちも、恐れや疑い、失敗、背信といった同じ感情を経験しました。それでもキリストは彼らを叱りませんでした。ただ「幼き者よ、信仰薄き者よ、何を恐れるのか」とおっしゃっただけです。主が愛してくださるようにわたしたちもまた愛したいものです。今すぐに！(5)

## 家庭が最優先です

以前あなたは共労者会を離れたいとおっしゃっていましたね。妻や子どもたちと一緒に過ごせなくなるから、と。ご家族が優先されるべきです。あなたがいなくなるのは残念ですが、それでもご家庭をいちばんに考えてください。

これまで神の愛の宣教者会のために、重責を負ってくださいましたが、その立場から離れても共労者でいられます。このことについてわたしは祈り続けますが、でも家庭が第一です。夫婦でお決めになってください。お二人の幸せとお互いへの愛情、それだけをわたしは願っています――あなたが共労者のひとりであってもそうでなくても。あなたがた夫婦は、わたしにとってい

つも変わらず大切なかたがたです。(6)

### 生けるキリストにすがる

あなたの甥御さんは、多くの人びとと同じように信仰のために闘う、困難で悲しいときにありますが、彼は今、清めを受けています。

彼が、生けるキリスト――ご聖体――にすがりさえすれば、新たな光であるキリストに照らされて闇から出てくるでしょう。(7)

### 一人ひとりを神の子として尊重してください

一人ひとりを神の子として尊重してください――わたしの兄弟、わたしの姉妹として。ときにはそれがとても困難に思えることは知っています。もし相手のうちに、苦しみ痛む姿になられたイエスを見いだすのが難しかったら、イエスのみ心の内にそのかたを見てください。イエスはあなたへの愛と同じ愛をもって、そのかたを愛しておられます。そうすればより大きな愛を、特にそうした愛を最も必要とする人に、抱くことができるでしょう。共労者会で、イエスのために多くのことをしてくださったあなたは、わたしの日々の祈りのうちにあります。イエスの御母、マリアがあなたの母となられますように。(8)

## 火をもてあそぶのはやめましょう

困難を抱えている司祭に、マザーテレサからの助言

あなたがまったく自由にお決めになるのはもちろんですが、ただ思い出してください。教区にいたとき、あなたはとても幸せで、すべてイエスのために、と立派に務めていました。ご両親や枢機卿、信徒たちから愛されていました。そしてたくさん祈った後に、すべてを手放して、自ら望んで神の愛の宣教者会の司祭となりました。覚悟のうえで貧しい人びとの中で最も貧しい人となることを選んだのです――神の愛の宣教者会のひとりとなり、共同体に属す、と。以前あなたがわたしに送ってきた手紙が手元にあります。そこには、神の愛の宣教者会の精神と喜びがあふれています。

悪魔がこの小さな共同体を打ち砕き、破壊しようと躍起になっていることは確かです。悪魔があなたを利用しようとしても、それをゆるしてはなりません。神さまにすべてを完全にゆだねる機会です。真の、神の愛の宣教者会のひとりとして、イエスが望まれるままに、あなたを自由に使うことができるように。あなたは聖母から愛されていることを知っています。長い間、あなたはその愛を渇望し、あなたのものとなった今、失わないでください。この試練は、イエスのあな

たへの贈り物です。ご自分と一緒に受難を分かち合うためにあなたを引き寄せられたのです。イエスは愛情豊かにあなたを優しさと愛のうちに伴侶として選ばれ、この結びつきをより生きたものとするために、ご自身の聖体祭儀の司祭とされました。あなたはわたしと同じように、神の愛の宣教者となる召命をいただいています。貧しい人びとの中で最も貧しい人の司祭となる召命です。火をもてあそぶのはやめましょう。火は燃え上がって、破壊するのですから。

このようにたびたび祈ってください。「イエス、心の中であなたのわたしにたいする優しさに満ちた愛を信じます。主よ、愛しています。神の愛の宣教者会のひとりとして聖母マリアをとおして、ただあなたのためにのみわたしのすべてがあることを願います」と。祈りましょう。[9]

## ほほえみなさい

### 女子生徒へのマザーの助言

ほほえみなさい。誰かに会ったら、笑顔で挨拶しなさい。笑顔でいれば、いつも皆から受け入れられます。そして、あなたを美しくします。ひどく怒っていたとしても、無理してでもほほえんでごらんなさい。そうすれば間もなく、怒りを忘れ、皆にほほえんでいることに気づくでしょう。[10]

### イエス、このかたの中にいらしてください

話すときには、あなたの前にいる相手を見てください。そして心の中でこう祈ってください——イエス、わたしが話しているとき、そのかたの中にいらしてください。そしてその人の内にイエスを見られるようにお助けください。祝福してください、わたしがイエスと話しているときと同じように、誠実に話せますように。相手の目をとおしてわたしを見つめ、助けてください。相手の内なるイエスに喜びをもたらせなかったときには、素直に、快活にその痛みに耐えられるように、勇気をお与えください。(11)

## 人びとの証言によるマザーの行い

### 顔をしかめ、険しい面持ちで訪ねて来た人びとが、晴れやかな表情で帰っていきます

マザーは集会で大勢の人を相手にするときでも、彼女はいつも個人に関心を寄せ、注意を向け、時間を割きました。マザーの疲れを知らないエネルギー、穏やかさ、人を引きつける笑顔は、鎮痛剤よりも強力な効果を発揮するかのようで、わたしはことあるごとに感嘆していまし

た。個人的な問題を抱え顔をしかめ、険しい面持ちでマザーを訪ねて来た人びとが、しばらくすると晴れやかな表情で帰っていくのを見てきました。人びとの心を平安にし、喜びと歓喜の油を注ぐ天賦の才を、彼女はもち合わせていました。マザーはわたしたちに向けてこう書いています。「神さまはどれほど偉大なことをわたしたち皆に、特にあなたがたにしてくださったことでしょう。〔……〕わたしたちが神さまにお任せさえすれば、神さまは見事に応じてくださいます。イエスが訪れ、しばらくあなたがたとともに安らげるナザレのような場を、いくらかの助けがあれば、実現できるでしょう。本当にうれしいことです。〔……〕日の光はあらゆる闇を、霊的な闇をも破ります。すでに笑みでいっぱいのあなたがたのお顔が目に浮かびます。神さまに感謝いたします。(12)」

## あなたのために何かしてさしあげられることはありますか

誰かが訪ねてきたとき、相手が罪びとなのか善人なのかをマザーは問いません。いつも笑顔で、もしくは心温まるひと言、いつも携えているメダイ、メッセージなどで迎えて、「あなたのためにしてさしあげられることはありますか」と尋ねました。

人びとの話に耳を傾ける非常な能力をもっていて、相手の言葉の背後にある真の意味を聞き取りました。マザーは賢く、いつも人びとを歓迎しました。(13)

## イエスならどうなさるでしょう

階段を上っていくと、マザーに呼び止められました。「神父様、今すぐにご相談したいことがあります。今朝、知事から電話がありました。」「どういう用で?」「知事は、ある男を死刑にするべきかどうかを聞いてきました。その男は二人の人を冷酷にも殺したので、人びとは死刑を求めていて、知事はどうするべきか知りたがっていました——終身刑にするべきなのか、死刑にするべきなのかを。神父様、知事がなぜわたしに聞いてくるのかがわかりません。状況がまったく理解できていないのに。ですので、わたしは知事に伝えました。このことについて祈りますので、また後で連絡をくださるように、と。それなら八時半にまた電話をかける、と知事は念を押されました。」「ああマザー、わかりました。彼は政治家です。もし死刑にしたら、ある一部の人びとの言うことを聞いたことになりますし、もし終身刑にしたら今度は別のグループの言うことを聞いたことになります。この難しい状況から、彼はマザーに救ってほしいのです。」「神父様、そういう事情ならわかりました。」数日後、マザーから伝言を受け取りました。ここにそのコピーがあります。「知事が電話をかけてきたとき『あなたがイエスだったら、と考えてみてください。イエスがされるようにしてください』と伝えました」とありました。(14)

## マザーは彼女をとがめるようなことはひと言も言いませんでした

一九九七年のことです。ある裕福な女性がマザーに助けを求めてきました。アルコール依存症で何度も立ち直ろうとしながらも、お酒を断つことができずにいました。彼女はマザーの車椅子のそばで膝をついてすすり泣いていました。マザーは彼女をとがめるようなことはひと言も言わずに、とても優しく、温かく、ご聖櫃《せいひつ》の前でしばらくイエスとともに過ごし、混乱した気持ちを友としてイエスに打ち明けるよう伝えました。この一刻に、恩寵が働くのがありありと感じられました。女性は、ご聖体の前で深い祈りの時を過ごしました。マザーは祈り終えると、自分の部屋に戻り、静かに思いふけっているような様子でした。でも、女性の葛藤については何も触れませんでした。女性は、なんとすばらしいことに、翌日も来て、そのときにゆるしの秘跡を受けたのです。彼女の安らいだ晴れやかな表情をわたしは決して忘れないでしょう。女性は、再び誘惑に負けそうになったときに備えて、お給料をシスターたちにあずけることを約束しました。彼女はアルコールを断つことを固く決心したのでした。(15)

## 「沈黙していること」、それがわたしの答えです

マザーを囲んで十四人の女性が集まっていました。ひとりの若い女性が進み出て、夫が、不機

嫌な顔で彼女を非難したり、しばしば乱暴な言葉を使うとき、どうしたらよいかを尋ねました。「けんかして、言い返したほうがよいのでしょうか。どうしたらいいでしょう」と若い女性は重ねて尋ねました。マザーは黙っていました。沈黙は女性たちの側にも広がり、戸惑いが広がりました。するとマザーはほほえんで、言いました。「沈黙していること、それがわたしの答えです。黙っていなさい。恐れ、抑圧、弱い心から、もしくは追われるのではないかという考えから、黙るのではありません。乱暴で醜いことはすべて深く嫌悪し、不快であると、それを示す沈黙です。覚えていてください。あなたの内にも、家であなたと向かい合っている人の内にも神はおられます。あなたの夫もまたイエスなのです！　神を信じるわたしたちが、強い心を、真実と美に従うことを、平静で屈することのない心を示すことを、神はわたしたちに望まれています。神さまを悲しませるようなことはしてはなりません。神を信じるとは、自分自身を、自分の心を、またわたしたちの心に住まわれる内なる神を信じることです。『互いに愛し合いなさい、神さまがあなたを愛してくださるように！』とわたしが言うときには、神さまがわたしたちに最高の愛をくださっていることを忘れないようにしましょう。神さまはまたわたしたちの心に、愛のエッセンスをまいてくださいましたが、それはその同じ愛を他の人に与えられるようにするためです。粗暴に見える人にたいしても愛を注いでください。あなたが相手と同じ過ちを犯さないためです。何も言わずに、あなたの行動をとおして、相手が人生において、大切な何かをまさに失おうとしていることをわかってもらいましょう。彼はあなたを――愛することを、失おうとしているのです。醜い怒りや憎しみ、身勝手さ、不適切な振る舞いを自らのうちで増長させています。神さまは彼のことも美しく創られたのですが、彼は自ら自分の美しさを破壊してしまっています。いつか彼はそのことに気づくでしょう。でもあなたは彼と同じことをしてはなりません。火は火で消せないことを覚えておきましょう。わたしたちには水が必要です。火を消すのは水です。同じように、醜いものにはすべて美しいもので応じましょう。どんな粗暴な態度にも優しさで、暴言には優しい言葉で。あなたが別れることを望むにしても、そのときには敵対するのではなく、愛情と友情を示してください。」

離婚や別居、女性への暴虐などについて、いくつも質問が出ました。マザーはある質問にこう応えました。「別れるのではなく、家族が一体となるようにしましょう。もし離婚を望めば、そのつらい決断によって子どもたちが傷つくほうを選んだことを忘れないでください。結婚当日から、生涯をともに過ごせるように祈りましょう。ともに祈る家族は、ともにいられます。日々の祈りを習慣にしましょう。祈りの言葉をつぶやきながらしばらく時を過ごすのではなく、心から切なる想いを込めた祈り、内側からあふれ出てくる祈りとしましょう。別れるために夫と妻は結ばれるのではありません。ともに人生の荒波を乗り越えていくためです。(16)」

## ボンベイが燃えている

一九九二年から九三年にかけてボンベイで暴動が起こり、街が燃えたとき、多くの市民が救援に駆けつけました。そのうちの二人があることを思いつきました。この混乱した街に平和のメッセージを最も効果的に伝えることができるのはマザーテレサのほかにいません。残念ながら、マザーテレサの健康状態はよくなく、ボンベイまで移動することができませんでした。そこで二人はある解決策を見いだしました。撮影のチームがカルカッタに赴き、マザーのメッセージを撮ることにしました。このメッセージを、テレビの主要なすべてのチャンネルとケーブルテレビで放映するのです。二人がマザーに連絡をとると、すぐに承諾を得られました。撮影チームがカルカッタのマザーハウスに着いたとき、シスターたちからはあまり歓迎されませんでした。前夜、マザーテレサは具合が悪くなったのですが、それでも早朝からカルカッタで暴動の被害者たちを訪ねていました。撮影チームはマザーテレサを待つことにしました。夕方に彼女が戻ってきたときには、疲れ切っているように見えました。それでも彼女はP博士に会うと、ぱっとほほえみを見せ、すぐにでも撮影できます、と言いました。でもそのまえに彼女は、スタッフが空腹だろうと気遣いました。「遠くからいらしてるのですから、おなかがすいているはずです」とシスターのひとりに伝えました。パンとバター、バナナと紅茶で、簡単な食事がスタッフに出されました。彼らは皆、これまでで最もおいしい食事だ、と言い合っていました。

その後数時間にわたって、マザーテレサは撮影スタッフとともに仕事をしました。大変な仕事でしたが、彼女の集中が途切れることはなく、技術的な過ちか不具合によって再度撮影しなければならなくなっても、ひと言も文句を言いませんでした。ボンベイの市民たちへのメッセージは、いつもと同じように単純にして効果的なものでした。マザーテレサは人びとに、兄弟のように愛し合い、互いに親切にし、互いの面倒を見るように、お願いしたのです。

翌朝、撮影チームは早朝の五時にカルカッタを出発しなければなりませんでした。マザーテレサは門のところまで見送りに来ました。裸足で、ロザリオを手にして、チーム全員のために祈りました。去っていく彼らの手に、聖母のメダイを手渡していました。六年たった今でもみんなが、そのメダイを大切にしています。ストレスや問題を抱えているとき、このマザーテレサから祝福されたメダイが平安と慰めをもたらしてくれると彼らは言います。翌週、マザーテレサのメッセージは、主要なチャンネルで放映されました。それを見た人びとは皆、心を動かされました。神に選ばれた使者からの、愛と平和のメッセージでした。[17]

## 聖母が最良の師です

わたしが新院長として任命の誓いを立てたとき、マザーも立ち会われました。その誓いの後に、マザーは短い教えをくださいました。マザーはわたしに、聖母の御手に身をゆだね、一段ずつ聖母とともに歩むように言いました。わたしはマザーに、よりよく祈るためにどうしたらよいでしょう、と尋ねました。「聖母が最良の師です」、イエスに祈りを教えられたように自分にも教えてくださるよう聖母に願いなさい、とマザーは応えてくださいました。さらに、すべてを祈りのうちに行い、誰かに見てもらうためではなく、神さまのために行いなさい、とマザーは続けられました。聖母をごらんなさい、聖母は神のみ言葉を心の内で思いめぐらされました。もしわたしが真の神の愛の宣教者になりたいなら、聖母の沈黙から学ばなくてはならないと。心の中で神のみ言葉に思いをめぐらし、愛のうちに成長できるようになるためです。「聖母に心を開いてください。子どもが母親にしているように。心の内にあるものをすべてマリアさまに話しなさい。あなたが日々求めているものに応じるためマリアさまはおられるのですから。日々深い信心をもってロザリオの祈りを唱え、一つ一つの神秘のうちにマリアさまとともに身をおきなさい。」マザーがわたしだけのためにいてくださっている、と感じられた貴重なひとときでした。マザーはこのとき、いつもわたしたちに望まれている、真の神の愛の宣教者にわたしがなれるようにと、そのことだけを考えてくださっていました。マザーは、わたしにとって実の母のようでした。(18)

### わたしはどれほど傲慢だったことでしょう

わたしは院長に任命されました。でも、自分はちっぽけな存在だし、経験も不足しているし……等々と感じました。どうしたらそんな大きな責任を果たせるでしょうか、とわたしはマザーに手紙を書きました。わたしはまだ若く、三十一歳でした。それに自分をとるに足らない人間だと思っていました。ですから、大きな共同体に修練院もあり、シシュ・ババン、ニルマル・ヒルダイ、診療所、ハンセン病患者のお世話、発送作業、マザーテレサ共労者会等々の活動に不安を覚えました。わたしはたいそうへりくだった手紙を書いたと思っていました。この手紙にたいして、マザーからすばらしいお返事をいただきました。イエスがわたしをとおしてそれらを果たされることを受け入れずに、自分ひとりですべてを成し遂げようとしているわたしがどれほど傲慢であるかがつづられていました。こうしたお返事をいただくとは夢にも思っていませんでしたが、でもこの手紙のおかげで、目が開かれ、従順であることを学び、そしてありがたいことにわたしの責務は成功しました。神をたたえます。(19)

### 悪魔はあなたを動揺させたいだけです

ロンドンで、ホームレスの女性たちのためのホームで夜勤だったときのことです。大きな火事が起こり、火事だと気づいたときにはすでに十人の女性が亡くなっていました。最後の修練期に入ってから悪魔はわたしを挑発し始め、火事で死者が出たのはわたしのせいだとささやくのです。それは呪文のように、頭と心に響きました。それまで長年、平安の境地にいたわたしは、その声を理性で退けようとしたのですが、なかなか消えてくれません。マザーは、わたしたちの最終誓願を受け入れるため、ローマに来ました。このときマザーと長時間にわたって話し合う機会があったのですが、この悪魔の声については伝えませんでした。マザーに話さなければと、せっぱつまっていたのですが、マザーはとても忙しいのだし、その必要もないと自分に言い聞かせていました。

ついに誓願式の日を迎え、教会に向かう時間が迫っていました。わたしはマザーに話す決心をしました。マザーの部屋に向かうと、ひとりでいました。わたしは話し始めました。「マザー、ロンドンの火事のことでほんの少しだけお話しできますか。」マザーは手を高く掲げ、わたしにそれ以上話させませんでした。「あなたはあの火事と何の関係もありません。そのことで責められるようなことは何もありません。火事が起きるのを神さまがそのままにされたのは、わたしたちが謙虚であるためです。」このことがあるまで責めを負ったことは一度もなく、この年まで心の平穏を保ってきたことを打ち明けました。するとマザーは言いました。「最終誓願を立てるあなたを、悪魔は動揺させようとしているだけです。あなたの誓願を望まない悪魔は、他に方法もないので、こうしてあなたを試しているのです。さあ、行きなさい、心の平安のうちに。」この言葉とともにマザーはわたしを祝福してくれました。このときから悪魔の挑発はやみ、二度と起こりませんでした。[20]

## そのシスターは神の愛の宣教者会にとどまるべきではありません

終生誓願を立てた神の愛の宣教者会のあるシスターについて、マザーと話していました。わたしから見るとそのシスターには深刻な欠点があるように思えました。ですので、神の愛の宣教者会にとどまっていてはならないと考えていました。シスターの名前は伝えませんでしたが、話し終えたとき、マザーは本当に優しくほほえみました。深い理解がマザーの全体からにじみ出ていました。

マザーはそっと宙に目を放って、言いました。「彼女は母親の愛を知りません。」それは本当にそうでした。そのシスターはまだ幼いときに母親を失っていました。わたしがそのシスターを支えることができないとわかっていたマザーは、自分が彼女を変えると言いました。たった半年でそのシスターは変わりました。わたしが気にかけていたようなことをマザーは一切心配せず、誓願を解かれるべきだとはまったく考えていませんでした。[21]

## 美しい面についても話してください

修道院で、シスターたちの間に問題が起きていました。院長が泣いているのをたびたび見かけましたし、多くの年長のシスターたちがマザーハウスにしょっちゅう出かけていくのにも気づいていました。ある晴れた朝、マザーが訪ねて来ました。マザーはシスターたちを全員集めて、説きました。「この修道院で起きていることを、何人かが話しに来てくれて、本当にうれしく思っています。でもシスターがた、忘れないでください。わたしはごみ箱ではありません。わたしに醜いことだけを話さないでください。わたしはシスターたちの美しい面についても聞きたいのですよ。ここで起きているいいことについても、わたしのところに来て話してください。院長はすばらしい人です。院長の美しい面についても聞かせてください。」マザーは、院長の中に美しいものを見つけて、今度自分が来たときに話してくれるように、わたしたち皆を励ましました。(22)

## 愛のうちに手を差し伸べる

裕福な女性がマザーを訪ねて来て、娘と和解させてほしいと頼みました。マザーは母親に、娘のために小さな愛の行いを実践するように、それも彼女がしているとは言わずにするように、と母親に助言しました（たとえば、娘が好きな花をテーブルに飾ってみたり、娘の好きな食事を準備したり、といったようなことです)。それは功を奏しました。愛のうちに手を差し伸べようとする母の努力に、娘は心を動かされました。[23]

## 笑顔でいなさい

マザーを訪ねたときのことです。マザーは、わたしが元気のないことに気づきました。長上と意見が異なったか、もしくは誤解があったことを、わたしはマザーに打ち明けました。そのことでわたしはすっかり落ち込んでいました。マザーはわたしの手をとり、母親のような実践的な助言をしてくれました。できるだけ早く何かしら長上と会うきっかけをつくり、その間ずっと笑顔でいるように言われました。シスターたちとなんらかの問題を抱えているときには、いつもそうしているとマザーは話してくれました。[24]

## わたしはそれをあなたのためにします

「わたしはしたくないのです。彼は悪い人です。そういう人のために仕事はしません。」わたしは激怒していました。わたしの前に立っていた人物、それはマザーテレサで、わたしの怒りの言葉をすべて聞いていました。「もしあなたが厄介な状況にあって、嫌いな人のために何かをしてあげなければならないのなら、こうなさい。」マザーはわたしの顔の前に、右手を広げ、右手の小指を、左手の親指で触れながら、「わたしは――それを――あなたの――ために――します」、と言って、「わたしは」を小指から始め、五つの単語を、五本の指それぞれに当てはめ、親指で締めくくりました。「あなたの仕事を神さまにゆだねなさい。そして、心の中で言いなさい。『神さま、わたしはこの悪い人のために仕事はしません。神さま、あなたのためにしています。』神さまのためになさい。あなたの心が、神のご意志の道具となるように、そして神の働きのためにあなたの手を差し出してください。もしこれを実践できれば、嫌に思う仕事の多くを、つらく感じずに自然に行えたことがわかるでしょう。」とても大事だけれど本当に嫌だと感じるたくさんの仕事を行うとき、この方法は単純ながら、効果的でした[25]。

さあ、続けましょう、シスター！

ある日のこと、わたしたちはバジリカ聖堂で終生誓願式に参加する機会が与えられ、オーティス通りに向かいました。この日、シスターMは、ごみ捨てのために、訪問客に会わないですむ裏手の近道を通っていました。彼女は黒い大きなプラスティックのごみ袋を運んでいました。そこにマザーが奥の部屋から小走りで飛び出してきました。わたしのことはよけられましたが、シスターMが手にしているごみ袋に突っ込んでしまいました。シスターは驚きのあまり身動きできなくなり、動転していました。マザーは、ごみがこぼれ始めたことにいらだつこともなく、ただ笑って、ごみ袋をシスターの手から取り上げ、シスターが落ち着くのを待ち、それからごみ袋を返しました。「さあ、続けましょう、シスター！」(26)

## 自らを省みる

「疲れた者、重荷を負う者は、誰でもわたしのもとに来なさい。休ませてあげよう。わたしは柔和で謙遜な者だから、わたしの軛《くびき》を負い、わたしに学びなさい。そうすれば、あなたがたは安らぎを得られる。わたしの軛は負いやすく、わたしの荷は軽いからである。」（マタイ11・28～30）

「わたしたちの罪をあがなうために、キリストは、豊かであったのに貧しくなられ、ご自分を空にされました。イエスの真のみ顔、貧しく、謙遜で、そして罪びと、見下されている弱き人びとの友であることを証言するために、キリストはわたしたちを呼ばれています。(27)」

疑いを抱いていたり、混乱していたり、闇にあるとき、わたしは他人に助言を求め受け入れるほどに、心を開いているだろうか。明晰《めいせき》さに欠けているとき、わたしは衝動的に行動していないだろうか。他者から助言を得ようとしているだろうか。謙虚に、他の人からの助言を受けとめ、生かそうとしているだろうか。

わたしは他者の言葉に耳を傾けようとしているだろうか。そのために時間を割いているだろうか。疑いを抱き、闇の中にいる人びとに辛抱強く接しているだろうか。わたしが与える助言は、困っている相手にできるだけのことをしたい、という祈り、振り返り、思いから出てきたものだろうか。与える助言に、わたし自身の思いが混ざっていないだろうか。あるいは真の配慮に欠けていないだろうか。

## 祈り

聖霊よ、わたしの内で息づいてください。
わたしの思いがすべて聖なるものとなりますように。
聖霊よ、わたしの内で働いてください。
わたしの仕事も聖なるものとなりますように。
聖霊よ、わたしの心を引きつけてください。

わたしが聖なるものだけを愛しますように。
聖霊よ、わたしを強めてください。
聖なるものすべてを守れますように。
聖霊よ、わたしをお守りください。
わたしがいつでも聖なるものでいられますように。

聖アウグスティヌスの、聖霊への祈り
（マザーテレサの日ごとの祈り）

# 10 罪びとを諭す

「罪びとを諭す」は、マザーテレサが格別の気遣いをもって実践した「あわれみの行い」の一つである。自らを罪びと（したがって、他の人より善良な人間ではない）ととらえていたマザーテレサは、他者を正すときにも理解と共感を示した。和解の秘跡（ゆるしの秘跡）は、神、そして他者とまっすぐに向き合うために彼女が好んでとった道であり、この秘跡をとても大事にしていた。週に一度のゆるしの秘跡を受けることを欠かさず、また神のあわれみを直にいただくこの機会は、ゆるしと癒やしの、そして心の平安、和解の源であるとして、他の人びとにも勧めた。

「罪を憎み、罪びとを愛する」、これは、マザーテレサの人びととの関わり方に深く根づいた原則だった。罪びとと罪を、過ちを犯した人と過ちをどう切り離したらよいのかを、マザーテレサは深く心得ていて、犯した過ちにかかわらず、いつも相手の尊厳を大切にした。この非凡な能力はときに誤解を招き、寛大すぎる、あるいは勇気に欠ける態度ととられた。しかしながら、マザーテレサは過ちを正す機会を逃すようなことはしなかった。過ちを犯した人を、彼女は非難せずに正し、それだけでなく、悔いあらためて、生き方を変えるようにと促し、励ました。彼女が他者を正すのは、誤った行いが彼女にとって迷惑だったり、影響が及ぶからではなく、神への愛と、そして罪びと自身のためで、それは罪を犯したがために、神との、他者との、また自分自身との関わりを損なっているからだった。罪びとが神と和解し、心の平安を見いだせるために、彼女はできるかぎりのことをして支えた。マザーテレサが人びとを正したのは、彼らを下に見たり、心をくじくためではなく、立ち直らせ、最終的には、彼女が言っていたように「あなたに聖なる者となってもらいたい」からだった。

マザーテレサは、修道会のシスターにはときに厳しく、強い態度で臨んだ。だからといってシスターたちがマザーから離れていくことはなく、過ちを犯したときには彼女のもとを訪ねた。

「あなたがたシスターについては、ただよい修道女であるというだけではわたしは満足しません。わたしは神に完全な犠牲をささげたいのです。聖性によってのみ完全なささげものといえます。」

これがマザーテレサの基準だったので、シスターたちは過ちを隠さず、自分の落ち度や不安を抱えてマザーテレサを訪ねれば、安心と慰め、癒やしを、彼女の言葉をとおして得た。マザーテレサは真の母であり、慰めてくれる存在だった。

## マザーテレサの言葉

わたしは罪びとです

十字架の道行で、キリストのご受難と向き合うとき、十字架を見つめてください。十字架上に自分の罪を見いだすでしょう。［……］わたしたちは、罪のある罪びととなることもあるし、罪のない罪びとにもなれます。あなたがたはキリストを本当に愛していますか。世界と向き合えますか。あなたがたは「どんな被造物も神の愛から、わたしたちを引き離すことはできない」（ローマ8・39）、「わたしを切り刻んでください。その一つ一つは主よ、すべてあなたのものです」と言えるほど確信していますか。(1)

＊

放蕩息子は「ここをたち、父のところへ行って言おう。『お父さん、わたしは天にたいしても、またお父さんにたいしても罪を犯しました』」と言ったときに初めて、父のもとへ帰ることができました（ルカ15・18〜19参照）。放蕩息子は、「行こう」と一歩踏み出さなければ、父親に「ごめんなさい」と謝ることはできませんでした。父の家には愛があり、優しさがあることを、そして父が愛してくれていることもわかっていました。聖母は、わたしたちが同じ行動をとれるように助けてくださるでしょう。今日、わたしたちも立ち上がって、天の御父のもとに行き、神に属すものとしてこの場にいることに値しないと、申しあげましょう。(2)

＊

わたしたちは、どれほどイエスとかけ離れていることでしょう。ほんのわずかな愛、ほんのわずかなあわれみ、ほんのわずかなゆるしの心、ほんのわずかな優しさしかもち合わせていないわたしたちは、イエスのすぐおそばにいること――み心に迎え入れていただく――に値しません。それでもイエスのみ心は、わたしたちを抱き締めるために開かれたままです。今日もイエスは茨《いばら》の冠をかぶられ、み手は十字架に打ちつけられています。確かめましょう。「そのくぎは、わたしによるもの？　み顔の唾はわたしがつけたもの？　わたしのせいで主の御身体のどの部分が、み心がどう苦しまれただろうか。」不安や恐れの気持ちからではなく、柔和な、謙虚な心で、わたしの罪によって、イエスの御身体のどの部分が痛み、負わせた傷はどれなのかを、確かめましょう。ひとりで向き合わず、自分の手をイエスのみ手のうちにゆだねましょう。イエスは七の七十倍までゆるしてくださいます。天の御父はわたしを愛し、特別な方法でわたしを呼び、名を与えてくださいました。自分の惨めさ、罪、弱さ、善良さのすべてを含めて、わたしはイエスに属し、イエスのものなのです。(3)

## ゆるしの秘跡

ゆるしの秘跡を与えてくださった天の御父の愛は、なんと偉大でいつくしみ深いことでしょう。わたしたちはゆるしの秘跡に、罪ある罪びととして向かい、罪のない罪びととして戻ってきます。神の愛をわたしたちが受け入れることさえできれば。ああ、なんという神のいつくしみ！

「恐れるな。あなたはわたしのもの。わたしはあなたの名を呼ぶ。大河（罪）の中をとおっても、あなたは押し流されない。火（苦難）の中を歩いても、焼かれない。わたしの目にあなたは価高く、貴く、わたしはあなたを愛する。わたしはあなたをわたしの手のひらに刻みつける。あなたはわたしのもの」（イザヤ書43・2、49・16参照[4]）。

＊

聖性への第一歩はよいゆるしの秘跡を受けることです。わたしたちは皆、罪びとです。罪のない聖性もあるのですから、わたしたちは罪のない罪びとであらねばならないのです。聖母マリアは「わたしたち罪びとのためにお祈りください」とおっしゃらなくてもよかったのです。わたしは罪のある罪びとです。よいゆるしの秘跡を受けたときには、罪のない罪びとになれます。どのようなときに罪のある罪びととなるのでしょうか？「言ってはならない」とどこかで思っていることをわざわざ言葉として発してしまったときです。だからゆるしの秘跡を受けなければならないのです。あなたがたが毎週受けるゆるしの秘跡を生かしていることを望みます[5]。

＊

ゆるしの秘跡は、わたしたちにとって大切なように、イエスにも大切です。これはイエスとわたしが、ともにする働きなのです。聖体拝領においてイエスとわたしが一致するのと同じです。イエスがおられなければ、わたしはゆるしを得ることができません。そしてわたしが罪を告白しなければ、イエスもゆるしを与えることができません。わたしや長上の教えより、一回のよいゆるしの秘跡を受けるほうが大切です。「ここをたち、父のところに行って言おう。[6]」

### よい告白をしているでしょうか

よい告白をしているでしょうか。自分の告白を振り返ってみてください。本当に望んで、心から誠実に、物事をそのままに告げていますか。何かを隠したままだったり、省いたりして、半分しか告白していないことはありませんか。悪魔はとても狡猾《こうかつ》です。イエスは「恐れることはない」と言われました。心配なことがあるときには、ゆるしの秘跡を受け、そして一度告白したなら、その後はもう気にかけてはいけません。なぜなら、ときに悪魔は、何か月もの間、わたしたちがゆるしの秘跡を大切にする気持ちを失うまでつきまとうからです。ゆるしの秘跡が責め苦となってしまってはなりません。[7]

＊

ゆるしの秘跡は、他の誰でもないイエスとわたし二人だけのものです。ゆるしの秘跡は、大いなる愛の美しい行いなのです。［……］大罪か小罪かによって愛がはかられるわけではありませんが、罪につまずいたときには、ゆるしの秘跡によってわたしたちは清められるのです。もし大きなギャップを感じても、恥ずかしがることなく、子どものような心で向かいましょう。(8)

＊

告白とは、罪を認めること、それだけです。故意にしてしまったときには、ゆるしの秘跡を決して先延ばしにしてはいけません。［……］なんてすばらしいお恵みでしょう。ゆるしの秘跡は、自分の犯した罪を認めるために行うものであって、うわさ話をするためであってはなりません。あえて口答えをしたり、わかっていながら許可を得ずに物を誰かに与えてしまったときなど、幼子のように、放蕩息子のように、行って、それをゆるしの秘跡の中で言いなさい。決して隠し事をしてはなりません。生涯にわたって苦しめられるでしょう。(9)

＊

罪につまずいたときには、ゆるしの秘跡にあずかり「おゆるしください」と言ってください。神さまはあわれみ深い御父ですから、ゆるしてくださいます。わたしが「はい」と言わないかぎり、悪魔はわたしを動かすことも、また指一本触れることさえできないのです。ですからあなたがたは悪魔を恐れることはありません。[10]

＊

「ああ、神父様はなんてお思いになるかしら」と恥ずかしく思わないでください。神父様は、あなたから罪を取り除くためにおられます。わたしたちは神さまに罪を告白し、神さまからゆるしをいただきます。神さまはわたしたちから罪を取り除いてくださいます。「立って、御父のもとに行こう」と子どものように単純になりましょう。すると神さまは何をしてくださるでしょう？「服を持って来て着せ、手に指輪をはめ、履物を履かせなさい。肥えた子牛を連れて来なさい。」［……］ごらんなさい、この大きな喜びを。どうしてでしょうか？「息子は、死んでいたのに生き返ったから」（ルカ15・22〜24）です。わたしたちにたいしても同じです。ただ、子どものような単純さをもって、ゆるしの秘跡を受けないといけません。[11]

＊

心の中に気のとがめを生じさせないようにしましょう。［……］もし快楽に身をまかせ、過ちを犯してしまったら、ゆるしの秘跡を受けてください。神のあわれみはかぎりないことを思い出して。ごらんなさい、神の愛がどれほど大きいか——マグダラのマリア、コルトーナの聖マルガリタ、ペトロ、聖アウグスティヌス。ペトロにイエスは言われました。「わたしを愛しているか」と（ヨハネ21・15以下）。これが条件になります。「明日に」とは決して言わないでください。貞潔を軽く考えてはなりません。悪魔があなたにささやくでしょう。「心配するな。マザーテレサからいろいろ言われているだろう。彼女は知らないのだ。わたしのほうがわかっている。あなたは人間で、その快楽に引かれて当然だ」と。誘惑に惑わされずに、はっきりと「わたしはそれを望まない」と言いましょう。聖マリア・ゴレッティ、聖アグネスは言いました。「死んでもいいけれど、罪は犯しません。(12)」

*

もし誘惑に負けて純潔に反する罪を犯したとしても、勇気をもってゆるしの秘跡を受けてください。コルトーナの聖マルガリタは娼婦にちかく、大罪を犯していましたが、それでも神が本当に彼女をゆるしたことを証しするために、毎年彼女の祝日には、彼女の身体は元の完全なかたちに戻ります。よいゆるしの秘跡を受け、それでおしまい。決して、決して二度とそのことについて考えてはいけません！　謙遜の行いとして「これまで犯してきた罪、特に純潔に反する罪をおゆるしください」とだけ言いなさい。(13)

## 聖母が助けてくださいます

あなたが清らかでいられるように、聖母が助けてくださいます。もしわたしがそれを読んだら、罠《わな》にはまってしまうでしょう。勇気をもって自分自身を守ってください。わたしたちはなぜ犬を飼うのでしょうか？　誰かが来たと、教えるからです。犬がほえることで、わたしたちは誰かがいることを知ります。悪魔も犬のように誰かがいることを知らせているのです。あなたが引かれるような人がいる、と。あなたのキリストへの愛を二分させてしまう人、もしくは、許可を得ずに何かをあげたくなるような人でしょう。ゆるしの秘跡を受けないかぎり、あなたのすべてをイエスにささげることはできません。(14)

＊

聖母は清い心を持っておられたので、神を見ることができました。聖母は謙遜なお心をもっておられました。わたしたちの心が本当に清純であれば、わたしたちもまた神を見ることができます。そのためにわたしたちはゆるしの秘跡を必要としています。ただ話をしにいくのではなく、罪を抱えた罪びととして向かい、罪のない罪びととして帰ってくるためです。わたしたちの間に、そういう愛があれば互いに与え合うことができます。ですが、もし心が乱れていたら、愛を与えることはできません。与えるふりをすることはできますが、中身は空っぽです。[15]

＊

汚れなき御心のように、澄みきった日差しのように、イエスとわたしとの間に、何事も入り込めません。ゆるしの秘跡を生かしましょう。「それをしてはいけなかったことはわかっています。」わかっていながら背いたのです。心の中で「やめなさい」と言っているのに、それでもしてしまう。そのようなときにはゆるしの秘跡を受けてください。［……］診療所の人びとにたいしていらいらしてしまったときには、償いましょう。[16]

＊

**イエスは罪を洗い流してくださいます**

なぜ総告白をするのでしょう。疑いを抱いているからではなく、関係を結ぶため、主である神がわたしをどれほどいつくしんでくださっているか、神の善を認めるためです。［……］わたしたちは司祭にではなく、イエスに向かって、誠実に、謙虚に告白するのです。[17]

＊

わたしの罪を洗い流すために大切な御血をわたしに注ぐ司祭は、どれほど清くないといけないことでしょう。「これはわたしの体」と告げる司祭は、なんと偉大でしょう。「あなたの罪をゆるします。安心していきなさい。」この言葉を決して疑ってはなりません。たとえその司祭が悪い司祭であっても、あなたをゆるし、あなたを自由にする力が与えられています。(18)

＊

神父様が「あなたの罪をゆるします」と言われると、イエスはこられ、わたしたちの罪を洗い流してくださいます。わたしたちを清め、わたしたちの魂を浄化するために、イエスの大切な御血がわたしたちの霊魂に注がれます。(19)

## あの罪深い女性のようにイエスの前に立ちましょう

眠りにつくまえに、十字架を本当に見つめていますか。ただ思い浮かべるのではなく、実際に手に取って黙想してください。［……］シスターたちが一杯のバケツの水で奮闘しているのを目にします。わたしは小さな棘《とげ》を取り除こうとする小鳥のようでしょうか。あわれみの心をもっているでしょうか。イエスは罪びとをあわれまれました。イエスの前に立っていた罪深い女性、彼女をイエスは罪に定められませんでした（ヨハネ8・11）。これがゆるしの秘跡です。わたしもまたゆるされる必要があります。ゆるしの秘跡とは、この罪深い女性のようにイエスの前に立つこ

とにほかなりません。罪のうちにある自分を見いだしたのですから。(20)

## ゆるしの秘跡は真の喜びでなくてはなりません

聖イグナティウスはゆるしの秘跡を、気をそぐためではなく、わたしたちがゆるしを必要とするその表れ、と位置づけていました。ゆるしの秘跡は、聖なる金曜日ではなく、ご復活の主日に制定されたのですから、それは喜びのはずです。責め苦としてではなく、喜びのために定められたのです。(21)

＊

いくつもの著作がある司祭が、ゆるしの秘跡を毎日受けています。わたしは「いったい何を告白するのですか」と彼に尋ねました。彼は執筆を終えた後、読み直して推敲《すいこう》をするのですが、ときに快いから、または自負心から読むそうです。そのためにゆるしの秘跡を受けるのでした。マニラのシン枢機卿は、本当に聖なるおかたですが、わたしにおっしゃいました。「わたしはほとんど毎日ゆるしの秘跡を受けています。大司教館には、司祭はたくさんいますから、誰かひとりは見つかります。」ごらんなさい、シスターの皆さん、ゆるしの秘跡は真の喜びでなくてはなりません。ゆるしの秘跡を怠ってはなりません。怠りもまた告白すべきことの一つです。愛の心でゆるしの秘跡を受けましょう。魂を浄化し、清らかになる機会なのですから。ゆるしの秘跡では、神さまと真正面から向き合います。死ぬときも神さまと直接向き合うことになりますが、でも今は罪を負って神さまのもとにいき、罪のない状態で帰ってくることができるのです。(22)

## 自分たちの罪深さをわかっていないといけません

ザアカイは（ルカ19・1〜10）、イエスを見たくて、いろいろ試みました。でも自分の背が低いのを認めるまでは、彼はイエスを見ることができませんでした。でも受け入れたことによって、ザアカイは次の一歩を踏み出せました。木に登って、大勢の人に自分の背が低いことを知られるという屈辱を、彼は受け入れたのです。これほどの地位にある人が、イエスを見るために木に登らないといけないことに人びとは驚きました。ザアカイは体が小さかったのですが、わたしたちの罪深さは、わたしたちの心の狭さにあります。そのことにゆるしの秘跡をとおして気づかなければなりません。罪のある罪びととして向かい、そして罪のない罪びととして帰ってきます。(23)

## 誘惑を感じたとき

あなたの清純が本当に澄みわたりますように。何が起きたとしても、ゆるしの秘跡を受けてほしいのです。あなたがたに澄みわたる清純、慎み深い貞潔、汚れのない純潔を望みます。自分自身のことで思い悩まないでください。誘惑は誰にでも起こりますが、それは成長するすばらしいきっかけになります。召命を危うくする誘惑は起きるでしょう。そのときには、小さき花（幼きイエスの聖テレジア）に倣いましょう。「わたしはイエスのもので、何者も何事もわたしたちを裂くことはできない。」聖パウロに誘惑が訪れたとき、「わたしはキリストのものです」と言われました。わたしたちもまたこのように言えるようでなくてはなりません。そうすれば人びとが近づいてきて、イエスだけを見るようになるでしょう。なぜならわたしたちが真に神の愛の運び手となるからです。(24)

＊

誘惑を感じたときには、三つのことを思い起こしてください。

1. わたしはそれを望んでいない。そうすれば悪魔はあなたに触れることはできません。あなたは安全です。
2. 忙しくしていなさい。あなたが「わたしはそれを望んでいない」と自分でわかっていて、そのように言っていれば、あなたは大丈夫です。
3. 聖母マリアに心を向けなさい。聖母はイエスに届けられるでしょう。(25)

### 罪びとを見つける

イエスはこの世にこられ、ご自身をとおして、いつくしみに満ちた愛、あわれみを表されました。［……］かたくなで、信じようとしないファリサイ派の人びとをごらんになったときだけは違いました。その他のときは、イエスはお優しく柔和で、イエスを認めた人は皆、イエスのみ心に居場所を得ました。このいつくしみ深く、情け深い愛によって、イエスは群衆をあわれみ、病人を癒やし、罪びとを見つけられたのです。[26]

＊

わたしたちは皆、本当に小さく、罪びとで、惨めな存在で……ですが、神さまはわたしたち一人ひとりに身をかがめて尋ねられるのです。「来てくれるか」と。神さまは無理強いをなさいません。これは神さまがわたしたちに与えてくださっているすばらしいいつくしみに満ちた自由です。あなたがたは愛の誓願のうちに十全に成長して、生ける聖人となれるのです。[27]

＊

罪びととして自分と向き合うときに、わたしは聖母に最も思いを馳せます。アヴェ・マリアの「わたしたち罪びとのためにお祈りください」を心と魂のすべてを込めて唱えましょう。聖母はわたしたちの心を清純にしてくださるおかたです。ぶどう酒がなくなったことに気づかれたのは聖母でした（ヨハネ2・3）。彼女に、わたしたちの罪深さ——聖性に欠ける——を見ていただき、イエスにとりなしていただきましょう。聖母はわたしたちに言われるでしょう。「この人が何かいいつけたら、そのとおりにしてください」（ヨハネ2・5）、従いなさい、と。(28)

## 小さな命を殺さないでください

まだ生まれてきていない胎内の子を中絶し、殺してしまうという誤ったことをした人たちがいるのは事実です。

神さまのほうを向いて言ってください。「神さま、おなかの子を殺してしまったことを心から悔いています。どうかおゆるしください。もう決していたしません」と。わたしたちの愛する天の御父であられる神さまはあなたをゆるしてくださいます。決して繰り返してはなりません。そして信じてください。神さまはあなたをゆるされました。また、あなたのしたことで子どもは傷つかないことも心に留めておいてください。赤ちゃんは、これからずっと神さまと一緒です。その子はあなたや家族を罰することなどしません。神さまのすぐ近くで、あなたを愛し、ゆるし、あなたのために祈っています。その子は神さまとともにいるのですから、あなたを少しでも傷つけることなどできず、あなたを愛するだけです。[29]

＊

核兵器の存在は、国々の間に恐れと不信を生み出しました。この世における神の美しい顕在である人の命を破壊する、もう一つの武器だからです。胎内の子を殺すために中絶が行われるのと同じように、この新たな兵器は、世界の貧しい人びとを抹殺する手段となります。貧しい人びとは、イエス・キリストがわたしたち一人ひとりを愛されているように彼らを愛しなさい、と教えられた、わたしたちの兄弟姉妹です。[30]

＊

世界のいたるところで人びとは過ちを犯しています。神さまに、そして互いにささげる清らかな心と身体を守り続けられないのです。若い男女が互いに愛し合うのは間違ったことではありません。でも今日、純潔に関して、その美しさが多かれ少なかれ軽んじられ、過ちが起きています。どうかお願いです。小さな命を受け入れ、殺さないように、親となる若い人たちを、あなたの息子や娘を、支えてください。受け入れることです。誰でも過ちは犯しますし、過ちはゆるされます。でも、無垢《むく》な赤ん坊を殺すことはとても大きな罪です。[31]

## 子どもたちには愛される時間がない

以前は家族がいつも一緒だったので、こうした難しさはありませんでした。子どもたちは親を理解し、親も子どもたちのことがわかっていました。でも今は、親に時間がなく、自分の子どもたちのことがますますわからなくなってきています。あるいは、テレビの前に座り込んで、子どもたちと言葉を交わさないまま何時間も過ごすのです。テレビは正しく用いれば、いいと思います。でも、テレビは親と子どもたちを隔てる道具にもなっています。愛情を伝え合う時間を奪っています。子どもたちは、キスされたり、愛されることが必要なのに。どの子の心にも愛への飢えがあって、それを求めて外に行ってしまいます。子どもたちはとても寂しい思いをしています。その寂しさを忘れるためにありとあらゆることをするのです。[32]

## 自らを正しましょう

僧のもとに、ある母親が息子を連れていきました。その男の子は、間食をするという悪い習慣がありました。僧は「一週間後にもう一度、連れてきてください」と母親に伝えました。自分も同じ悪い習慣があると気づいたその僧は、自分があらためてからでないと、その男の子に、誠実

に清い心で話せないと思ったからでした。(33)

*

自分の欠点に気づき、自分自身を正さなければなりません。わたしはどうしてこうなってしまったのだろう？　それはわたしが傲慢だからです。(34)

*

自分自身のことをよく知らなくてはなりません。自分にたいして正直でなければ、過ちを正すことはできないでしょう。今が、自分の過ちを正すときです。もしあなたがイエスを本当に愛しているなら、自分の過ちに気づき、正すのは喜びであるはずです。さもなければ、ずっと続いてしまうのですから。(35)

*

過ちを正されたときに怒るのは無意味です。聖なる者になりたくないのなら、修道会に入会することはありません。自分の気分をとても注意深く見つめ、初期の段階で見極めなければなりません。不機嫌でヒステリックになりそうな傾向があると気づいたら、よくよく注意して気をつけて。女性にはそうした傾向が見られます――感情に左右されやすいのですが、宗教者としてそうであってはなりません。今日、自分が信仰熱心だからといって、明日もそうだとは思わないでください。自分の感情に動かされているわたしがわたしなのではなく、神さまのみ前にあるわたしがわたしなのです。

シスターの皆さん、どうかお願いです。始めのうちに、自分を注意深く見つめてください。今、自分に厳しくしましょう。後になってからでは、もっとずっと難しくなります。落ち込む傾向がある――それはよいのですが、でもそれに負けてしまってはなりません。(36)

決して人前で正してはいけません

人の過ちを正さなければならないときに、声を荒げてはなりません。決して人前で正してはいけません。シスターに注意をするときには、必ずそのまえにイエスと語り、自分に問いかけてください。「もしわたしが同じ過ちを犯したら、マザーならどう正すだろうか」と。(37)

＊

注意をするときに、声を荒げることは必要ないですし、口をついて出る言葉を何でも言っていいわけではありません。注意するのは、愛しているからです。そのシスターを愛しているから正

すのです。(38)

＊

シスターの間違いを正すときには、容赦のない、厳しい指摘を口にしてはいけません。相手の心を痛めるような、厳しい言葉によってどれだけ多くの人の心が傷ついてきたでしょう。わたしがあなたがたに決してしてこなかったことを、なぜあなたがたがしなければならないのか、わたしにはわかりません。修道会の設立当初から今まで、わたしの言葉によって傷つけられたと言える人はいないでしょう。従順であるのが難しいと感じた人が、もしかしたらマザーは自分に厳しいと思ったかもしれません。でもそれはわたしではなく、従順になりえなかった自分を、自分で責めているのです。(39)

## 沈黙を正すことはできません

沈黙を守っていれば、過ちを正されることはありません。口を開いたとき、言い返したときに、過ちを犯します。(40)

＊

しばしばどう受け答えしたらよいかわかっていても、わたしは黙っています。わたしは待ち、この機会を与えてくださったことを神にいつも感謝します。なぜなら沈黙を正すことはできないからです。マリアはヨセフに、生まれてくる子は神の子であると言えたのに黙っていました。エリサベトの胎内にいた男の子（洗礼者ヨハネ）にはイエスがこられたことがわかりましたが、ヨセフは近くにいながら知りませんでした（ルカ1・39〜41）。マリアは、ヨセフが自分のもとを去ろうとしているのに気づいておられました。わたしたちもこのすばらしい決意にならいましょう。わたしたちの舌が汚れないように、口を慎みましょう。イエスが愛されたように、シスターたちと貧しい人びとを愛することをとおして、わたしはイエスのみを愛します。明日、聖体拝領のときにイエスがわたしの舌にこられるのですから、わたしの舌は清くなければなりません。[41]

＊

母を思い出します。母は聖人のようだった、と人びとから聞いています。ある日、兄姉と三人で先生について失礼なことを話していました。夜でした。母は立ち上がって、電気のスイッチを切って、わたしたちに言いました。「寡婦のわたしには、悪口を言っているあなたたちのために払う電気代などありません。」わたしたちは、その後、洗面から寝支度すべてを、暗闇の中でしなければなりませんでした。

姉は洋裁師でした。壁には、「この家では、誰も人のことを悪く言ってはならない」と書かれたボードがありました。ある日、非常に裕福な女性が、姉に仕事を注文しにきました。彼女は誰かについて心ない発言を始めました。母はその女性に向かってこう言ったのです。「ここに書かれていることをお読みください。」女性は立ち上がって、出ていきました。「わたしの家で不親切な言葉を聞くよりは、道で物乞いをしたほうがいいわ」と母は言いました。シスターの皆さん、同じ勇気がありますか。(42)

## 忠実であり続けてください

シスターたちの信仰生活には多くの混乱がみられますが、それはすべて間違った助言と熱意によるものです。イエスとの一致、教会との一致が失われています。より自由な行動、そして生き方を好む動きが見られます。大勢の在俗の女性たちのように、修道女たちにも、すべてにおいて男性と平等であろうとする意気込みが感じられ、それは司祭職についても見られます。それによってイエス、そして教会と一体であるという平安と喜びが奪われてしまいました。わたしたちが教会とイエスの代理人である教皇様に忠実であり続け、従い、愛するように、そして、十字架のキリストの花嫁として真の生を生き、完全な奉献に立ち返るように、皆様に力を貸していただけたら幸いです。(43)

## 人びとの証言によるマザーの行い

### イエスはあなたが聖なる人になることを望まれています

重い罪を犯した人に、マザーは決して「あなたは罪びとです」とは言わずに、「イエスはあなたが聖なる人になることを望まれています」と伝え、それから、これこれが間違っていた、と言います。神が彼らに何を望まれているのかを理解してもらおうと彼女は努めました。マザーは裁かず、一人ひとりに、彼らがどれほど神にとって特別な存在なのかを思い起こさせました。それは人びとの心を動かしました。「あなたが変われば、神さまはあなたを受け入れ、愛してくださいます」と言うのではなく、「たとえ罪の中にあっても神さまはあなたをそのまま受け入れ、愛してくださいますが、ただあなたを深く愛しているのでこのままあなたを放っておけないのです」と伝えました。愛されていると感じた人はその愛に応えようとすることを、マザーはイエスから学んでいました。[44]

### 失望していることをわたしたちに気づかせました

わたしたちが、マザーセナクルに不遜な態度をとったことがありました。マザーセナクルは、マザーにわたしたちのことを訴えました。マザーは、わたしたちの振る舞いが、自分を傷つけ、失望させたことに気づかせました。マザーはわたしたちを叱らずに、ただ食事時に、わたしたちと一緒に食堂に入らず、その近くをロザリオを唱えながら歩いていました。わたしたちは皆、惨めな気持ちになり、マザーセナクルにゆるしを請いにいきました。マザーが職権を大切にし、尊重していることに気づかされました。マザーには、深い配慮、いつくしみ深い愛情、いつでも応じてくれる姿勢、そして近づきやすさがありました。マザーという言葉は呼びかけるときだけでなく、いつもわたしたちの心にありました。わたしたちのように「反抗的」であっても、マザーは上手に導いてくれました。[45]

## わたしの娘よ、あなたがそんなことを言うとは思ってもいませんでした

マザーはわたしたち一人ひとりの気質や必要としていることを把握し、それに合わせてわたしたちと接しました。わたしたちが何かよくないことを言おうとしていると、わたしたちの口を手でふさぎ、話させませんでした。わたしたちがマザーに向かって、よくない振る舞いをしたり、不親切な言葉を口にしたりすることがありました。マザーはこう言って受け入れていました。「わたしの娘よ。あなたがそんなことを言うとは思ってもいませんでした。わたしにとってはよ

いことです。ありがとう。」マザーは祈り、わたしたちの気持ちが収まって謝りに来るのを待っていました。夜になっても、わたしたちが来なければ、わたしたちを呼び、わたしたちが償えるようにしました。その後は、マザーは二度とそのことについて触れませんでした。ときにマザーはわたしにとても厳しく、わたしが強情を張っていると、それを見過ごしませんでした。でもそれはわたしのためを思う、愛情からでした。わたしを正した後には、わたしを呼び寄せたり、あるいは何かをくれました。わたしを傷ついたままにしておかないためでした(46)。

## 禁じられた果実を食べたエバのように

雨季のとき、わたしたちは傘を持ち歩くように言われていました。わたしは男性用のいちばん大きい傘を持っていたので、混んでいるトラム（路面電車）の中では邪魔に感じていました。［……］わたしたちが門から忍び出ようとすると、なんとそこにマザーが立っていました。外出するのになぜ傘をもっていないのか聞かれました。わたしが、自分の傘が壊れている、と答えると、マザーは、上階に行って、彼女の部屋から傘をとって出かけるようにと指示しました。部屋には真新しい傘があり……わたしの傘と同じ大きさでした。それを持っていかないわけにはいきません。わたしはそれを持って日曜学校に向かいました。［……］その帰りにわたしはなぜか、二階建てバスに乗ろうと思いました。わたしにとっては、それはすばらしいことだったのです。

バスの二階に上がり、窓のそばに座って眺めを楽しんでいました。

ハウラー橋に差しかかったところで、突然頭をよぎったのは、わたしたちがマザーハウスの前で降車したら、マザーか他のシスターに見られてしまう、ということでした。わたしは動揺しました。そこで、シェルダーの辺りで降りて、そこからマザーハウスに向かって歩いて帰ることにしました。わたしたちは、禁じられた果実を食べ、神を恐れたアダムとエバのようでした。……バスから降りるころには雨はあがっていて、傘をバスに置き忘れていました。身体が冷たく感じられました。幸いなことに、修道院でのお昼には間に合いませんでした。マザーに話さなければ、と思うのですが……勇気が出ません……。ついにマザーに呼ばれました。マザーはわたしが恐れているのを知っていました。というのもそのときには、マザーのもとに傘が届けられていたからです。いつ、誰が届けてくれたのか、わたしは知りませんでした。それはともかく、マザーはわたしにひざまずくように言い、どういうことか聞かれました。最初は、うそにうそを重ねて話しました。わたしはトラムで傘をなくしたと言いました。マザーは、トラムのナンバーを聞きました。わたしたちがトラムに乗っていないのをマザーはすでに知っていて、本当のことをわたしたちに話させるためでした。マザーにおされるようにして、わたしは本当のことを話し始めました。マザーは、全体がわかると、今度はそれぞれの事柄にたいして、犯した過ちを一つ一つわたしに言わせました。マザーはあまり話しませんでした。覚えているのは「二度としてはいけませんよ」だけです。マザーのわたしへの思いやり深い愛情を見てください。忍耐強く、お優しいのです。[47]

＊

わたしが過ちを犯してもマザーは叱らず、ただわたしを呼んで優しく言いました。「あんなにいい子だったあなたが、どうしてしまったの」と。それから両手で祝福をしてくれました。晩年のマザーはこうしてシスターたちを正していました。[48]

### わたしたちが愛することでしか、あの子たちは変わりません

孤児たちが言うことをきかないので、ある日わたしは昼食を与えないという方法で罰しました。そして自分たちの食卓で、子どもたちに昼食を与えなかった、と話しました。するとマザーは、食事をしているわたしに、行って子どもたちに昼食を出すように言いました。「子どもたちを罰しても変わりません。わたしたちが愛することで、あの子たちは変わっていきます。[49]」

### マザーは忍耐強く導きました

アルバニアのシュコドラで、マザーは子どもたちを食べさせていました。痙攣《けいれん》し、体に重い障

がいのある子どもたちは、口に食べ物を運ばれるたびに、顔全体を汚しました。マザーは、子どもたちの顔を汚したままにせず、スプーンでひと口運ぶたびに口を拭きました。忍耐強く、志願者たちに教え、子どもたちの口をどう拭けばよいのかを示しました。マザーに直されること以上に、その愛のこもった行いのほうから多くを学びました。体がとりわけ変形しているひとりの子どものことを思い出します。男の子は恐怖でいっぱいで、叫び続け、誰かが彼に近寄るといっそう大きな声で叫ぶのでした。マザーはとりわけその男の子を気に留めていました。まずその男の子の手を握れるようになるところから始め［……］そして二、三日後には、その男の子はマザーに会うたびに笑顔を見せるようになりました。そこでマザーは、わたしたちを彼の枕元に呼び寄せ、自分の友だちとしてわたしたちを彼に「紹介」し、男の子がわたしたちのことを受け入れられるようにしました。(50)

## わたしたちはこのようにキリストを扱いません

若い修道者だったわたしは、ハンセン病の病院に配属されました。あるとき、障がいのある年老いた夫婦が、病院で少し難しいことがあって、それを訴えようと、マザーハウスを訪ねました。夫婦はマザーに会いたかったのですが、なんらかの事情でマザーは彼らに会うことができませんでした。そこで夫婦は毎日マザーハウスを訪ね、シスターたちを困らせていました。ある日、シスターが電話をかけてきました。「あなたの病院の患者さんが来ていて、ハウス全体を困らせています。どうにかしてください。」これを聞いて、わたしは怒りがこみ上げ、その勢いのまま直行しました。マザーハウスに着くと、夫婦が目に入りました。夫は義足で、身体もゆがんでおり、痩せこけていました。わたしは怒ったまま、彼をかかえて、救急車に乗せました。しばらくして、マザーが下りて来ました。マザーは、言いました。「ブラザー、あなたには第四の誓願があります。わたしたちの第四の誓願は何でしたか。貧しい人びとの中で最も貧しい人への心のすべてを込めた無償の奉仕です。あなたはこの誓願を立てましたか。」「はい、マザー、その誓願を立てました。」「今、あなたは何をしましたか。」マザーは丁寧な言い方で、言葉少なに言いました。マザーらしい注意の仕方だとわたしは感じていました。「わたしたちはこのようにキリストを扱いません。その男性はキリストです。惨めな姿となられたキリストです。そのあわれな男性が、わたしたちに示してくれているのは、十字架上のキリストにほかなりません。わたしたちは出会ったのです。逃げてはいけません。」マザーにこのように正され、それはわたしの人生に確かな影響を与えました。今日にいたるまで心にとどめ、大切にしています。(51)

## ショック療法

志願者として初めてハンセン病患者に奉仕したとき、病がうつるのではないかと恐れました。

一週間後、わたしはマザーのところにいって、前腕に斑点が見えると伝えました。マザーはわたしを信じ、S医師にわたしを診るように頼んでくれました。医師は、何も見えないし、小さな染みすらないと言いました。マザーはわたしを呼んで、言いました。「あなたの奉仕する場所を変えましょう。あなたはハンセン病患者のお世話をするのにふさわしくないようです。」わたしにとってこれはショック療法になりました。この日から、わたしはこの病気への恐れを乗り越えられるように祈り、そして機会あるごとに彼らを訪ねるようにしています。(52)

## 愛における真実

インドの首相が、出生を低く抑えるために不妊手術を導入したとき、マザーは首相に手紙を書き、「あなたは亡くなるときに、この重い罪にたいして答えなくてはならないことを恐れないのですか」とはっきり伝えました。この手紙がメディアに公開され、新聞で伝えられることをマザーは許可しました。深刻な問題だとマザーは考えていたので、引き下がることはありませんでした。愛に基づいてマザーは真実を話したのです。(53)

## 真理を話す

一九七九年に、マザーはノーベル平和賞を受賞しました。インドに帰る途上でローマに立ち寄り、わたしたちの神学院で講演をしました。［……］ノーベル賞関連の行事が終わった翌日、マザーが滞在している修道院に、司祭がミサをささげるためにこられたそうです（神の愛の宣教者会はまだノルウェーになかったのです）。ミサの後、司祭はマザーに、前夜の彼女の受賞スピーチを放送で聞いて、かなり困惑したことを伝えました。マザーは初めて中絶に反対であることをはっきりと述べて、中絶は殺人と同じで、若い女性がどうしてそのようなことができるのか、と強い調子で話したのでした。司祭は、そのような話し方では若い女性を遠ざけることになる、と言ったそうです。マザーはわたしたちに言いました。「このとき、わたしはただ神父様を見て、こう伝えました。『神父様、イエスは〈わたしが真理である〉（ヨハネ14・6）と言われました。ですから神父様もわたしも真理を話さなくてはなりません。それを受け入れるか、拒むかは聞く人たちのすることです。』」マザーは、福音書のメッセージのラディカルな面を信じていました。人の評判を気にするには、マザーはあまりにも人びとの魂を愛し抜いていたのです。(54)

## イエスへの、最初の新鮮な愛に立ち返ってください

ある枢機卿が、神学者のグループを連れてきました。枢機卿はマザーに言いました。「神学者にたいして、本当にあなたが胸の奥で抱いている思いを話してください。」マザーは彼らのほうを向いて言いました。「福音書の、イエスが当時の宗教的指導者を叱責する場面を読み、それを

今に置き換えたとき、皆さんは、自分がその叱責される側に立つことはないと心の底から言うことはできますか。」そして続けました。「イエスへの、最初の新鮮な愛に立ち返ってください。」(55)

## わたしは善を見ていたいのです

ある日、ミスXは、行政サービスが腐敗している、と苦情を言い始めました。何をするにも賄賂が必要でした。実際、多額のお金を渡さないかぎり市から許可を得られない人のために、彼女はマザーから働きかけてもらおうとしていました。「マザー、助けていただけませんか。この街は腐敗しきっています。賄賂を渡さないかぎり、何もできないのです。」「彼らはすばらしい人たちですよ」とマザーはすぐに応じ、クリスマスのときに、その人たちがたくさんの贈り物を届けてくれたことをわたしたちに話しました。「ええ、マザー、それはとてもいいことです。でも現実と向き合わないと。ほとんどの人はただお金を得ようとしています。」マザーはもう一度、ひと筋の希望の光を投げかけました。「彼らには美しい慣習があるんですよ。お米を一握り、貧しい人のためにとっておくのです。」そしてお米を分かち合う、ある家族の話を始めました。その女性はいらだって声を張り上げて言いました。「マザー、目を覚まして。この街は腐敗しきっているのよ！」その場が静まり返りました。そんな話し方に気まずくなったのです。再びマザーは、非常な静けさをたたえて彼女の目をまっすぐに見ながら言いました。「腐敗しているのはよく知っています。でもよい面があることも知っています！　わたしは善を見ていたいのです。[56]」

## 善がたくさんあります

あるときわたしはマザーに言いました。「マザー、世界にはなんてたくさん悪があるのでしょう。」マザーは一息おいてから、わたしをじっと見て言いました。「シスター、世界には善がたくさんあります。[57]」

## マザーは両手を合わせて懇願しました

一九九二年に、カルカッタでヒンドゥー教徒とイスラム教徒との対立による暴動が勃発したとき、マザーと数人のシスターたちは、養子となる子どもたちを救急車に乗せて空港に向かっていました。その途中で、彼らの暴力と銃撃戦に遭遇しました。マザーは彼らを制止するために、救急車から降りて、危険のさなか両手をあげました。銃撃戦をやめるように、両手を合わせて懇願し、皆兄弟であることを思い出させました。[58]

## 少年を優しく諭しました

わたしが修練者《ノビス》だったころ、十四歳くらいの少年がマザーハウスに侵入し、壁をよじ登って倉庫の鍵を壊し、石鹸や食器など、その他箱をいくつか持ち出しました。朝のお祈りの最中で、彼は略奪品を運びだすのに、玄関にいるシスターが扉を開けるのを待っていました。そのシスターが「泥棒、泥棒!」と叫んだので、みんなが現場に駆けつけると、少年はおびえて浴室に隠れてしまいました。わたしたちはマザーに告げて、犯人が罰せられるのを楽しみに待っていました。すると、非常に驚いたことに、マザーは少年の手をとって、深いいつくしみをもって出口まで送っていったのです。マザーは自分で扉を開け、「繰り返してはいけませんよ」と優しく少年を諭しました。そして何事もなかったかのように少年を見送りました。(59)

## わたしやあなたにも起きうることです

保護所の二人の男性が窓際で自慰を行っているのを、近所の人たちに見られました。近所の人たちは、当然ながら憤慨していました。そしてなんと、そのときにマザーがこの町に来ました。共労者が「どうしたらよいでしょう」とマザーに尋ねました。「これは本当に、非常に悪いことです。彼らはゆるしの秘跡を受けるべきです。」正直にいうと、わたしはマザーが、彼らを追い出すように、ということを期待していました。当然ですよね? でもマザーは「とてもいけないことですから、彼らはゆるしの秘跡を受けないといけません。でもこれは明日、わたしやあなたにも起きうることです。」この発言は、わたしにとっては、後頭部を鉄球で殴られたのと同じくらいの衝撃で、死ぬまで決して忘れないでしょう。この発言が頭からずっと離れず、マザーが亡くなってからようやく、これが彼女の聖性に深く関わるばかりか、彼女が本当にそう思っている、そこにこそ転回点があることに、最近になって気づいたのです。[60]

## 神のあわれみを決して疑ってはいけません

あるとき、わたしは黙想会のためにカルカッタに来ました。犯した罪について思い悩んでいたわたしはマザーに会いにいきました。自分の犯したすべての過ちと、そしてとりわけわたしの心を騒がせていた罪について書き、読んでもらうためにマザーに渡しました。マザーは最後まで読むと、その紙をびりびりと破りました。「すべてイエスのみ心にゆだねます。決して、決して、神さまのあわれみを疑わないで。罪を告白したならば、神さまはあなたをゆるし、すべて忘れてくださったと心に刻みなさい。」マザーは、神さまの偉大な愛、ゆるし、あわれみについて、わたしに話してくれました。それから、聖母マリアの汚れなき御心の絵を取って、そこに「わたしの母となってください。神の祝福がありますように」、そして裏には「過去にとらわれることを禁じます。聖母に信頼をおきなさい」と書いて、わたしに渡してくれました。こうして、わたしの犯した罪が、神さまからわたしを遠ざけることはなく、わたしを謙遜にし、神さまに引き寄せ、イエスのあわれみ深い心への信心を増す道具となったのでした。マザーのおかげでした。[61]

## 自らを省みる

「キリストの言葉があなたがたの内に豊かに宿るようにしなさい。知恵を尽くして互いに教え、諭し合い、詩編と賛歌と霊的な歌により、感謝して心から神をほめたたえなさい。」（コロサイ3・16）

「わたしたちは皆、貧しいのです。皆、罪びとなのですから。[62]」

「わたしたちは罪がないのではありません。罪のない罪びとにならないといけないのです。[63]」

わたしは、多くの罪を重ねている罪びとであることを自覚しているだろうか。自らの過ちや罪を認め、他人から注意をされたときには受け入れているだろうか。過ちを指摘されたときに、自分は憤るだろうか。間違いを指摘されたときに、どうしたらもっと丁重に応えられるだろうか。

真実と善の側に立つことを避け、ほぼ抵抗せずに安易な道をとることを自分にゆるしていないだろうか。他人の意見を恐れて、正しいことを言ったり、行ったりする勇気に欠けていないだろうか。

和解の恵みであるゆるしの秘跡を、わたしは生かしているだろうか。

間違ったことをしている、と本人に気づかせたり、よい方向に励ますために、わたしに何ができるだろうか。真理と善の道を、わたしが模範となって示せるだろうか。

## 祈り

悔いあらための祈り

神よ、わたしは心を尽くして、あらゆるものを超えて、あなたをお慕いいたします。これほどにも善きあなたに背いたことを心から悔やみます。あなたのお恵みを得て、再びあなたに背くことのないよう固く決心いたします。そしてあなたがわたしにお求めになることは、何でもいたします。

アーメン。

# 11　人の過ちを辛抱強く耐え忍ぶ

忍耐強さ、聡明さ、いつも変わらない落ち着きは、マザーテレサの周りにいる人びとが、彼女から感じ取っていた特質である。彼女特有の静けさは、バランスのとれた、自制心のある性格の証しであり、物事を適切な視点からとらえ、試練を人生の一部として受け入れることのできる女性であった。彼女の、特筆に値する冷静さは、よその人から不当に扱われたときにいっそう際立った。ひどい扱いを受けたり、軽んじられたり、誤解されたりしたときも、マザーテレサは忍耐強かった。そのような行為は、自分のように貧しく、弱く、罪深い人間によるものであると彼女はわかっていて、したがって寛容で、親切な態度さえとれた。

マザーテレサが神の愛の宣教者会の誕生にあたって幻視したのは、彼女自身と他のすべての人への愛ゆえに、忍耐強くあらゆる不当な扱いを忍ばれた十字架上のキリストであった。彼女もキリストに倣って同じように耐えることで、キリストへの愛を示そうと心から望んだ。

「わたしが十字架にかけられたキリストの花嫁なら、キリストと似ているところがなければなりません――わたしがキリストに属すものであることを示す、キリストの本質を分かち合えなければなりません。」したがって彼女にとって耐え忍ぶことは、キリストの愛への渇きを癒やす機会であった。それは同時に、日々幾度もひどい扱いを受け、不当な目に遭う貧しい人びとの中で最も貧しい人と結ばれることでもあった。不当な扱いを受けたときに、それを受け入れ、耐えていくために葛藤するのは当然である。わたしたちはまず、そうした状況を避けようとするだろうし、おそらくそれが正しいだろう。しかしながら、それでも逃れられない状況は起きてくるものであって、不当な扱いが意図的なものであろうと、そうでなかろうと、向き合わざるをえなくなる。マザーテレサが、特別な扱いを望んだり、特権を要求したりしたことは一度もない。また他の人より粗末な扱いを受けたときでも、彼女は広い心で応じた。ときには、他者の限界や身勝手さ、あるいは思慮のなさの犠牲となることを受け入れるかどうか問われることにもなる。そうしたときにマザーテレサは、不当な扱いを受けたことを他の人に気づかれないように、相手の振る舞いを受け入れた。

最終的には、こうした試練や不正は、自分がいつも理解できるとはかぎらないにせよ、神がおゆるしになっていることだとマザーテレサはとらえ、聖パウロがローマ人への手紙8・28で書いているように（「神を愛する者たちには、万事が益となるように『霊』がともに働くということを、わたしたちは知っています」）、そこから神が善を引き出されることを彼女は知っていた。そのため、彼女はこうした試練や苦しみを進んで受け入れ、それを十字架上のキリストと結びつけ、自分の浄化と人びとの魂の救いと聖化のためにささげた。

反対に彼女が誰かに過ちを犯してしまった場合には、決まって彼女のほうからまず謝った。さらには、たとえ自分が悪くなくても、自分のほうから和解に努めた。

# マザーテレサの言葉

## 子どものころ

両親を思い出します。父母は意見が対立することもありましたが、そういうときでも、父が帰ってくる時間を見計らって、母は二階に駆け上がり、毎日、身なりを整えていました。わたしたちはいつも母をからかいました。それは本当にすてきでした。意見が合わなくても、何事もなかったかのように、毎日振る舞っていました。互いへの思いやりを、わたしたちは親から学ばないといけませんね。(1)

## 受難を分かち合う

人間であるわたしたちにはごく自然なことですが、イエスもまた、ときに泣かれるほど、非常な孤独を味わわれました。そしてイエスは最期を迎えられるとき、「なぜわたしをお見捨てになったのですか」(マルコ15・34)と言われました。イエスが最も苦しまれたのは、孤独のうちに、ゲツセマネで見捨てられたことでした。ゲツセマネでのキリストのご受難は、十字架の磔刑《たっけい》よりも、もっともっと苦しいことだったと感じています。なぜなら、このときキリストのみ心そのものが磔《はりつけ》にされたからです。見捨てられ、ひとり取り残され、望まれず、愛されず、見守ってもらえない――たったひとり残されたのです。もしわたしたちが本当にイエスに属すものなら、わたしたちもまたこの孤独を経験しなければなりません。望まれていない、ときにはイエスからも望まれていないという思いを経験しないといけません。イエスがなされるがままにするのです。もしイエスがそうお望みなら、それなら……わたしたちは「わかりました」と応じるだけです。ゲツセマネでのご受難をわたしたちにも分かち合ってほしいとイエスが望まれるならば、体験するのみです。そしてもしわたしたちが本当にイエスに属すものならば、キリストのご受難を経験しなければならないのです。経験しなければなりません。それはときに長かったり、短かったりします。イエスが主であり、イエスが決められることです。受難のキリストとしてわたしたちのもとにこられることもあれば、復活されたキリストとしてこられることもあります。あるいは幼子の姿をとって、また師としてこられるかもしれません。イエスが望まれる姿で来てくださるのです。(2)

＊

人とどう接するかはなかなか難しいことですが、右の頬を打たれたなら、左の頬をも向けなさい（マタイ5・39）、とイエスはおっしゃっています。ときにわたしたちは人から傷つけられます。喜びなさい、キリストの受難を分かち合っているのですから。このことを心に留め、主を見上げてください。マリアのように謙遜に、イエスのように聖なる者となれば、人びとはわたしたちの内にイエスを認め、わたしたちは彼らの内にイエスを見るでしょう。(3)

＊

なぜイエスは侮辱され、十字架につけられたのでしょう？　わたしたちのためです。それは大変な屈辱で、磔《はりつけ》を受け入れるのは難しいことでした。イエスは血の汗を流されます。わたしたちもまた人生においてさまざまな、ときにはとてもつらい状況と向き合わなければなりません。イエスは、「ああ、でも……」とは決しておっしゃらず、無条件に受け入れられました。イエスにとって大変な屈辱ですが、わたしたちは十字架にかけられたキリストの花嫁なのです。自分を振り返ってください。侮辱をどのように受け入れましたか。いつくしみ深い愛のうちに、あなたは成長しましたか。(4)

＊

そしてわたしたちは十字架にかけられたキリストを見上げます。十字架から降りるがいい、と言われたイエスはそうなさることができました。簡単にできたことでしょう。人びとは皆恐れ、立ち去っていったでしょう。ゲッセマネでも立ち去ることはできました。でもわたしやあなたがたへの愛から、イエスは十字架上にとどまられました。わたしたちも十字架や屈辱から逃げようとしないで、イエスに倣って、わたしたち自身が主のご受難を生きる機会を逃さないようにしましょう。愛の運び手であるとは、十字架の運び手であることです。もし真の神の愛の宣教者会員になりたければ、本当に十字架の運び手とならなくてはなりません。わたしたちはおそらく十字架を負う途上で倒れるでしょう。十字架の道行きを行い、その途上で聖母がイエスに会われる場面を見たり、あなたが十字架を運ぶ途中で倒れてしまったとき、シモンに助けを願ったりするのは、とても美しいことです。カルワリオの丘に向かう道には大勢の人びと、聖母マリア、シモン、ヴェロニカ、女性たちがいました。シスターたちにたいして、わたしたちはヴェロニカとなれているでしょうか。長上にたいして、わたしたちはシモンでしょうか。十字架の道行きの第四留でマリアがイエスの御母であったように、わたしたちは貧しい人びとの母となれているでしょうか。わたしたちの愛を深めてくださるように、イエスに願いましょう(5)。

## 主を傷つけた行いを思い起こしましょう

人びとがイエスをいかに傷つけたか、驚くばかりです。人びとはイエスを平手で打ち、唾をかけました。溝に投げ捨てるようなものを、わたしたちはイエスに投げつけているのです。イエスはひと言もおっしゃいません。わたしたちが醜い言葉、不親切な言葉を口にするとき、わたしたちは、イエスに同じことを言っているのです――「あなたはそれをわたしにした。」恐ろしいこと……投げつけたり、唾をかけるとは。そのときヴェロニカが来て、イエスのお顔を拭いました。主に唾をかける――「あなたはそれをわたしにした」いつ？　今です。それをしたのは彼らで、わたしたちには責任がないと思いがちです。でも彼らがイエスにしたこととまったく同じことを、今わたしたちはしているのです。今日、ご聖体の前にいって、振り返って確かめてください――家族のもとにいたとき、志願者だったときどうであったか。イエスをまっすぐ見つめてください。あなたが同僚のシスター、貧しい人にしてしまったこと――そのときあなたは「イエスに唾をかけた」のです。このことをしっかりと心に刻めば、あなたの態度全体が変わるのがわかるでしょう。今朝、わたしはイエスとともにいました。わたしがささげたのは愛の言葉ではなく、醜いものでした。罪は汚れた悪です。イエスは、愛の言葉をくださいます。心がまっすぐかどうか知りたいなら、自分の言葉を振り返ってください。手足が活動するように、舌も話をするとき、活動しています。[6]

＊

今日、十字架を見上げて「罪を犯したから、立ち上がって御父のもとに行こう」と言えるでしょうか。［……］主を傷つけた行いを思い起こしましょう。他のシスターではなく、なぜわたしたちが今日ここにいられるのでしょう？　過ちを一回しか犯していないのに、ここにいないシスターたちもいます。それは神の神秘です。わたしたちの修道会で、一人ひとりが犯した罪をあがなうために、今わたしたちはロザリオの祈りを唱えています。日々犯す罪にわたしたちの目を開かせ、喜びの源となってくださるように聖母に願いましょう(7)。

＊

以前、誰かがわたしを言葉で傷つけ、その傷のゆえに澄んだ心をもてずにいたら、イエスを見ることが難しくなってしまいます。祈ることすらできなくなるでしょう。なぜなら心の静寂の中でのみ、神さまは語られるからです。もし神さまに語りかけるのが難しいと感じたら、自分の心に曇りがないかどうか省みましょう。心が汚れているということではなく、わたしが見たり、聞いたりすることを妨げているものが何かを見極めるのです。満ちあふれる心で神さまに語りかけることを、神さまは聞いてくださいます。本当に祈り、貧しい人に仕えたければ、心が澄んでいなければなりません(8)。

## どのような過ちとも向き合えるようになります

イエスと二人きりの時間を過ごすようにしてください。イエスと二人きりとはどういうことでしょうか。ひとりで、自分の思いにふけりながら座っていることではありません。そうではなく、奉仕しているときでも、人びとともにいるときでも、イエスの現存を感じていることです。イエスがあなたのそばにおられ、あなたを愛され、あなたをとても大切に愛《いつく》しんでくださっていると、わかっていることです。イエスはあなたを呼ばれ、あなたはイエスのものです。もしあなたがこのことをわかっていれば、どこにいようと、どの長上のもとにいても、あなたは大丈夫です。イエスのあなたへの個人的な愛とあなたのイエスへの愛を実感できれば、どんな失敗、どれほどの屈辱、苦しみとも向き合うことができます。それがどんなことでも、相手が誰であろうと！（ローマ8・39）さもなければあなたはどうでもいいことに心を奪われ、次第に「壊れた」シスターになっていくでしょう(9)。

## イエスが魂をあがなうために払われたのと同じ犠牲を覚悟しましょう

イエスはこう言われています。「はっきり言っておく。一粒の麦は、地に落ちて死ななければ、一粒のままである。だが、死ねば、多くの実を結ぶ」（ヨハネ12・24）。宣教者は、人びとの魂を救い、神に導きたいなら、日々死ななければなりません。イエスが魂をあがなうために払われたのと同じ犠牲を払い、イエスが魂の救いを求めて歩まれたのと同じように歩く覚悟がなくてはなりません。(10)

＊

小さな誤解が繰り返され、大きな苦しみの原因となることがどれほど多いことか。イエスの名において、そしてイエスの愛のために、主からのこうしたささやかな贈り物を受け入れましょう。小さな痛みを見つめ、イエスからの贈り物としてのみごらんなさい。イエスはあなたを愛したために、たくさんの苦しみと屈辱を受け入れられました。イエスへの愛のために、ささやかな叱責や痛みを受け入れられませんか。(11)

＊

「わたしの召命」とあなたは書いてきましたね。そうです。あなたとあなたの夫の召命は、神さまのお望みのままに、あなたがたを自由に使っていただくことです。神さまにお二人の目を差し出してください、神さまがごらんになれるように。お二人の口から発する言葉も差し出してください、神さまがお二人をとおしてお話しなされるように。お二人の心も差し出してください、神さまが愛せるように。お二人の存在全体を差し出してください、人びとがイエスだけを仰ぎ見るように。イエスにすべてをささげているお二人は、どんな言葉を積み上げるよりもはるかにわたしを今、支えてくれています。司教が共労者たちを解散させたときにあなたがたは犠牲を払いましたが、でも結果を見ると、神の愛の宣教者会は教皇認可（"Decree of Praise"*）を得るというすばらしい贈り物を授かりました。このために犠牲を払わなければならなかったのです。[12]

*

皆さんは十字架にかけられたキリストの花嫁です。どこに行くにしても、その喜び、その平安を携えてください。どんな仕事が与えられても、喜んで行いなさい。心と魂、精神のすべてをイエスだけに傾けなさい。すべてをイエスにのみささげているなら、恐れるものなど何もありません。最大の苦しみ、最大の屈辱が、あなたへの最高の贈り物となります。[13]

*

澄みきった心は神を見ることができます。「飢えていたときに食べさせ、裸のときに着せてくれた。」「わたしにしてくれた」は何を意味するでしょうか？　皆さんの心は、たとえ自分を傷つけたシスターの内にも、イエスを見ることができるほどに、澄んでいますか。決して、決して思いやりのない言葉を言ってはなりません。⑭

**チャンスをつかむのです**

悪いことをしていないのに、長上に叱られたとき、とがめられたとき、少しの間、自分を省みてください。もし自分に過失があるのなら、謝りましょう。何も悪いことをしていないのなら、このチャンスをつかんで、それをあなたの共同体のために、わたしマザーのために、あなたの意向のために、神にささげてください。〔……〕このチャンスをつかむのです。なぜならこうした屈辱をとおしてすばらしいシスターになれるからです。わたしは皆さんに謙遜について一日中でも話していられますが、それでも皆さんがより謙遜になることはないでしょう。でも、屈辱を受け入れたら、皆さんは謙遜なシスターになれます。わたしたちは皆、屈辱を受けます。屈辱は生涯にわたって続くでしょう。⑮

＊

非難されたり、注意されたときに、あなたはどう応じていますか。振り返ってください。もし

＊教皇庁の認可によって、一九六五年二月一日、神の愛の宣教者会は教皇庁直轄の修道会となった。

不満に思うようなら、あなたは信仰の目をとおして見ていません。注意を受けたときの、自分の思いや言葉、振る舞いに気をつけてください。[16]

＊

もしわたしが本当に謙遜なら、「はい、ありがとうございます」と答えるでしょう。傲慢さは横暴な表現をとり、愛らしく美しいものをすべて壊していきます。

注意されたときに、あなたが怒って「ああ、彼女は不公平だわ」と言ったとしたら、その言葉はひとり歩きして、自分のところに返ってくるころには別なものになっています。アダムとエバの罪のようです。彼らはおそらくほんの一口りんごをかじっただけでしょうが、この行為は世界の終末にいたるまでずっと人類に影響を与えるのです。もしわたしたちが本当に謙遜なら、真にキリストのようになり、キリストが喜ばれるような行動をとるでしょう。真の聖性に向かって歩んでいることになるでしょう。この道を歩み始める以外に、わたしたちが聖なる者となる方法はありません。屈辱を受け入れることを学ばないかぎり、その他の何事も、たとえ貧しい人のために多くの仕事をしたとしても、何の価値もないでしょう。[17]

＊

行ったことにたいして非難されるのと、行わなかったことにたいして非難されるのとどちらがよいでしょうか？　イエスがお与えになるものを何でも受け入れ、そしてイエスが取られるものを何でも心からのほほえみで手放すことを学んだなら、あなたがたは謙遜を学んだといえるでしょう。あなたがたに教えた祈りが支えとなるでしょう。「世界中でささげられているミサ聖祭と合わせて、わたしの心をおささげいたします。み心のように、柔和で謙遜になれますように。[18]」

＊

時折、院長があなたを理解しなかったり、傷つけるようなことを言っても、その小さな痛みがあなたとイエスを隔てるものになってはなりません。この屈辱は、あなたをイエスに近づけてくれるでしょう。屈辱を受けたときに決して言い返してはいけません。苦しみは必ず訪れ、屈辱も孤独も味わうことでしょう。なぜならあなたは十字架にかけられたキリストの花嫁となるからです。あなたは花飾りをもらえず、冠をかぶることもありませんが、十字架が与えられます。「あなたはわたしの花嫁。一緒に分かち合ってください。[19]」

＊

聖なる者となる決心をしたなら、一つ一つの屈辱をチャンスととらえましょう。屈辱を心にとどめていてはいけません。片方の耳から入ったものをそのまま反対の耳から出しなさい。小さな屈辱は、神さまからの贈り物です。[20]

*

誰の人生においても、一日をとおして絶えず多くのこうしたすばらしい贈り物が与えられます――これら小さなこと、小さな屈辱は、イエスへの愛を示すチャンスです。もしわたしたちが謙遜で、心が澄んでいれば、祈りの内に神のみ顔を認め、それによって互いの内に神を見ることができるようになるでしょう。シスターの皆さん、すべてがつながっていて、一つの円を描いているのです。祈りの実りはイエスへの愛です。喜んで小さな屈辱を受け入れることでそれは証しされます。[21]

*

不平を言うのはとても簡単です。でも不平を決して言ってはなりません。あなたはイエスを愛しているからここに来たのです。今日、あなたは受け入れることであなたの愛を示しましょう。今日、あなたが不当に注意を受けて、あなたがそれによって傷ついたとしても、決して言い返してはなりません。院長に「あなたがしたのですか」と尋ねられたら、そのとき、はい、か、いいえ、だけを答えなさい。あなたに尋ねずに、あなたを非難したり、たとえ怒鳴ったとしても、自問なさい。「それは本当だろうか」と。それだけを問うのです。あなたの心が清らかなら「すみませんでした。そういうことはいたしません」と言いなさい。もしそうでないなら、受け入れ、謙遜なシスターになることを学べるでしょう。受け入れるのです。決して決して、注意された後に不機嫌にならないでください。傲慢の実りが不機嫌なのです。仕返しになります。「あなたはわたしを傷つけた。でもわたしはあなたを傷つける手段をもたない。だからわたしは不機嫌になった」と。そうではなくそのチャンスをつかむのです。この屈辱によって、あなたは謙遜なシスターになることを学びます。清らかな心はあなたに喜びをもたらします。(22)

＊

幸せでありたいなら、苦い思いにとらわれないようにしましょう。あなた自身を本当に神にささげているなら、屈辱や失敗、成功、悲しみ、心の痛みは、この「はい、受け入れます」にあります。この「はい」を忘れたときに苦い思いが心に忍び込んできます。(23)

＊

時間を空費しないでください。相手が言ったことや、それによって傷ついたとしてもそのことで悩んでいないで、人びとの魂の救いのために忙しくしていましょう。果たすべきたくさんのことや祈りのほうを気にかけましょう。(24)

＊

人びとから賞賛されたときには、神の栄光としましょう。人から軽蔑されたときには、そのことで傷つかないようにしましょう。賞賛されたときも、思い上がらないようにしましょう。右から左に聞き流しなさい。決して心にとどめてはいけません。人はいつもいろいろなことを言うのですから。(25)

＊

いつもまずあなたが最初に謝りなさい。他の人から耳にしたことを決して言ってはなりません。繰り返してはなりません。傷つけられても、仕返しをしようとしてはなりません。わたしたちにとって人生の喜びはゆるしにあります。あなたを傷つけたシスター、あなたに不親切だったシスターは貧しい人びとの中で最も貧しい人なのです。そのシスターにほほえんだり、ゆるそうとしないなら、あなたはイエスを拒んでいることになります。(26)

困難な時期――それは神にゆだねるときなのです。決して不誠実になったり、大げさに言ったり、思っていることと違うことを書いてはいけません。必要なこと以外、絶対に書かないでください。傷ついているときやシスターに心を乱されているときには決して書いてはなりません。そうした思いから解放されたと思ったら、書きなさい。犯した過ちを否認したり、隠したりせず、他の人がそれを指摘するまえに書きなさい。イエスがあなたに得てほしいと望まれているものを、あなたは得るのです。あなたが誠実で、聖なる人で、謙遜なら、あなたは得るべきものをそのまま、それ以上でも以下でもなく、得るでしょう。[27]

＊

イエスの故郷ナザレを思い起こしてください。イエスが聖書について説こうとなさると、人びとは憤慨し、崖から突き落とそうとしました（ルカ4・28～29）。皆さんも真理のためには苦しまなければなりません。話さなければならないときには、「御子の栄光のために話せますように」と祈ってから言ってください。マリアをとおして、すべてイエスにささげましょう。そのように生きましょう。人びとはイエスを、うそつき、ベルゼブルと呼びましたが、イエスは決して言い返されませんでした。彼らがイエスを平手で打ったときだけ「なぜわたしを打つのか」（ヨハネ18・23）と言われました。人前で平手打ちされるのは、男性にとって大変な屈辱です。屈辱を受け入れなさい。謙遜でなければ、イエスやマリアのようにはなれません。受け入れるのです。[28]

## イエス、あなたへの愛のために

小さき花のテレジアのいたカルメル会の修道院に、誰も喜ばせたり、満足させることのできない年老いたシスターがいました。その年老いたシスターはいつも不満ばかりを言っていたので、誰も彼女の面倒を見たがりませんでした。でも小さき花のテレジアは、イエスを愛していたので、自分から進んで彼女の面倒を見ました。そして毎日延々と始まるのでした。「まあ、なんてぐずぐずしているの」、とか反対に、「せっかちね、わたしを殺すつもり?」さらには、「何をしているの、歩けないの?」と始終文句を言っていたのです。小さき花のテレジアはその都度、その老いたシスターに従い、望みどおりにしました。それは十字架にかけられた彼女の伴侶イエスのものに完全になりたかったからです。その一つ一つはどうでもいいことだったとしても、「イエス、あなたへの愛のために」と言った瞬間、それは神にとってどうでもいいことではなくなるのです。[29]

そのころ、どれほどあなたがたとともに——本当にその場に——、いたかったことでしょう。司教様の行動によってどれほど傷ついたか、わかっていますし、想像もできます。でも、司教様を最初に愛したイエスのみ心が受けた傷はいかばかりでしょう？　わたしたち皆、遺憾に思っていますが、それでもそれはわたしたちの感情の内でのことです。ですが、わたしたちの主が受けられた傷は深く、痛むのです。その傷は主がたいそう愛された司教様によるものだからです。司教様がイエスのもとに戻るようにわたしたちは祈りましょう。イエスが「傷ついた葦《あし》」を軽蔑なさらないことをわたしは確信しています。痛みや悲しみに、それがどれほど深くても、とらわれないでください。キリストは今あなたがたの愛を必要としておられるのですから。イエスを愛さない人の分まで愛しましょう。イエスが待ち焦がれておられるお二人からの愛、そのすべてを受け取られることができますように。イエスはあなたがたの家庭を愛していらっしゃるのですから。(30)

＊

お気の毒なイエス——ひどく苦しまれたのに、それでも十字架、ナザレ、そしてすべての始まりであるベツレヘムを、イエスは愛されました。豊かでいらしたイエスが、わたしたちへの愛ゆ

＊

えに貧しくなられました。何事が起きても、キリストの愛から離れないでください、たとえ司教様のような友人がいたとしても——考え方を変えて気持ちを立て直しましょう。キリストにしっかりつかまっていましょう。イエスはあなたがたを最初に愛した、その「愛」そのものなのです。誰をも裁かないようにしましょう。さまざまな考え、うわさによって心を乱されないようにしてください。キリストだけを見つめ続けてください。昨日も今日も明日もキリストは変わらないのですから。いつまでも燃え続ける愛、決して揺らぐことのない力、つねにあふれる喜び。笑顔でイエスのおそばにいてください。(31)

あなたから久しぶりにお便りをいただき、大学での残念な出来事を知りました。教会へのわたしたちの愛を示す機会です。教会はこれまでになくわたしたちを必要としています。心を広くもち、受難のキリストの傍らに立ちましょう。この混乱のさなか、イエスが「あなたがたも離れて行きたいか」と言っておられるように感じます。イエスは愛するにふさわしい愛であり、生きるに値する命であり、輝かせるに値する光であり、つき従うに値する道です。ピラトとカイアファを思い起こしてください。イエスは、彼らが「神から与えられた権限」をもっているから従いました。司教様は「神から与えられた権限」をもっています。ですからわたしたちは従わなければなりません。キリストは司教様をとおして語られるのです。大祭司カイアファがどれほど非情で恐ろしい過ちを犯しても、イエスはわたしたちを愛し続けられました。司教様をとおして母なる教会に、わたしたちを完全にゆだね、深い信頼と快活さをもって、寄り添いましょう。(32)

＊

わたしのところのシスターに（道端にいるホームレスのように）ウジはわいていないでしょうけれど、でも彼女のとげとげしさをごらんなさい。本当に傷つけられます。だから言い返したくなる……もしそのシスターが同じように傷つけるようなことをあなたに言ったとしたら、それはよくないことです。でもなぜそんなことを言ったのでしょう。あなたにはわからないことです。ですから裁いてはなりません。裁かなければあなたはこの共同体で平安に過ごせるでしょう。(33)

## 貧しい人びとの苦しみを分かち合う

貧しい人びとはどれほど苦しんでいることでしょう。この人びとを助けられるのはわたしたちだけです。彼らのために、あなたの苦しみをイエスにささげてください。イエスの痛み、屈辱、受難を分かち合うのです。イエスほどの苦しみと屈辱を経験したかたはほかにいません。すべてあなたがたのためです。今わたしたちは、イエスへの愛ゆえにこれらすべてを受け入れるチャンスが与えられているのです。(34)

マリアがどれほどイエスを愛しておられたかを思い起こしてください。マリアはいつも屈辱のさなかにあるイエスの傍らにおられました。人びとがイエスに石を投げようとしたとき、イエスをベルゼブルと呼んだとき、カルワリオの丘に向かうその途上、十字架につけられていたとき、人びとがイエスを殴り、十字架につけ、唾をかけ、犯罪人として死なせたとき――マリアにとってイエスはつねに自分に属すただひとりの愛する息子であり、自分のもてるすべてであることを恥じませんでした。

マリアはイエスの傍らにおられました。わたしたちは貧しい人びとが苦しみ、屈辱を受けているとき、その傍らにいるでしょうか[35]。

## どうしてわたしやあなたでなく、彼らなのだろう

アベ・ピエール[36]がニルマル・ヒルダイにみえたことがありました。非常に衝撃を受けたようです。ずっと「どうしてわたしではなく、彼らなのだろう」と言い続けていました。彼はフランスに戻ると「どうしてわたしやあなたでなく、彼らなのだろう？」と題されたすばらしい記事を書きました。貧しい人を訪ねると、わたしは傷つきます。あなたも十字架にかけられたイエスの花嫁なら、傷つくはずです。十字架にかけられたキリスト、カルワリオが繰り返されています。わ

たしたちはキリストの受難を分かち合いたいのですから、償いをしないといけないのです。[37]

## 人びとの証言によるマザーの行い

マザーは、難しい人、手のかかる人がいると、いっそう愛を込めて接しました。

すべてはイエスのために

ニルマル・ヒルダイには、カルカッタ市営の救急車によって瀕死の患者が運び込まれてきましたし、神の愛の宣教者会のシスターたちが路上から死にかけている人びとを連れてきたりもしました。毎日のように患者は死んでいきました。一部の人びとが新聞に、マザーが患者から血を抜いて、そのために彼らの多くが命を落としている、と書き立てました。わたしはマザーに抗議するように頼みましたが、マザーは静かに、落ち着いていました。マザーはわたしにこう言いました。「すべて神さまが望まれていることです。いつか、記事を書いた人たちは自分たちの過ちに気づき、後悔するでしょう。」マザーの言われたとおりになりました。記者のひとりが病に倒れ、そのときには誰も彼の世話をしようとする人はいなかったのですが、すべての人びとの母であるマザーは、彼をそばで支え続けました。マザーは彼に愛を注ぎ、その人びとはマザーが自分たちの母であることを理解したのでした。(38)

*

「マザーテレサはたくさんお金を持っているのに、病院や養護施設などを建てないといった批判は言わせておきましょう。」マザーはこうしたこと一切を超えていました。これらすべてをほとんど気に留めず、わたしたちがそのことについてあれこれ話すのをゆるしませんでした。マザーは口元にいつも十字を切り、「すべてはイエスのために」と言っていました。「すべてはイエスのために」が口癖でした。(39)

## マザーはこの患者をゆるし、社会復帰させ、家族を支えました

カルカッタのハンセン病患者のひとりが、マザーハウスの入り口でマザーにたいして暴力的な態度をとっていました。それを近所の少年が自分の家の窓から見ていました。少年は下りてきて、その男性をつかんで、脅したので、すぐにその男性は逃げていきました。マザーはこの患者をゆるし、社会復帰させ、家族を支えました。(40)

## 優しく接するにはどうしたらよいのか、しっかりと教えられました

孤児の男の子が、マザーハウスでしょっちゅう悪さをしていました。お金だけを欲しがり、マザーが渡さないと階下の談話室に行って、椅子を全部壊そうとするのです。マザーは下りていって、ただじっと男の子を見つめました。男の子はやめて、謝りました。でもあるとき、みんなが休んでいる午後のひとときにやって来ました。悪さを始め、修練院のトイレに逃げ隠れました。あるシスターが警察を呼ぶことにし、彼らはすぐにやってきましたが、速やかに帰らなかったのです。休憩時間の終わりを告げる鐘が鳴り、皆と同じように、マザーもチャペルに向かいました。マザーは下を見て、警察がいることに気づき、いったい何が起きたのか、尋ねました。孤児の男の子のことだと知って、マザーはとても動揺しました。「警察を呼ぶまえに、なぜわたしを起こさなかったの？」マザーは、下りていって、警察官を脇に呼び、言いました。「わたしたちのところの男の子です、わたしの子です。もう繰り返しませんから解放してあげてください。」それから男の子に向かって尋ねました。「そうでしょう？」男の子はうなずきました。警察は、男の子を外に連れ出し、解放しました。わたしたちシスターはお茶の時間の後、たとえ子どもたちや人びとがときに手に負えなくても、どう優しく広い心で接するべきかについて、しっかりと教えられたことは言うまでもありません。

## マザーを中傷する手紙が新聞に

インドのある街で、シスターたちが貧しい人びとを支援するために診療所を開いたとき、近隣のある医者は、患者を何人か失ったことから、シスターたちにとても腹を立てていました。怒りにまかせてその医者は、マザーを中傷する手紙を新聞に載せました。マザーはその街に赴き、この記事が書かれたきっかけをシスターたちから知りました。マザーは医者の自宅を訪ね、ドアをノックしました。玄関先にマザーを見つけたときの医者の驚きようといったら！　マザーは優しく言いました。「わたしがマザーテレサです。わたしについてご存じないことをたくさんお伝えに参りました。」医者は、大いに狼狽《ろうばい》しつつ、マザーを家の中に招き入れました。彼に何を話したのか、マザーはわたしたちには伝えませんでしたが、それから彼は共労者となり、わたしたちの診療所でシスターたちを助けてくれるようになりました。(41)

## わたしのことは心配いりません

クリストファー・ヒッチェンズが、マザーについてのおぞましいドキュメンタリー「地獄の天使」を発表した後、わたしはひどく憤慨し、マザーに電話をかけました。「マザー、こんなことが起きてしまってわたしたちは本当に残念です。」わたしは嫌悪感と苦々しさと報復の気持ちで煮えたぎっていました。主の名においてこれほどのことを成し遂げている人物を、自分勝手な動機のために中傷することなど、できるものだろうか。でも彼は人間だからそうしたのです。わたしはマザーテレサのことが心配でした。「ああ、マザーはどんなお気持ちかしら！」でも、マザーは「どうしたというのですか？　彼のために祈ってあげなさい。わたしのことを心配することはありません。わたしたちは彼を愛し、彼のために祈りましょう。」このドキュメンタリーは広く知れ渡ったのに、それでもマザーの姿勢はどこまでも、わたしたちは彼を愛さなければならない、でした。わたしたちは彼のために祈らなければならないのです。身近な人だけでなく敵をも愛する生涯を、マザーは生きました。［……］後に、カルカッタでマザーに会ったとき、今でも彼らが自分について悪いことを言っているか、尋ねられました。「いいえ、マザー、もう終わったことです。」するとマザーは言いました。「イエスはありとあらゆる仕打ちを受け、ベルゼブルとまで呼ばれました。それなら、わたしたちは何を言われても。そうでしょう？　聖母マリアをとおしてすべてをイエスにささげましょう。」そしてしっかりとわたしの手を握りました。わたしはこのことを決して忘れません。(42)

＊

「マザーについてこんなことを言っています」とマザーに言いつけるたびに、「すべてはイエスのみ手にあります。何も心配することはありません」といつも言われました。[43]

## 裁いてはなりません

マザーは、誰のことをも軽蔑せず、また誰かを責めたり、非難したりすることも決してしませんでした。むしろマザーはいつも弁護していました。「人びとがなぜ、どういう状況の中で罪を犯したのかわたしたちは知りません。裁くことはできません」とつねづねマザーは言っていました。またこう書いています。「ゆるしの秘跡を受ける必要がわたしに起きなかった罪——それはあなたを含め、誰かの行いを疑う、というものです。わたしはたびたび悪事が行われるのを目にしてきましたし、それを見過ごすことはできません。でもなぜその人がそのように行動したり、話したりしたのかはわたしにはわかりません。ですから裁くことはありません。イエスがおっしゃったとおりです。」（マタイ7・1）

## その人びとのために祈りましょう

思いやりのない言葉を、マザーはとても嫌いました。ひとりのシスターが誰かについて苦情を言い始めると、すぐに自身の口元で十字を切り、沈黙を保つようにシスターを促しました。マザーがどこかで非難されたり中傷されたと伝えると、「その人びとのために祈りましょう」と言いました。ときには一緒に読み、謙虚なユーモアをもって自分のことを笑いました。また場合によっては「このことから学んで、過ちを犯したなら正していきましょう」とわたしたちに言うのでした。[44]

あるとき、二人のシスターが大げんかをしました。マザーは、二人に相手のよい面を見るように仕向けましたが、より大きな過ちを犯していたほうのシスターが、今度はひどく醜い言葉でマザーに怒りをぶつけました。そのシスターはくるりと背を向け、玄関扉から走り出ようとしました。マザーは素早く、彼女を本当に優しく抱きかかえ、わかってもらおうとしました。そのシスターが今でも善良でよく働く、忠実な神の愛の宣教者会のひとりで、わたしたちとともにいるのは、マザーのおかげだと確信しています。[45]

## わたしはとてもいらだっていました

あるときわたしはとてもいらだっていて、そのことにマザーは気づきました。マザーの部屋に呼ばれ、「何があったの？　太陽がもう沈んでしまった？　まだ三時だけれど」と尋ねられました。マザーにわけを話すと、実践すべき大切なことを教えてくれました。「イエスがあなたの中で愛に燃えているのがわかるでしょう？　あなたはイエスを大切に想い、イエスもまたあなたを大切に想っています。燃える愛はそこにあるのですが、でも何かが欠けているのです。神の栄光を完成させるためにイエスは香料を必要とされています。今朝、あなたは『主の香りを広めることができますように』と祈りました。そしてその香料をイエスは与えてくださっているのです。それを受け取り、感謝をもってお供えするかどうかはあなた次第です。もてる愛をすべて込めてイエスにささげなさい。そうすればイエスの香りがあなたの心の中に広がるでしょう。あなたへの愛のためにイエスは犠牲を払われています。イエスへの愛をとおして人びとの魂を救いたいなら、あなたもまたいくらかの犠牲を分かち持たなければならないのです[46]。」

## マザー、赤ちゃんのひとりが死にかけています

わたしは時計を見て、マザーに伝えました。「マザー、その飛行機に乗るなら、もう行かないと。」「ええ、そうね。今、行きます。」マザーが立ち上がり、その場を去ろうとすると、シスターたち全員が祝福を願うのです！　わたしは次第にいらいらしてきて、もうお願い、さあ、行きましょう！　という気持ちでした。マザーを車のところまで何とか連れていこうとするたびに、誰かが何か話しかけてきて、マザーの気をそらしてしまうのです。やっと車までたどりつき、わたしはドアを開けて、何とかマザーを車に押し込んだつもりでしたが、そのときふいに長上が「マザー、赤ちゃんのひとりが死にかけています」と言うと、マザーは足をとめ、「その赤

ちゃんを連れてきて」と応えました。

そのときには、わたしはもう堪忍袋の緒が切れそうになって「死にかけている赤ちゃんに割く時間はありません。このままでは飛行機に乗り遅れます」という思いを態度で示していました。本当に！　言葉でこそ発しませんでしたが、動作や、舌打ち、ため息で十分に伝えていました。

普通なら「そんなにいらだつなんて失礼ですよ。そうした態度はおやめなさい。自分のしていることをごらんなさい。死にかけている赤ちゃんについて話しているというのに、どうしたというの」と言われても仕方ない場面ですが、マザーはそうは言いません。「そんなにいらいらするのなら、あっちにいってて。準備ができたら飛行機に乗ります」と追い払うこともしません。マザーはわたしのひどい振る舞いをまったく叱ることもなければ、ひと言の指摘もしませんでした。ただ本当に優しくわたしの腕に手をかけ、「行きますから。ただその子に会わなくては」と言っただけでした。このとき、わたしの欠点を含めてマザーはわたしを心にかけてくれたのです。

マザーはおそらく無作法な人の内にも、貧しい人の中で苦しみ痛むイエスを見てきたのでしょう。無作法な態度もまた貧しさの一つですから。マザーはわたしがどれほど失礼な態度をとったのかを指摘しませんでした。代わりにわたしを抱き締め、無礼なわたしを受けとめてくれたので、その後どうなったかと言いますと、わたしは和らぎ、文字どおりとろけてしまいました。瀬死の小さな赤ちゃんはマザーのもとに連れてこられました。マザーはこれまでもこういう状態の赤ちゃんを何千人も見てきたはずですが、それでも車に乗り込むまえに時間を割いて、赤ちゃんのために祈り、小さい不思議のメダイを赤ちゃんの服の間に挟み込みました。このうえなく美しい出来事で、わたしはその場に参加し、目撃する機会に恵まれました。わたしに教え示すために行ったわけではありません——これがいつものマザーでした。マザーは生涯にわたって、いったいどれほどの愛に満ちた美しい単純な行いをしてきたのでしょう？　考えてみると、驚嘆するばかりです(47)。

## 気難しいシスター

気難しいシスターがいました。あるとき、昼食の席でそのシスターが、食べる気がしない、と言いました。食事を見ただけで食欲がなくなる、と。わたしたちは皆、気まずく感じましたが、マザーは違いました。

このときマザーは本当の母親のように振る舞いました。目を見開いて、別のシスターに他の食べ物を持ってくるように言いました。それからマザーはそのまま話を続けました。シスターが食べ物をもってくると、マザーはほほえみ、わたしたちが時間になったので立ち上がった後も、そのシスターと一緒にテーブルに残っていました。マザーはそのシスターに、犠牲を払い、皆と同じものを食べたり、同じことをするように等々、とは言いませんでした。マザーが無条件にシスターたちを愛していることを、わたしはたびたび見てきました。マザーはシスターたちを信頼し、たとえ「貧しい人びとの中で最も貧しい人」であっても、一人ひとりに大きな望みをかけていました。[48]

## 彼女を救いたい、その一心で

かつて、あるシスターが問題を抱えていました。マザーはそのシスターが司祭に会えるように計らいました。シスターが神父様と面会している間、マザーはベランダを行ったり来たりしながら、ロザリオを手に、明らかにそのシスターのために祈っていました。そのシスターが犯した過ちやマザーに与えた苦しみにはかまわず、ただ彼女を救いたいその一心でした。[49]

## イエスにあなたのよい振る舞いをささげられませんか

あるシスターに非難され、わたしは傷つき、憤慨していました。マザーに、これ以上わたしは耐えられない、と訴えました。マザーがいくらか同情してくれるか、あるいは、誰が、何を、どういうふうに、などと尋ねてくれると思っていました。マザーの答えは意外なものでした。しばらくわたしをじっと見てから言いました。「でもイエスにあなたのよい振る舞いをささげられませんか。」わたしはこのとき、マザーがよって立つ基準が少しわかりました。マザーは、こうした困難や出来事、人びとに焦点を当てません――すべてイエスなのです。イエスはわたしに何を語り、何を求め、何をくださっているのだろう？　つまり、マザーはその状況において、いっそう深い真理――愛の真理――を探し求め、そしてその真理において応えるのです。ですから、どうしたら聖なる者となれるのかをマザーに問うと、いつも同じ答えが返ってきます――「イエスがくださるものを何でも受け入れ、取りあげられるものは何でも心からのほほえみで差し上げましょう。」だからマザーは二十四時間イエスと一緒に――愛の内に――在り、自身の生涯を神のために美しいものとしています。つねにこうして生きるには、「英雄的な信仰」が求められるでしょう(50)。

## 優しさだけが助けとなるでしょう

一時期、ある司祭によってわたしたちの宣教活動が難しくなっていました。マザーがわたしたちを訪ねてきたとき、司祭のことを告げました。マザーはこう言いました。「あなたがたが司祭を愛し、親切にするために、神さまはここにその司祭を配置しました。司祭について、思いやりのない発言をしないように気をつけましょう。彼を助け、親切にしてください。今は、彼が貧しい人びとの中で最も貧しい人なのですから。」マザーが誰かのうわさをしたり、非難したりするのを、たとえそれが本当であっても、わたしは聞いたことがありません。ある人についてマザーに話そうとすると、すぐにやめさせられました。「彼女に親切になさい。優しさだけが助けとなるでしょう」と言っていました。(51)

## 男の子はわたしのバッグからお金を引き抜きました

クリスマスのころ、わたしは市場で、とてもみすぼらしい栄養失調の男の子を見つけました。その男の子が、わたしたちにとってクリスマスプレゼントとなることがうれしく、わたしたちの施設に連れて帰ろうと思いました。その男の子は、わたしの後をついてきました。わたしが魚を手に取ろうとしたとき、男の子はわたしのバッグから、九百六十ルピー入った封筒を引き抜きました。その男の子が走り去っていくのを見ながら、わたしはその子がしたこととは信じられない思いでいました。

おろおろしているわたしを見て、人びとは市場中を捜してくれましたが、見つかりません。悲しい気持ちで、買い物を諦めて修道院に帰り、皆に謝りました。償うために、メインタンクからトイレのタンクまで水の入ったバケツを何杯も運ばなくてはならないだろうと思いました。差し当たって、この出来事のすべてをマザーに書きました。二月には、マザーハウスで黙想会があります。わたしは恐れつつ震えつつ、マザーのもとに向かいました。わたしはマザーにもう一度、起きたことを話しました。マザーは温かく聞いてくださり、思いもかけないことをおっしゃいました。「シスター、気にすることはありません。その男の子にはそのお金が必要だったのでしょう。」男の子を裁いたり、非難したりせず、また、わたしの注意が足りないと、とがめたりもなさいませんでした。(52)

## マザーの愛の力

カルカッタでは、ヒンドゥー教徒とイスラム教徒とが衝突し、不穏な状況にありました。正午に、マザーとわたしはパーク通りに向かったのですが、パーク・サーカスに着くまえに、わたしたちは、石や棒、ナイフや剣を手に、家々を壊そうとしている一団と出くわしました。遠くからマザーは両手をあげ、運転手にクラクションを鳴らすように言いました。男たちは、車の中にマザーがいることに気づくと、皆、石やその他のものを手放し、車に駆け寄ってきました。彼らが車の近くにまで来たとき、マザーは両手を合わせ、ひと言も発せずに、彼らに帰るように手で伝えました。男たちは皆、マザーの足に触れ、祝福を受け、子羊のように帰っていきました。マザーはひとり残らずいなくなるまでその場に残りました。この日、わたしは荒れた心に平和をもたらすマザーの愛の力を実感しました。マザーがなぜひと言も彼らに話しかけないのだろうと思っていましたが、そのときマザーの言葉を思い出しました。「もし話せば、すべての人でなく、ある人だけの味方になります。そうすると、政治に巻き込まれ身動きがとれなくなり、愛することができなくなります。」マザーはとても賢く、いつ話すべきか、あるいは黙っているべきか心得ていました。そしてこのときのマザーの行動は、愛のしるしと平和をもたらすものとして受けとめられたのです。(53)

### ホームにいる人びとと会ってください

アッサム州政府は、エイズ患者のために、マザーに広い土地を提供しました。首相は土地を引き渡すにあたって、マザーの来訪を要請しました。午後にマザーが到着すると、大勢の人がマザーに会い、祝福を受けるために集まっていました。身なりのよい女性がやってきて、わたしたちのしていることがまったく無駄であるかのように、わたしたちの活動や貧しい人びとにたいしてありとあらゆることを言い出しました。マザーは優しく彼女の肩に触れながら言いました。「わたしからあなたに言うことは何もありません。ただぜひ一回りして、ホームにいる人たちと会ってください。それからまたお目にかかりましょう。」

しばらくしてその女性が戻ってきて、大泣きしながら、マザーに言いました。「わたしは心が空っぽの状態でこちらに来ました。そしてすっかり満たされて帰ります。マザー、わたしの手は空っぽです。マザーのお仕事に何も差しあげられません。」それから太い金のネックレスを首からはずし、結婚記念のロケットを取り外してから、ネックレスの鎖だけをマザーに手渡しました。「マザー、どうか断らないでください。受け取ってください。」マザーは丁重に受け取りました。それからマザーは彼女を談話室に招き、しばらく話していました。彼女はまるで別人のようでした。話を始めるまえにホームを訪ねてほしい、と声をかけたマザーのおかげで、この女性の人生はすっかり変わったのでした。(54)

## 息子よ

シスターたちをとても困らせていたハンセン病患者がいました。三日間にわたって、門のところに横たわり、車もシスターも出られないようにしていました。また、石を投げ、車の窓を壊したり、等々……。彼は不満でいっぱいなのですが、わたしたちは彼の理不尽な要求に応じるわけにはいきません。

絶望的な状況にあったとき、カルカッタから何人かの訪問者とともにマザーがみえました。マザーが到着するや否や、他の患者たちが皆マザーに駆け寄り、すべて話しました。マザーは救急車から降りて、優しくそのハンセン病患者に話しかけました。「息子よ、わたしと一緒にカルカッタに行きましょう。ブラザーたちのいるティタガールで暮らすといいわ。」その患者は直ちに起き上がりました。マザーの足に触れ、祝福を受け、黙って出発する準備をしました。マザーは訪問者たちを案内し、シスターたちとしばらく過ごした後、カルカッタに帰りました。その患者も子羊のようにマザーと一緒に車に乗り、たちました。マザーの、その場に応じた対処の仕方に、誰もが畏敬の念を覚えました。(55)

## 貴賓席ではないところに

教皇様がインドを訪問なさいました。教皇様の司式によるミサ聖祭に、マザーは貴賓席の最前列に座っていました。そこに司教秘書官が来て、マザーに貴賓席からどくように伝えました。マザーとともに座っていたシスターたちは皆、非常に不満を覚えましたが、マザーはすぐに立ち上がって後方に行きました。司教様が貴賓席用のパスをマザーに渡していなかったのですが、教皇大使と枢機卿たちがマザーを貴賓席に連れてきていたのです。

教皇様が壇上に上がられ、マザーが最前列にいないことに気づかれると、マザーに最前列の真正面に来るように言われました。マザーは元の場所に戻りました。シスターたちは皆、司教様にとても怒っていました。司教様がマザーを辱めたかったのだと、わたしたちは感じたからです。マザーはこれら一連のことをまったく気にしていませんでした。司教様の誕生日には、シスターたち全員を引き連れてマザーはお祝いを伝えにいきました。マザーはわたしたちに司教様と仲直りする機会を与えてくれたのです。(56)

## マザーが謝りました

あるとき、シスターAとわたしは空港までマザーを迎えに行きました。シスターは新しい本をもってきていて、わたしは車の中で、その本を読んでいました。マザーはわたしに優しく注意しました。「許可を得ないで読んではいけませんよ。」シスターAが、「マザー、彼女は許可を得ています」と言いました。修道院でひとり立っていると、マザーはその機会をとらえ、わたしに確かめないで注意したことを謝りました。わたしは心から感動しました。[57]

## 自らを省みる

「あなたがたは神に選ばれ、聖なる者とされ、愛されているのですから、あわれみの心、慈愛、謙遜、柔和、寛容を身に着けなさい。互いに忍び合い、責めるべきことがあっても、ゆるし合いなさい。主があなたがたをゆるしてくださったように、あなたがたも同じようにしなさい。」(コロサイ3・12～13)

「イエスがくださるものを何でも受け入れ、取りあげられるものは何でも心からのほほえみで差しあげましょう。[58]」

自分が耐えている不正と、十字架上でイエスがわたしのために耐えておられる不正を結びつけているだろうか。

わたしは貧しい人びとへのひどい不正、屈辱や窮乏について考えているだろうか。彼らが苦しむ不正に比べれば、わたしが受けている不正はささいなものではないだろうか。

わたしのしていることが他の人にとっては不快だったり迷惑かもしれないと気づいているだろうか。他の人への気づかいが足りなかったり、いらだたせたりしていることがわかっているだろうか。（たとえば、仕事や勉強をしているそばで大声で話をしたり、休息をとろうとしているのに騒がしくしたり）。他の人が困っていることに気づけないほど、自分のことでいっぱいになっていないだろうか。

わたしにたいして配慮が足りないとき、わたしはどのような態度をとっているだろうか。

どういった不正なら我慢強く耐えられるだろうか。リジューの聖テレジアが「針でつついたような小さな痛み」と呼んだ、わたしが個人的に不快かつ、不便に感じる程度のじゃまをも含めて。

自分が無視され、相手にされないことを受け入れられるだろうか。

# 祈り

主よ、わたしをあなたの平和の道具としてください。
憎しみのあるところに愛を、
いさかいのあるところにゆるしを、
分裂のあるところに一致を、
誤りがあるところに真理を、
疑いのあるところに信仰を、
絶望のあるところに希望を、
闇に光を、
悲しみのあるところに喜びをもたらすことができますように。

慰められるよりも慰めることを、
理解されるよりも理解することを、

愛されるよりも愛することを、わたしが求めますように。
自分を忘れることによって自分を見いだし、
ゆるすことによってゆるされ、
死ぬことによって永遠の命をいただくのですから。

アッシジの聖フランシスコの祈り
（マザーテレサが毎日ミサの後で唱える祈り）

# 12 侮辱されても進んでゆるす

マザーテレサのどこまでも人をゆるす姿勢は、宗教的信条が異なる人びとも感銘を覚える、彼女の特質の一つであった。マザーテレサはアルバニア系で、この国が「血で血を洗う争い」を繰り返してきただけに、ゆるすことがどれほど難しく、そしてゆるすことができなかったときには深刻な影響がもたらされることをよくわかっていた。マザーテレサは「聖書に忠実な信仰」をもつ、と言われている。こうした信仰をとおして彼女は、人から多かれ少なかれ傷つけられたときに相手をゆるす動機と力を得た。

マザーテレサがこれほどまでに寛容であり得たおもな理由の一つは、自分自身が罪深く、神のあわれみとゆるしを必要としていることに気づいていたからであろう。また意図せずに他の人を傷つけてしまったときに、ゆるされる喜びを知っていたからだった。

侮辱されても、その程度はどうであれ、マザーテレサは言い返したり、相手から距離をとったりせずに、進んで聞き流した。また、憤りを感じたり、恨みを抱くことも同じように退けた。またそれにとどまらず彼女は、自分を傷つけた相手を心にかけた。犯した過ちのために、彼らの心や魂の平安が損なわれたからである。

「まず自分から謝るようにしましょう」とマザーテレサはシスターたちに助言していた。彼女自身、不当な扱いを受けたときでさえ、いつも自分から和解に向けて最初の一歩をとった。そして相手側が悪意をもち続けたときでも（たとえば、いわれのない執拗《しつよう》な批判など）、マザーはゆるし、その人のために祈った。

誰かが傷つけられたとき「愛をもってゆるし、謙虚さをもって忘れましょう」とマザーテレサは勧めた。人には忘れ去ることのできない傷もあるが、マザーが「忘れること」を望んだのは、それを心から「拭き消して」、後はすべて神にゆだねたいという彼女なりの表現である。それによって、何事もなかったかのようにその相手と接し、いっそう親切に振る舞うことができた。

正義と償いが求められるべき侮辱も確かにあり得るが、しばしばわたしたちが受けるのは「針でつついたような小さな痛み」である。それは互いに負わせ合う小さな傷であり、利己心や自尊心、あるいは思慮のなさからきている。マザーテレサは、日常的に起きるこうした小さな痛みを大ごとにすることを避けた。なぜならこうした過ちは瞬く間により大きな問題へと膨れ上がり、わたしたちが反感を募らせたり、恨みを抱くことにつながるからである。ささいなことから、人間関係が壊れてしまうこともある。

# マザーテレサの言葉

## 神のあわれみははるかに偉大です

十字架上におられたときでさえ、イエスはゆるしの言葉のみを語られました。「父よ、彼らをおゆるしください。自分が何をしているのか知らないのです。[1]」キリストのご受難は、神の謙遜の最も確かな証しです。[2]

*

何か起こっても、わたしたちが罪に陥ったとしても、天の父はあわれみ深いかたであることを思い起こしましょう。御父はいつもゆるしてくださいます。[3]

*

わたしたちは過ちを犯さないように、と祈らなくてはなりません。でも過ちを犯したとしても、神のあわれみは過ちよりもはるかに大きいのです。神はゆるしてくださいます。[4]

＊

神は罪びとを打ち倒さない、その意味をわたしは考えます。罪びとは、傷ついた葦《あし》で、神はその葦を折られることはないのです（イザヤ42・3）。

傷ついた葦がどのようなものであっても、神のあわれみはそれよりもはるかに偉大だからです。ですから、いつも、神のみ前では罪びとであるわたしたちも決して折られることはない、と思っています。神はつねにわたしたち一人ひとりにたいして、計り知れないほどの、愛に満ちたあわれみを抱いてくださっています。(5)

＊

自分の罪も他人の罪もゆるしてくださるよう、神に乞い願いましょう。わたしたちは罪びとの回心のためにすべてをささげることができます。イエスの貴い御血の価値は無限です。わたしたちの仕事をとおして主と一つになりましょう。

貴い御血の一滴一滴はわたしたちの日々の生活のすべてを覆っています。ですから、わたしたちの主キリストにすべてをささげるのです。(6)

## 祈りをささげるために、わたしたちは人をゆるさなければならないのです

祈るために、ゆるしは欠かせません。人をゆるせば心が自由になって、祈ることができます。心から祈り、多くの犠牲をささげて、まず自分の家庭の中に平和を築かなければなりません。心が平和でなければ、平和のために働いたり、平和をもたらすことはできないのです。命を脅かす多くのものがあるのも、わたしたち自身の心の平安が壊されているためです。わたしたちが愛を行動に込めるのと同じように、破壊に向かってしまう行動もあります。(7)

＊

苦しんでいるとき、何よりもまず祈りが大切になります。ゆるすには勇気が必要だからです。心が愛で満たされていないと、ゆるすことはできません。ゆるしましょう!

そしてわたしたちもまたゆるされることを必要としていることに気づいてください。そのためには、謙虚な心が求められます。謙遜と愛があれば、わたしたちは互いにゆるし合えるようになるでしょう。傷つけ合うよりも、互いに愛し合うようになって、相手のうちに美しいものを見いだすでしょう。

わたしたちの誰もがそれぞれに何か美しいものをもっています。もしそれを見ようと努めるな

らば、その人を愛することができます。自分たちを最も傷つける相手さえも。もしわたしたちに自由な心があれば、相手をゆるすことができます。(8)

＊

誰かがあなたにけんかをしかけても、いつもゆるしてあげなさい。もしあなたがけんかを始めた側なら、しかるべきときに謝りなさい。誰かがあなたに何か言ってきても、その人をゆるし、相手に恨みを抱き続けてはなりません。互いに愛し合いなさい、とイエスはわたしたちに語られました。(9)

＊

皆さんのご家庭を、愛と平安、一致、喜びにおいて、神さまのために美しいものとしてください。たとえ十分間でも、ともに祈ることは大切です。本当に大切です。ともにありましょう、いつも、いつでも、一緒に。たとえ互いの意見が違っていても、いつもともに過ごしましょう。ゆるし、忘れることで、皆さんは神の愛で真に満たされ、心にまさしく神の平和が訪れるでしょう。

特に今日のように、世界中いたるところでこれほどの混乱――非常な痛みと苦しみ――が見ら

れるとき、これは本当にとても大切です。(10)

## お互いに謝りましょう

まず真っ先にわたしたちがしなければならないこと、それは、お互いに謝り、ゆるし合うこと、ゆるしを求め、ゆるすことだと、わたしは思います。わたしたちを縛るものすべてから自由になれなければ、心を開いて愛することはできません。愛とは自由であって、わたしたちは痛みをともなうまで愛さなければなりません。そうできるためには祈らなければなりません。祈りをとおして心は澄み、澄んだ心には神のみ顔が見えるからです。わたしたちがお互いのうちに神のみ顔を認めることができれば、平和に幸せのうちに生きていけます。それはわたしたちが愛し、愛されるために創られたからです。(11)

*

福音書で、ある言葉をよく目にします。「誰でもわたしのもとに来なさい」（マタイ11・28）、「父がわたしにお与えになる人を、わたしは決して追い出さない」（ヨハネ6・37）。「子どもたちをわたしのところに来させなさい。妨げてはならない」（ルカ18・16）。いつも受け入れ、ゆるし、愛するのです。そしてわたしたちが確実に理解できるように、イエスは言われます。「はっきり言っておく。わたしの兄弟であるこの最も小さい者のひとりにしたのは、わたしにしてくれたことなのである。」［……］日々実践している愛の行いと親切な態度が天国を確かなものとするのです。たった一つのほほえみがどれほどの善きものをもたらすのか、わたしたちには決してわからないでしょう。わたしたちは人びとに、神がどれほどお優しく、いつもゆるしてくださる、理解あるおかたかを話します。わたしたちはその生きる証しとなっているでしょうか。その優しさ、ゆるし、理解する神の心が、わたしたちの内に息づいているのを、人びとは本当に見ることができるでしょうか。親切であわれみ深くありなさい。あなたに会った誰もが、心和み、幸せになって帰れるようになさい。神の優しさを体現してください。すべての人びとが、あなたの表情やまなざし、ほほえみ、温かい挨拶のうちに、優しさを受け取れますように。スラムでは、人びとにとって、わたしたちが神の優しさの光なのですから(12)。

## ゆるし、愛しましょう

聖年を和解の年と教皇様が定められました。和解の本当の意味は、ゆるし愛することです。和解するのはまず自分自身とであって、他の人とではありません。イエスに、ゆるしていただき、愛していただき、清めていただくのです。和解は、心を澄ますことから始まります。心が澄んでいれば、いつもゆるすことができ、他の人の内に神を認めるので、相手を愛するのです。［……］

ゆるしましょう、そしてゆるされるように願いましょう。人を責めるよりは、受け入れましょう。イエスがおっしゃったように「あなたの姉妹があなたに反感をもっている」のを思い出したら、そのまま寝に就いてはいけません。たとえ自分が悪くなかったとしても、和解の初めの一歩を自分から踏み出しましょう。(13)

*

今日は、ゆるしについてお話ししたいと思います。シスターの皆さん、どうかお願いです。お互いにゆるし合い、またお互いに謝るように。ゆるし合わないために、どれだけの苦しみと不幸があることか。シスターの皆さん、思い起こしてください。主の祈りでわたしたちは「わたしたちの罪をおゆるしください。わたしたちも人をゆるします」と祈っていますね。人をゆるさなければ、皆さんもゆるされないのです。心の奥深くを見つめてください。誰かにたいして苦い気持ちを抱いてはいませんか。もしそうならその相手に会うか、手紙を書くようにしてください。おそらくシスターか、貧しい人、もしくは家族の誰かでしょう。ゆるしましょう。そうでないと、あなたがたはイエスを自由な心でいちずな愛をもってお慕いすることはできません。心の内に、少しでも苦い思いを抱き続けていてはいけません。どれほど多くの人がゆるせずにいることか。ある人たちは「ゆるします。でも、忘れることはできません」と言います。ゆるしの秘跡によって、本当にゆるされるのです。神が与えてくださるゆるしのあり方です。わたしたちはこうしたゆるしを学ばなくてはならないのです。何年もまえに、誰かが言ったことや、したことにたいして、「彼女はこう言った、そして彼女は……、そして……、そして……」と言いがちです。[14]

＊

なんらかの理由で司教や司祭と対立している司祭がいました。わたしが彼を訪ねると、彼の話はいつも苦々しさに満ちていました。司祭はわたしに「わたしはゆるさない。決して」と言っていました。今回わたしは司祭を訪ねたときに、彼に言いました、「これはチャンスよ。司教様に謝ってください。司教様はそのひと言をあなたから聞きたいのですから。」わたしは祈り、シスターたちも皆、祈っていました。祈り終えると、司祭は「マザーテレサ、紙をください」と言いました。わたしは紙を手渡しながら、本当にうれしく思っていました。彼とともに司教のもとを訪ね、その紙を渡しました。司祭の心が変わってしまうかもしれないからです。そして司教には、「これだけでは十分ではありません。『わたしもゆるします』と言ってください」と伝えると、彼はそうしました。[15]

＊

ゆるすためにはたくさんの愛が求められますが、ゆるしを願うにはそれ以上に謙虚さが必要です。人をゆるし、そしてゆるしを求めること、それをイエスは、主の祈りを唱えるように告げられたときに、教えられました。「わたしたちの罪をおゆるしください。わたしたちも人をゆるします。」これがわたしたちにとっては命です。これが愛する喜びなのです(16)。

*

主の祈りのこの部分にさしかかったら、立ち止まって考えてください。「わたしは本当のことを言っているだろうか」と。イエスは十字架に磔《はりつけ》にされているという苦しみ以上に、はるかに大きな苦しみを味わっておられた、とわたしは思います。イエスはおっしゃいました。「わたしは柔和で謙遜な者だから、わたしに学びなさい。」ゆるさなければ、柔和にも、謙遜にもなれないのです。わたしたちを破壊するのに、大がかりなものはいりません。もし神が見えなくなってしまったら、それはなぜ？　と自分を振り返ってください(17)。

*

「ゆるしますが、忘れることはできません」とは言わないでください。ゆるしの秘跡の中でイエスがゆるしてくださるとき、忘れてくださっているのです。ゆるしを請うときも、人をゆるせないでいるときも、うそをつかないでください。ゆるさないのは、プライドによる最大の罪です。ゆるしを請い、ゆるしましょう。(18)

＊

わたしがゆるすならば、聖なる者となり、祈ることができます。[……] このすべては謙虚な心から生まれ、こうした心でいられるなら、どのように神を愛し、自分自身を愛し、隣人を愛すればよいかがわかります。ここにイエスへの単純な愛が見えてきます。何も複雑なことはないのに、わたしたちは多くのことを加えて人生をたいそう複雑にしています。大切なことはたった一つだけです。謙虚に、祈りをささげることです。祈れば祈るほど、よりよく祈ることができます。どのように祈っていますか。幼子のように神に向かってください。子どもは難しく考えずに、幼い心の内を単純な言葉で語りますが、多くのことを表しています。イエスは「幼子のようになりなさい」とニコデモに言われました。福音を祈るならば、わたしたちの心の中でキリストの存在が大きくなっていきます。そのとき、わたしたちに必要になるのが、ゆるしの秘跡です。罪の告白はまさしく謙遜の表れなのです。わたしたちはそれを償いといっていますが、実際これは愛の秘跡、ゆるしの秘跡です。ですから、自分たちが抱えている問題について延々と話す場であってはなりません。わたしから、分断と破壊をもたらすものすべてをイエスに取り去っていただく場です。わたしとキリストとの間に隙間があって、わたしの愛が分かたれていたら、その隙間を埋めようと何かが入り込んでくるかもしれません。キリストのわたしたちへの愛を真に理解したいなら、ゆるしの秘跡を受けてください。罪を告白するときには、子どものように単純でありなさい。「子どもがお父さんのもとに来たように、わたしはここにいます。」もし子どもがまだ純粋なままで、うそをつくことを覚えていなかったら、何でも告白するでしょう。「子どものように」とわたしが言うのはこのような意味であって、ゆるしの秘跡を受けるときにはこうした態度に倣いましょう。[19]

＊

一日の間に、キリストのご受難をしばしば分かち合ってください。皆さんが忠実に、神にすべてをゆだねきって過ごすなら、聖なる者となるためのすべてのお恵みをいただくことができる、とわたしは確信しています。過ちを犯し、不親切であったときには、ごめんなさい、と謝りましょう。ゆるしを請う瞬間に、あなたはゆるされているのです。[20]

＊

イエスは、あなたを名前で呼ばれました。「あなたはわたしのもの。」「あなたはわたしにとって大切な存在。」「あなたを愛している。」イエスがわたしにたいしてそうなら、わたしの姉妹にたいしてもそうでしょう。彼女もまたイエスに呼ばれた、イエス・キリストの花嫁です。わたしはこれらの言葉を繰り返し自分に言い聞かせます。「わたしはイエスのもの」をわたしはこうとらえています。もしわたしが罪を犯したとしても、イエスはこのままのわたしを受け入れてくださる、と。それならなぜ、わたしは心の中で姉妹にたいしてわだかまりをもち続けるのでしょう？わたしの姉妹をゆるさないかぎりイエスのわたしへの愛を理解していないということです。十字架を見つめながら自分がどこにいるか振り返ってください。イエスご自身はあのように息を引き取られることも、ゲッセマネでの苦悶を経験するために生まれて来る必要もなかったのです。(21)

## 何かゆるせないことが心にありますか

イエスを担うあなたがたが、姉妹であるシスターにたいしてなぜ醜い感情を抱いていられるのですか。そのシスターに心を開いて、ゆるしてくれるように願いなさい。これがあなたにできる最もよい罪の告白です。彼女にあなたの心の痛みの重荷を、愛をもって伝えることで、あなたは彼女をゆるし、そのことを忘れることができるでしょう。あなたが愛するうえで不寛容さは妨げとなります。ゆるすことができたときに初めて、「わたしがあなたがたを愛したように互いに愛し合いなさい」という福音の言葉を実現することができます。そうして初めてあなたは、心を尽くして神を愛せるのです。[22]

＊

わたしはすべてをイエスのためにしています。わたしたちが祈るとき、祈り始めようとするとき、それはイエスのためです。皆さんの貧しい人たちへの愛とは、敬意とはどのようなものですか。荒々しい態度は、イエスに平手打ちをしていることになります。時折わたしたちは、「彼女はわたしのことを悪く言った」、そのたった一回のことがゆるせなかったりします。イエスはたったひと言ですべてを破壊することがおできになりました。それでも、ゆるされました。ゆるさないでいたために、あなたは生涯にわたって傷ついたままかもしれません。あるシスターに言われたことにずっとこだわり続けていないで、彼女をゆるすためにまず自分の罪を認めましょう。ゆるさなくてはならないのです――待たないで。何かゆるせないことが心にありますか。それは生涯にわたって、妨げになります。遅くなりすぎると、もうどうしようもなくなってしまいます。[23]

＊

わたしの兄にあるとき小さな吹き出ものができ、またたくまにそのがんの根は広がってしまいました。わずか三か月で。人をゆるせないでいると、同じようなことがわたしたちに起こります。悪魔を信じないで。追い出しなさい。もしかしたら院長、あるいはシスターや両親にたいしてわだかまりがあるかもしれません。修練生《ノビス》、有期誓願者であるあなたがたのもとに、悪魔は非常に魅力的な誘いをもって訪れるでしょう。悪魔にそそのかされないでください。そうすれば、あなたがたはイエスの花嫁となる日に、特別な贈り物として純真な心を、イエスにささげることができるでしょう。(24)

＊

あるシスターにたいして、もしあなたがまだ心にわだかまりを抱いていて、そのシスターが遠い離れたところにいるなら、聖櫃《せいひつ》の前で、そのシスターの心に触れていただくようにイエスに願いなさい。彼女が、あなたからゆるされた、と感じられるように。わたしたちは神の愛となるために遣わされたのです。神は今日もこの世界を愛しておられ、わたしたちは神の愛となるために遣わされています。(25)

＊

あなたがたには皆、院長がいます。院長はときに、心ないことを言ったり、あるいは言い方がよくなかったりします。皆さんはそれを受け入れていますか。院長が、あなたのいる場所や仕事を変えたり、パートナーを交代したり、食事などを変えることがあるでしょう。あなたが受け入れさえすれば、問題は起きません。でもあなたが受け入れないと、心の中に非常な妨げとなる苦さが生じます。これは完全なゆるしではありません。苦さを抱えたシスターを見たら、わたしはそれは傲慢だと申します。苦い気持ちでいるシスターは傲慢なシスターでもあるのです。苦い気持ちと傲慢は双子の姉妹のようなものです。不機嫌もまたその仲間です。謙遜なシスターは苦い気持ちにならず、不機嫌にもなりません。[26]

## ゆるしのすばらしい経験

訪ねてきた夫人は、ここで聖歌を教えていました。彼女が抱えている問題を忘れ、休めるようにと、成人した子どもたちがインドに送り出したのでした。この女性に何があったのでしょう？愛と忠誠を誓い合い、連れ添ってきた夫との三十五年間のすべてはいったいどこへいってしまったのでしょう？　彼女は、夫は社会的地位が高く、非常に優れた外科医だと話してくれました。その夫が今、別の女性がいるので、別れたいと言ってきたのです。彼女はわたしから助言を得るために訪ねて来たのでした。わたしは彼女に伝えました。「夫を救えるのはあなただけです。あなたの祈りや犠牲によって、彼はあなたのもとに帰ってくるでしょう。彼は今もあなたを愛しています。ですから夫をゆるし、彼のために祈りなさい」と。[27]

＊

わたしは模範的なゆるしのすばらしい経験をしました。ある夫婦の仲が悪く、それが何年も続いていていました。お互いにうんざりしていたので、それぞれの道を歩もうとしているところでした。シスターたちが夫婦を訪ね、祈りました。わたしがシスターたちのところに行ったときに、その夫婦のことを話してくれました。わたしは二人を呼び寄せました。妻のほうは泣いてばかりいましたが、謝ろうとはしないのです。妻が「ごめんなさい」と謝ったときに初めて、夫も同じように「ゆるしてほしい」と言いました。妻はほほえみながら夫を見つめ、彼もまた笑顔で妻を見ていました。数年まえから、お互いに傷つけ合っていたのですが、この日はとても幸せそうに帰っていきました。翌日の晩も、二人そろって訪ねて来て、笑顔で互いに見つめ合っていたので、わたしはとてもうれしく思いました。[28]

＊

罪をたびたび犯しながら、何年もゆるしの秘跡を受けていなかった男性の話をしましょう。

ある日、彼はゆるしの秘跡を受ける決心をしました。そこで四枚の紙にびっしり犯してきた罪を書き連ね、告白に向かい、そこで一枚ずつ読んでいきました。四枚目を読み終え、「読み忘れたことがあるかもしれない」と思い、一枚目に戻りました。するとその紙はまっさらで、何も書かれていなかったのです。そこで他の紙も見てみました。何かが起きたのです。彼はうれしくて、他の人にこのゆるしの秘跡での出来事を話しました。わたしたちはこのようなゆるしを神から受けています。わたしたちもまた、他の人をこのようにゆるしましょう。(29)

## ごめんなさい、ぼくをゆるして

ニューヨークにエイズ患者のためのホームを開きました。彼らは今日における望まれない人びとです。エイズ患者のお世話を何人かのシスターたちがするようになって、彼らの人生にどれほど大きな変化が訪れたことでしょう。エイズ患者のための、愛の贈り物としてのホームがつくられ、彼らが望まれ、誰かにとって価値ある人となったことで彼らの人生は大きく変わり、このうえなく美しい死を迎えるようになりました。苦悩のうちに亡くなる人はひとりもいません。先日、あるシスターがわたしに話してくれたことです。ひとりの若者が(ここには若い人しかいませんが)、死が迫りながらも死ねずにいたので、彼女が彼に尋ねたそうです。「どうしましたか?死に抗《あらが》っているけれど、どうしたのですか。」すると若者は「シスター、父に謝るまで死ねません」と言ったのです。シスターは彼の父親の居所を突き止め、彼のもとに連れてきました。すると本当にすばらしいことが起こったのです。福音がそのまま現実となりました。父親は息子を抱き「息子よ、愛する息子よ」と声をかけ、息子も「ごめんなさい、本当にごめんなさい」とゆるしを願いました。二人とも愛情深くしっかりと抱き合っていました。その二時間後、息子は息を引き取りました。ごらんなさい、父の愛と子の愛、愛の力がなし得ることを。わたしたちが神に心を開くのもそのためです。なぜならわたしたちは皆、一人ひとり、路上の男性も、この人もあの人も、誰もが、愛し愛され、よりすばらしいことのために創られたからです。今日、世界のいたるところで大変な苦しみと、殺し合い、痛みが見られるとしたら、それは人びとの心から神を愛する喜びが失われてしまったからです。その喜びを失ってしまったために、その愛を人びとと分かち合えなくなってしまったのです(30)。

## 息子がわたしにこんな仕打ちをした

あるときわたしは、ごみ収集箱に高熱を出している年老いた女性を見つけました。わたしよりはるかに体が大きかったので、そこから彼女を引き出すのは一苦労でした。イエスのお助けもあって、何とか成功しました。この女性をホームに運ぶまでの間、彼女は自分が高熱を出していることや非常に痛むこと、そして瀕死の状態にあることについてひと言も言いません。そうではなく、彼女が言い続けたたった一つのこと、それは「息子がわたしにこんな仕打ちをした。わたしの実の息子がしたのよ！」でした。息子が自分を捨てた事実にひどく傷ついていましたので、この女性がついに息子をゆるすと言えるようになるまでに、長い時間をかけてわたしは力を尽くして彼女を支えました。死ぬ間際に、彼女は息子をゆるす、と言いました。もし皆さんも、彼女のように苦しむ人をたったひとりでも愛し、慰めることができたら、それはすばらしいことです。その人もまた、苦しみ痛む姿となられたイエスだからです(31)。

## 神への愛ゆえにゆるします

プネーに住むひとりの男性が、新聞に醜いことをたくさん書きました。彼はわたしを偽善者、宗教的政治家と呼び、わたしが人びとをカトリックに改宗させようとしている、さらにはノーベル平和賞について、その他たくさんのことについて痛烈に非難しました。わたしは彼に、あなたを気の毒に思う、と返事を書きました。わたしは本当に心から彼に同情していました。彼がわたしを傷つけるよりもはるかに自分を傷つけていたからです。彼の記事にたいして、今度はたくさんの人が彼に醜い手紙を送ったことでしょう。新聞には、R氏はマザーテレサを「偽善者」と呼んでいる、と書かれていました。わたしは彼に宛てて、神への愛ゆえにあなたをゆるします、そしてシシュ・ババンを見に来てください、と手紙を書きました。わたしからの手紙を受け取ると、彼はいっそういらだち、ますますいろいろと書き立てました。彼がわたしのことを「ミスター」と呼ぶので、彼のことを「ミス」と呼ぼうかと思ったくらいです。彼はまた新聞に書きました。「彼女が不誠実だと言っているのではない。彼女は非常に誠実だ。ただ人びとを間違った方向に導いている。偽善者であることに変わりはない。」シスターの皆さん、わかりますか。わたしたちは受け入れなくてはならないのです。わたしが「神の祝福がありますように。あなたをゆるします」と言ったから、この男性はとても怒ったのです。ですから、シスターの皆さんも、叱られたときにはゆるしてください。そうすればどんな状況にあってもあなたがたは大丈夫です。もしわたしが他の言葉を返していたら、神の愛、神の喜びを与える機会をわたしは失ったことでしょう。わたしたちはどれほどの値を払ってでも、聖なる者とならなくてはなりません。［……］わたしは、あなたがたよりも多くの侮辱を受けてきましたが、それらを美しい機会だと思っています。(32)

わたしは彼にゆるしを請いました

数日まえに、ヒンドゥー教徒の男性がマザーハウスを訪ねて来ました。毎月、彼はたくさんの小さな犠牲を払って、二ドルか二ドル五十セントをため、マザーハウスに持って来てくれていました。少額ですが、この男性は貧しかったのです。父親が亡くなり、彼はとても悲しんでいたのですが、いらなくなった薬をひとまとめにして訪ねて来たのでした。そのときわたしは具合が悪くて、部屋にいました。彼はひとりのシスターから、薬を床の上にただ置いていくように、と伝えられ、非常にショックを受けました。別のシスターがわたしのところに来て、彼がとても気落ちしているので会ってくれるように頼まれました。わたしに会うと彼は「マザー、これまで生きてきて、こんな荒っぽい扱いを受けたことは一度もありません。あのシスターは本当に素っ気なくて、非常に傷つきました。」わたしは両手を合わせ、ゆるしを請いました。わたしたちの家でこのようなことが起きてしまい、とても残念に思っていると伝え、薬を手に取りました。彼はそのシスターが去っていったほうを見つめたまま、繰り返しました。「マザー、申し訳ないけれど、言わずにはいられませんでした。」こういうことがわたしたちの家で起きたのを、わたしは非常に恥じました。その男性は悲しい顔をしたまま帰っていきました。わたしはそのシスターを呼び、諭しました。「あなたがもう少し親切で優しく接していたら、イエスが彼に触れるのを妨げることにはならなかったのですよ。」「マザー、すみませんでした。もうしません」とそのシスターは言いましたが、でもその男性はもう行ってしまい、そのシスターの言葉を聞くことはありません。そのシスターが彼にかけた言葉を取り消すことはできないのです。生涯にわたって、その冷たさが彼のうちから消えることはないでしょう。シスターの皆さん、どうかお願いです。もし怒りっぽい性格なら、それを抑えるようにしてください。[33]

## 人びとの証言によるマザーの行い

### いつでもすぐにゆるされました

マザーは相手が善人でも悪人でも、一人ひとりを皆、受け入れることができました。マザーの誰にたいしても開かれた心、理解のある態度、受け入れてゆるし、そしてよりよい方向へと勇気づける――マザーと一緒であれば、いつもよりよい行いに向けてもう一度試みる勇気が与えられました。それはまさにイエスのみ心のようでした。わたしたちはいつも線を引こうとします――聖ペトロのように七回までと。でもマザーは、いつも七の七十倍なのです。マザーは、このためにたくさん批判を受けてきました。[34]

### イエスを傷つけないでください

マザーテレサは非常に忍耐強く、時折シスターたちからつらく当たられても、いつも「ゆるします。イエスを傷つけないでください」と言っていました。自分が傷つくことよりも、イエスを傷つけることを恐れました。

わたしのことを誤解し多くの苦情があったのですが、マザーはまさにイエスのようにいつでも笑顔ですぐにゆるしてくれました。ただの一度もわたしの気持ちをくじくことはありませんでした。いつもわたしに寄り添い、誰も理解してくれなくてもマザーがいてくれました。心が悲しみでいっぱいのときに、マザーのところに行きます。マザーにじっと見つめられるだけで、悲しみがたちどころにすべて消えていくのです。どんな罪を犯していたとしてもです。心を開くだけで、マザーは、愛といつくしみをもってゆるし、助け、問題を解決してくれました(35)。

＊

もしわたしたちが間違ったことをすれば、マザーのところにいって謝ります。マザーはゆるしてくれた後、すぐに忘れ、二度と再びもち出しませんでした。たとえ同じ過ちを何度繰り返したとしても。マザーはいつでもゆるし、そのことを忘れました。最初のころ、マザーはわたしたちの過ちを正す機会を決して逃しませんでした。ときに、その指摘が厳しいこともありました。マザーはわたしたちが霊的に成長することを望んでいたからです。年月がたつにつれて、マザーは穏やかに正すようになり、ゆるすのも忘れるのもいっそう早くなりました。マザーはいつもわたしたちに言っていました。「イエスを傷つけないで。あなたがたを愛しているのですから。」この言葉はわたしたちにとって大きな助けとなりました。難しい時期には、マザーがさらに熱心に祈っている姿をわたしたちは目にしました。困難な場から去ったり、それを避けてチャペルに祈りにいくことはありませんでした。それどころか、マザーは瞬時に、神と密接に結ばれ、困難を乗り越えました。神から応えられているのがわたしたちにはわかりました。マザーがこの間ずっと神と結ばれ、喜びをもって神のご意思に沿おうとしているのを、わたしたちは感じ取ることができました。マザーとともに暮らすわたしたちは、彼女が深い個人的な愛をもってイエスをどんなときでも慕い続ける姿を見てきました。[36]

### わたしたちが失敗したとき

シスターXは具合がひどく悪く、シスターZとわたしは木製の寝台に座って、シスターXと話をしていました。そこにもうひとりシスターがやってきて寝台に座ったら、寝台が壊れてしまいました。わたしたちは、寝台を壊したことをマザーに言いにいくことを非常に恐れました。そのころ、マザーにはお金がありませんでした。わたしたちが何とか生活していくだけのお金しかなかったのです。ひとりずつマザーのところに行って、自分たちの落ち度について話しました。マザーはわたしたちを叱らず、とても優しく、ただこう言いました。「次からは寝台に座って壊すことのないようになさい。」マザーはわたしたちが間違ったときには正されました。わたしたちが失敗をしたときに、それを白状して謝ったときにはいつも、マザーは広い心でゆるし、理解を示してくれました。(37)

娘よ、どうしたの？

修練生《ノビス》のころ、わたしはマザーを恐れていました。あるとき、わたしは修練長に罰せられ、マザーのところに行くように言われました。マザーのもとに行くと「娘よ、どうしたの？」と尋ねられました。「わたしが宿題をしなかったので、マザーに会いに行くように言われました。」マザーはわたしを叱りませんでした。わたしを祝福してから、「この次からは宿題をするようになさい」とマザーは言ってわたしを返しました。この日から、マザーに抱いていた恐れの感情はまったくなくなりました。マザーが本当に愛情深いことがわかったからです。(38)

わたしはマザーを信頼できました

犯した罪への罪悪感と恥ずかしさを抱え、わたしはつらい時期を過ごしていました。でもマザーが、わたしの秘密を漏らさず、わたしを愛し続け、受け入れ、尊重してくれることはまったく疑っていませんでした。たとえマザーを失望させたとしても、わたしをとがめたり、拒んだり、恥ずかしい思いをさせられることはないとマザーに信頼をおいていました。マザーに洗いざらい話すと、マザーにこのことを他に知っている人がいるのかどうか、尋ねられました。罪の告白を聞いてくださった神父様の他にはいないと伝えました。マザーは、とても温かい目でわたしを見つめました。「イエスはあなたをゆるします。わたしもゆるします。イエスはあなたを愛しています。わたしもあなたを愛しています。イエスはあなたに、あなたの貧しさをお示しになりたかったのですよ。同じ罪を犯したシスターがあなたのもとに来たら、彼女に寄り添ってあげられるでしょう。」わたしは、他の人には話さないでくれるように頼み、マザーも優しく約束してくれました。マザーはわたしにひと言も「どうしてそんなことをしたの？　どうしてそんなことができたの？　恥ずかしくないの？　大変なスキャンダルよ」と問いただしませんでした。「繰り返してはいけませんよ」とすらマザーは言いませんでした。マザーとの面会を思い返し、祈っていたら、いっそう涙があふれてきて、平安と感謝の思いでいっぱいになりました。

翌日、再びマザーを訪ね、彼女の偉大な教えに感謝の気持ちを伝えました。わたしはマザーが尋ねなかったことについてすべて話しました。マザーは喜びで輝いていました。「そう、わたしはそうしようと特に考えていたわけではなくて、そのときに思ったことを伝えただけですよ。」マザーは再び深い愛情を込めて祝福してくださり、わたしは幸せな気持ちで戻りました。(39)

## 放蕩息子を迎える「母」のように

あるとき、わたしたち修練長が集まって、マザーから教えを受けている最中に、ひとりのシスターがノックして、あるシスターが訪ねて来たことを告げました。わたしたちはそのシスターがいろいろと問題を起こしてきたことを知っていて、わたしはマザーがどのような態度をとるのだろうと、見ていました。そのシスターは入ってくるや否や、泣きながらひざまずきました。マザーは深い愛情でもってそのシスターを祝福し、迎え入れたために、そのシスターは言葉もないくらいで、それからマザーはわたしたちに、彼女のためにお茶を持ってくるように言いました。マザーは放蕩息子を迎える「母」のようでした。(40)

## 彼をゆるします

インドでクリストファー・ヒッチェンズの最初のテレビ番組についての放映があり、それを見たわたしは、そのことについてマザーに話しました。マザーの最初の反応には苦悩があったと言わざるをえません。彼女はわたしに言いました。「この国でわたしはこれだけの仕事をしてきました。それなのにわたしを擁護してくれる人は誰もいないのでしょうか。」このとき、何かしなくてはならない、という気持ちがわたしの中で芽生えました。マザーは熱心な祈りをとおして、これを乗り越えました。マザーに会ったときに再びこの話題をもち出すと、彼女は「彼をゆるします」と言いました。彼女はこの出来事をすでに忘れていました。マザーは彼を完全にゆるしたのです。彼が言ったことを、マザーはまるで子どものように、わからないかのようでした。彼女はこのことを乗り越えていたのです。(41)

## わたしたちは間違うことがあります

エチオピアで、わたしたちが留守にしているときに、ある女性がわたしたちの「子どもの家」を訪ね、撮影していきました。それからその女性は、わたしたちの活動をすべて、彼女自身が行っていることとして、テレビで放映しました。わたしたちのもとに人びとから電話がかかってきました。「どういうことなのか。あなたたちは去るのですか？」「いいえ、わたしたちはどこにも行きません。」こうして、その女性がテレビ番組を作成し、自分の活動としたことをわたしたちは知りました。大統領との面会にあたって、マザーが訪ねて来て、わたしたちに言いました。「シスターの皆さん、彼女をゆるしてあげなさい。自分が何をしているのかわかっていないのです。ゆるすことを学ばなければなりません。わたしたちは間違うことがあります。人は間違うものです。」マザーはどんなことでもゆるしました。(42)

## 神はわたしをゆるしてくださった

わたしたちはあるとき、スラムにいた男の人が死にかけているのを見つけました。でもその男の人は非常に苦い思いを抱いていました。彼はカトリックでしたが、誰にも、家族にさえ、会いたがりませんでした。わたしたちは彼と少し話をしようとしました。彼はほほえみ、誰が彼のもとにわたしたちをよこしたのかを、尋ねました。それから、話をする中で、わたしたちは彼にこう伝えました。天国に迎えられるためには、心が澄んでいなければならず、そのためには、誰をも、妻や子どもたちをもゆるさなければならない。なぜなら神がわたしたちの悪行を数え上げることなくゆるしてくださっているのだから、と。彼は、わたしたちの言うことを聞き入れるようにうなずきましたが、ゆるしの秘跡を受けるために司祭に会うのは気が進まないようでした。わたしたちは彼を気の毒に思い、ロザリオの祈りを唱えながら帰りました。わたしたちはマザーに伝えました。「彼はもうじき息を引き取りますが、罪のゆるしを拒んでいます。」「彼はいくつくらいなの？」「四十五歳くらいです。」「それでは聖母にロザリオの祈りを四十五回ささげましょう。彼が神と和解することを受け入れるように」とマザーはわたしたちに告げました。そこで、四十五回のロザリオの祈りを、わたしたち三人とマザーで分けもちました。

翌日、聖母にお約束した四十五回のロザリオの祈りを唱え終わると、わたしたちはマザーから、再びその男の人を訪ねるように言われました。すると彼は、神と和解したい、もう長いことゆるしの秘跡を受けていない、と言ってくれました。修道院に帰る途中、わたしたちは聖テレサ教会に寄って、神父様にその男の人の名前と病院を記した小さなメモを残しました。二日後にまたその男の人を訪ねると、とても幸せそうでした。彼はわたしたちに、家族を連れてきてくれるように頼みました。「神はわたしをゆるしてくださった。わたしも家族を心からゆるしたい。」わたしたちは喜びに満たされて帰り、マザーに伝えました。わたしたちはともに、この死期が近づいた男性に平安をもたらしてくださった聖母のすばらしい賜物《たまもの》に感謝をささげました。(43)

## もしわたしたちが彼らと同じ状況におかれていたら

ホームの創設のために、マザーがアルバニアじゅうの各地を視察したいと望んだので、わたしたちはよく車で移動していました。道路沿いにはしばしば、マザーに会おうとしてたくさんの人が集まっていました。誰もが、マザーを「自分たちの母」と思っていました。村中の人びとがマザーに会うために出てくることがありました。マザーは車を止め、村人たちとともに祈り、彼らにメダイを渡しました。彼らが「マザー、万歳！」等々と叫んでいるとき、マザーは小さく、静かに落ちついたままでした。あるいは道端で、たったひとりが、車の助手席に座っているマザーに気づいて手を振ると、マザーは車を止めるように言って、いつもと変わらない愛をもって、挨援しました。マザーは誰をも決して拒みませんでした。わたしたちがアルバニアで見られる盗みや不正についてマザーに話すと「もしわたしたちが彼らと同じ状況におかれていたら、もっと悪いことをしていたでしょう」と言われました。(44)

## 自らを省みる

「だから、あなたが祭壇に供え物をささげようとし、兄弟が自分に反感をもっているのをそこで思い出したなら、その供え物を祭壇の前に置き、まず行って兄弟と仲直りをし、それから帰って来て、供え物をささげなさい。」（マタイ5・23〜24）

「シスターの皆さん、人をゆるすために、ゆるしを受けなさい。(45)」

「誰かがあなたにけんかをしかけてきても、その人をゆるし、相手にわだかまりをもち続けてはなりません。互いに愛し合いなさい、とイエスはわたしたちに言われました。(46)」

ゆるしとあわれみを必要とする罪びととして神のみ前に立っていることに、わたしは気づいているだろうか。神がわたしをゆるし、わたしが他の人をゆるすように呼びかけられていることをわかっているだろうか。

わたしの人生を通じて、わだかまりをもち続け、ゆるせないでいる人が、わたしにいるだろうか。

わたしは、少しの侮辱を大げさなものにしてしまってはいないだろうか。また、ささいなことのために、家族や友人との関わりを断ってはいないだろうか。ときには、何が本当に問題だったのかすら忘れてしまっているのに（あるいは今振り返ってみれば、当時考えていたほど重大な問題ではなかったことに気づいたり）、その人との関係が壊れていたり、損なわれていたりして、二人の間は修復が不可能なほどになってしまっていたりする。和解にいたる道はないのだろうか。二人の間の溝を埋め（たとえば、メッセージを送ったり、食事に誘って、何年かまえに起こったことについて話す）、再び関係を築くために、わたしに何ができるだろうか。傷つけられた相手に、わたしは親切にできるだろうか。

人からひどく侮辱され、わたしがまだ根にもち、ゆるせないでいるとき、ゆるしに向かって歩んでいけるように、具体的に何がわたしにできるだろうか。少なくとも、ゆるせるようにお恵みを求めて祈る、あるいはわたしを傷つけた人のために祈ることができるだろうか。

# 祈り

ああ、イエス！
わたしの思惟《しい》や感情の中心にあなたがおられ、
語るときには、あなたについて語り、
あなたがわたしの行いの目的となり、
わたしの生き方の模範となり、
臨終のときに寄り添ってくださいますように。
そして天の国で永遠の報いが与えられますように。
アーメン。

神の愛の宣教者会祈祷書より
（マザーテレサの日ごとの祈り）

# 13 悲しみのうちにある人を慰める

イエスのご受難と呼応する詩編の言葉「慰めてくれる人も見いだせません」（詩編69・21）をマザーテレサはたびたび引用した。彼女はいつもシスターたちをこう励ました。「『わたしがそのひとりになります』、とイエスに伝えてください。わたしがイエスをお慰めし、力づけ、愛します、と。イエスとともにあってください。イエスは力尽きるまで祈り、その後、慰めを求めたとき、誰もいなかったのです。イエスと分かち合い、イエスを慰め、力づけるひとりとなってください。」イエスをお慰めしたい、その一心で、マザーテレサは慰めを得られないでいる人びとを力づけることに心を注いだ。悩み苦しむ一人ひとりのうちに、彼女は慰めを求める、苦しみ痛む姿となられたイエスを見いだしたのだった。

マザーテレサは意志が強く、優れた決断力をもつその一方で、思いやり深く、他者の痛みや苦しみに心を痛めた。わたしたちはしばしば、自分もしくは身近な人が激しい苦悩に直面したとき、「自分を守り」、深入りしないために、心を「かたくな」にし閉ざそうとする。この方法が効果的で、当然だとしても、心を閉ざしてしまったら、わたしたちは痛みを抱える人びとに向かう神のみ心の働きを映し返せなくなってしまう。マザーテレサは、神のみ心を映し返すことを望んだのだった。

マザーテレサが、人びとの心に届く、非常に深い部分で慰めを与えられたのは、彼女が一人ひとりの苦しみに深く心を揺さぶられてきたからだった。慰めを得ようと人びとがそれぞれの苦しみを抱えてマザーテレサを訪ねると、彼女はいつでもすぐに励ましの言葉をかけ、ほほえみ、ときには祈りの約束だけのこともあった。人びとはそれに励まされ、新たな希望を抱いて、よりよい未来を思い描きながら帰っていった。それは、マザーの、非常に簡潔で控えめな言葉の力によるものというよりは、むしろ、痛みを抱える人びととの直接的な心の触れ合いをとおして真に共感したことが大きい。彼女は人びとの苦痛に分け入ることで、いつも言っていたように「傷つくまで愛する」ことができた。

ロレットの聖母マリアへの連祷の中で、聖マリアは「悲しむ人の慰め」という称号が与えられている。マザーテレサは「聖母のこのうえなく美しく、清らかで、無垢な心をわたしたちにお与えください」と聖母マリアに日々の祈りをささげ、そして、身体もしくは心に痛みを抱える人びとをあわれみ、愛の心から救いの手を差し伸べ、慰めることを聖マリアのもとで学んだのだった。

## マザーテレサの言葉

自分自身と向き合ってください。あなたがたはイエスを本当に愛していますか。わたしはイエスを慰めるひとりとなれているでしょうか？　あなたがたは皆、「慰めてくれる人も見いだせません」と書かれたご受難のキリストの絵を見ています。わたしはそれに「そのひとりとなります」と書き添えました。皆さんは本当にそのひとりになることができていますか。イエスは本当にあなたがたから慰めを得ることができますか？　とりわけ罪悪が吹き荒れる現代において、イエスに信頼していただける、そのひとりとなることができていますか？　わたしたちは、イエスにとって、慰め、癒やしとなることができているでしょうか？(1)

## イエスを苦しむ人びとのもとにお連れする

わたしたちの飢えを満たすためにパンとなられたイエスはまた、裸の人、ホームレス、孤独で誰からも望まれない人、ハンセン病患者、酔いどれ、薬物依存者、あるいは娼婦となられました。イエスがわたしたちに求める愛、その飢えを満たして差しあげるために、わたしたちはこの人びとを愛するのです。このように苦しむ人びとのもとにイエスの現存をもたらすことによって、わたしたちは世界の真っただ中で観想する者となります。

＊

人びとは霊的な支え、慰めを求めています。人びとは非常に不安で、希望を見いだせず、絶望しています。本当にたくさんの人が自殺しています。ですからわたしたちは、言葉によってではなく、奉仕によって、具体的な愛の行い、人びととの話に耳を傾けることによって神の愛、神の現存となるように力を尽くさなければなりません。(2)

## 愛に触れる最初で最後の機会

ニルマル・ヒルダイ――苦しむキリストの生ける聖櫃《せいひつ》――では、傷ついた体に触れるために、あなたがたの手はどれほど清くなくてはならないことでしょう。慰め、信仰、愛の言葉を語るために、あなたがたの舌はどれほど清くないといけないでしょう。なぜなら、彼らの多くは初めて愛に触れ、おそらくそれが最後となるからです。もしイエスの言われた「あなたはそれをわたしにしてくれた」を本当に信じるなら、どれほどあなたがたはイエスの現存に敏感でいないといけないことでしょう。(3)

## わたしの兄弟姉妹

キリストは「わたしがあなたがたを愛したように、愛し合いなさい」と幾度も言われました。イエスがどれほどわたしたちを愛してくださったか、わたしたちは知っています。イエスはわたしたちへの愛ゆえにすべてを与えてくださいましたが、それはわたしたちが、イエスのように他者を、とりわけ何一つ持たない、誰ひとり友のいない人を愛するためです。［……］大勢の人びとがさまざまなかたちの貧しさ、霊的な貧しさに苦しんでいます。誰からも見放され、望まれず、愛されず、世話をしてもらえないのです。あなたとわたしは、愛し愛されるために、すばらしいことのために創られたとわたしは思っています。わたしたちはこの世界において単なる数ではありません。神の子です。そして苦しんでいる人は、わたしの兄弟姉妹です。イエスがお互いに愛し合うようにとあれほど強く求められたのもそのためです。(4)

## 親切でありなさい

シスターの皆さん、あなたがたやわたしは、遣わされたのです。宣教者とは遣わされた者ですが、何のためにわたしたちは遣わされたのでしょうか？　愛のためです。愛の宣教者とはどのような人でしょうか？　神の愛の運び手です。イスラム教徒たちはなんて美しい名称をシスターたちにつけたことでしょう。インドの人びとは、シスターたちを「神の愛の宣教者」ではなく「神の愛の運び手」と呼んでいます。とても美しい呼び方です。(5)

＊

貧しい人びとは、貧しくなる一方です。シスターの皆さん、どうかお願いです。この人びとに親切にしてください。貧しい人びとの慰めとなり、彼らを助けるためにあらゆる労を惜しまないでください。貧しい人びとが必要としていることに目を向けてください。貧しい人に、苦しみ痛む姿となられたイエスに、心を尽くして奉仕し、立てた誓願を生きたものとしてください。(6)

＊

キリストの真の共労者になってください。イエスの命を輝かせ、生きてください。病に伏せている人の慰めの天使に、幼い子らの友となり、神があなたがた一人ひとりを特別な、大いなる愛で愛してくださっているように、互いを大切にしてください。互いに親切でありなさい。わたしは、不親切のうちに奇跡を起こすよりも優しさのうちに間違うほうを選びます。(7)

互いにほほえみましょう

今日において、路上で飢えや寒さによって亡くなる物質的な貧しさのほかに、望まれず、愛されず、世話をしてもらえず、親しい人が誰もおらず、ほほえみかける相手もいないという大変な貧しさが見られます。時折、お年寄りに見られることで、わたしたちは「閉鎖」と呼んでいます。彼らは誰からも気にかけてもらえず、ただそこにいて、部屋の番号で覚えられているだけで、愛され、奉仕される人として認められていません。知ることで愛が育まれ、愛から奉仕へと

導かれます。わたしたちはこのことを本当にわかっているでしょうか。(8)

## 苦しみを癒やす

医療に携わる皆さんは、痛みを訴える人びとを相手にしています。彼らは、大変な痛み、苦しみを抱えながら皆さんのところに来て、きっとどうにかしてくれるだろう、何か対処してくれるだろう、そうしたら痛みが消えるだろう、という喜びを胸に、大いに期待してやってきます。ですが、もし彼らが、その期待を裏切られることを恐れ、不安な気持ちで医者を訪ねるなら、なんて恐ろしいことでしょう。医師と看護師からなる一団が結成され、わたしを訪ねて来てこう言いました。「わたしたちの人生が、仕事が、神聖なものとなるように、聖なるものとなるように、どうかお導きください。神のために何か美しいことをしたいのです。」この医師たちには、自分たちの仕事である医療行為をとおして、傷を治療し、苦痛を癒やし、喜びを与えたいという意思が見られました。(9)

＊

苦しみと痛みは、神がご自身のご受難を分かち合えるほどに、神に近づいたという、その人個人に与えられたしるしです。受け入れるのはときに難しく、こうしたときにこそわたしたちは人びとに寄り添い、起きていることを受け入れられるように支えていかなければなりません。わたしはよくいうのですが、人びとの苦しみを分かち合い、その苦しみを神にささげる人たちがいなかったら、世界はどうなってしまうでしょう。(10)

＊

激しい痛みに苦しんでいたある女性をわたしは決して忘れないでしょう。これほどの痛みに耐えている人を見たことがありませんでした。末期のがんで、ひどい痛みがありました。わたしは彼女に言いました。「イエスからの接吻ですよ。イエスがあなたに接吻できるほど、あなたは十字架のキリストのすぐおそばにまで来たというしるしですよ。」彼女は手を合わせて言いました。「マザー、どうかわたしに接吻するのをやめてくださるようにイエスに言ってください。(11)」

## 思いっきり好きなだけおしゃべりをしてもらいます

イギリスで、わたしは、お年寄りの話を傾聴する小さなグループをつくりました。お年寄りの家を訪ね、ただ座って話を聴くのです。そして思いっきり好きなだけおしゃべりをしてもらいます。話を聴きにいく相手がたったひとりのときには、その人のところにいきます。お年寄りは話を聴いてくれる人がいると、たとえ三十年まえの話をするにしても、とても喜びます。傾聴は価値あることで、とても美しいことです。［……］こうしたお年寄りの家を訪ねるようになったら、ちょっとしたことで相手が喜び、その小さなことなら自分にもできることに、すぐ気づくでしょう。［……］一回訪ねて、見てみれば、お年寄りが必要としているものがわかるでしょう。それは本であったり、カードだったり、あるいは率直な触れ合いを求めているのかもしれません。(12)

### 母にとって、ぼくはいないほうがいいんだ

イギリスで出会った青年をわたしは決して忘れないでしょう。わたしは彼をロンドンの路上で見つけました。長い髪をした青年に、わたしは言いました。「ここにいてはだめよ。親のいる家に帰りなさい。」彼はまだ二十二、三歳でした。

すると青年は言いました。「母はぼくのことが嫌なんだ。家に帰るたびに、母は、髪を伸ばしているからといってぼくを追い出す。母にとってぼくはいないほうがいいし、ぼくは髪を切りたくない。」母親に追い出された彼は路上で暮らすことにしました。善良な母親が、インドで飢えている人びとを気にかけたり、周囲の人びとのために奉仕できても自分の子どもにはできない、ということも十分あることです。わたしたちが戻ってきたとき、その青年は地面に倒れていました。大量に薬を飲んだのです。わたしたちは彼を病院に連れていきました。彼がどの程度薬を飲んだのかわからないので、彼が助かったかどうかは知りません。再び息子と対面したとき、母親

はどんな反応をするのでしょう。「ぼくがいないほうがいい。」お互いが必要な存在であることに気づくことから始めましょう。[13]

## 彼らには誰ひとりいないのです

今、ニューヨークでシスターたちは、何か所もの場所で活動していますが、あるところには、わたしたちがカルカッタの路上から連れて帰るような人びとよりも、さらに見過ごされている人びとがいます。［……］シスターたちは一週間に一回ここに通って、爪を切ったり、洗い物をしたり、食べさせたり、着替えさせたり、ベッドを整えたり、とささやかな奉仕をしています。［……］以前に行ったときに、悲惨に感じたのですが、それからさらに事態は格段に悪くなっています。誰に連絡を取ればわたしたちが毎日訪問する許可を得られるのか、探し当てようとしているところです。［……］皆さんもこうした人びと、とりわけ閉じこもっている人びとを見いだすでしょう。こうした人びとはいたるところにいます。本当にどこにでも。病院には、誰もお見舞いにこない人がいます。彼らには誰ひとりいないのです。ここの男性のように、他に誰もいないために、口をすすぐためだけに、シスターを待ち続ける人もいます。一週間もの間、誰も口をすすぐのに必要なものを渡してあげなかったからです。翌週、シスターたちが訪ねたときには、その男性はすでに亡くなっていました。[14]

## 多くの孤独な人びとを慰めてください

裕福な人がわたしに「オランダに大きな屋敷があります。それを人に譲ったほうがいいでしょうか」と尋ねました。「いいえ、あなたがお屋敷に帰って、そして人びとを訪ねてほしい、とわたしは思っています。あなたはそのお屋敷で暮らしたいですか。」「はい。立派な車もあります。それならその車を手放したらいいですか?」「いいえ。それよりもあなたは国に帰って、オランダにいる多くの孤独な人びとを訪ねてください。そして時折、何人かを招き、もてなしてほしいのです。あなたの立派な車に乗せて、美しいお屋敷で楽しいひとときを過ごしてほしいのです。そうすればあなたのお屋敷は、光と喜びと命に満ちた愛の中心地になるでしょう。」彼は笑顔になり、人びとを喜んで家に招くけれども、何かを犠牲にささげたかったのだと言いました。そこでわたしは提案しました。「新しいスーツや服を買うとき、あるいは誰かがあなたのために買いに行くとき、最高級の五十五ドルのものではなく、五十ドルのものにしてください。そしてその差額を誰か他の人のために、できれば貧しい人のために使ってください。」わたしが話し終えると、彼は非常に驚いた様子でした。「ああ、マザー、そのようにするのですね? 思いもよらなかったです。」しばらくして彼が立ち去るとき、シスターたちを支援できるという思いから、とても幸せそうで喜びで満たされていました。そしてタンザニアにいるシスターたちに支援物資を送る計画をすでに立てていました。

## 慰めの言葉

神戸での大地震を知ってすぐに、わたしはシスターたちを派遣することを大司教に連絡しました。六人のシスターが、とりわけお年寄りに、神の愛とあわれみをもたらすために現地に向かいました。彼女たちは、五千人以上の犠牲者が出た街の通りを歩きながら、慰めと希望と励ましの言葉をかけ、同時に必要としている人びとに物資を届けました。神戸の人びとのために、そして自然災害や戦争、暴力で苦しむすべての人びとのために、祈りましょう。彼らの痛みや苦しみをイエスの苦しみと一つにすることで、彼らが力と癒やしを得られるように。[15]

## イエスの痛みを分かち合う喜び

あなたは神の栄光と貧しい人のためにすでに多くのことをなし、そして今も続けています。ですから恐れないでください。十字架はイエスの大いなる愛のしるしです。ご自分の苦しみと屈辱をともに分かち合う喜びをイエスはあなたにくださいました。[……]より大きな愛にいたる手段そのものなのです。[16]

あなたの内で、イエスにいけにえとして生きていただけますように

あなたはイエスに「はい」と言い、イエスはその言葉を受け取られました。［……］神はすでに満ちているものを満たすことはできません。神が満たすことができるのは空っぽで、かぎりない貧しさだけです。あなたの「はい」は、あなたが空っぽになり始める、なってゆく、ということです。わたしたちが与えるためにどれだけ「持っている」かではなく、むしろわたしたちの生をイエスで満たし、わたしたちの内でイエスがご自身の命を生かしていただけるように、わたしたちがどれほど空っぽであるかが、問われます。

あなたの内で今日、イエスは御父へのまったき従順を再び生きることを望まれています。そのようにさせてあげてください。イエスがあなたの内でこれでよいと思っておられるなら、あなたがどう感じるかは問題ではありません。自分自身を見つめないで、自分には何もなく、何者でもなく、何もできないことをこそ喜んでください。自分には何も無いと恐れるときにはいつも、イエスに心からのほほえみを向けましょう。

これがイエスの貧しさです。あなたやわたしは、イエスがわたしたちの内で、そしてわたしたちをとおしてこの世界で生きていただけるようにしなければなりません。全面的に聖母にすがりましょう。聖母もまた、恵みに満たされるまえ、イエスを授かるまえに闇を経験されました。

「どうしてそのようなことがありえましょうか。」でも「はい」と応えたときから、ヨハネとその家族にイエスを与えるために急いで出かけていったのでした。

イエスを人びとに与え続けてください。言葉ではなく、行いによって、イエスを愛するあなたをとおして、行く先々で、イエスの聖性を輝かせ、イエスの愛の芳香を広めてください。

イエスの喜びこそ、あなたの力の源であり続けますように。幸せで、心が平和でありますように。イエスが与えてくださるものは何でも受け取り、取り去られるものは何でも心からのほほえみで差し出してください。

あなたは主のものです。主に申しあげてください。「わたしは主のものです。わたしを切り刻んでください。その一つ一つは主よ、すべてあなたのものです」と。あなたの内で、いけにえとして、司祭として、イエスに生きていただきましょう。[17]

＊

聖母マリアが、十字架のもとでイエスのおそばにいらしたように、あなたのそばにいてくださるようにお祈りいたします。聖母に何でも打ち明けて、あなたの「母」となってくださるように祈ってください。[18]

イエスがわたしたちとともにおられるなら、わたしたちはすべてを手にしています

お二人からの歓迎の手紙を読み、喜ぶと同時に悲しくもなりました。喜びは、あなたがたがお元気そうで、大きな被害を、キリストのような勇気をもって、受け入れられたことです。本当にお二人を誇りに思います。そして奪われてしまったものについては残念に思っています。おそらく主はあなたがたを自由にするために、十字架の道行きの十留――「彼らはイエスの服を脱がせた」を分かち合ってもらうためになさったのだと思います。あなたがたはまったく同じことをされたのです。ゆるし、忘れ、ほほえんでください。彼らが家に侵入したとき留守にしていたことを、神に感謝しましょう。あなたがたの身に危険が及んだかもしれないのですから。お二人の気持ちはわかりますが、でもあなたがたはともに若く、力があります。また家財をそろえることはできるでしょう。そのときには、バチカン公会議の精神にのっとって、神の住まう神殿にふさわしいように美しく行ってください。わたしたちはここで、キリストの受難を分かち合っています。飢餓、洪水、病、不安――大変な苦しみと不和が見られます。人びとがこれほど苦しむのを見ていると、大変な痛みを覚えます。戦争中の国々ではさらに苦しみが大きいですが、そこに教会があるとき、わたしはしばしばこう言います。「神に感謝。そこにわたしたちを抱く神がおられる」と。わたしたちのホームは、見捨てられた子どもたち、病人、死にゆく人びと、誰からも

望まれないお年寄りでいっぱいです。それでもわたしたちは、神にすべてをゆだね、笑顔を絶やさず隣人を――それが誰であろうと、愛をもって信頼しています。神は、決して消えることのない光、決して間違うことのない道、必ず勝利する真理、死に絶えることのない命です。イエスがわたしたちとともにおられるなら、わたしたちはすべてを手にしているのです。ですから笑顔でイエスのおそばにとどまるようにしましょう。[19]

## 苦しみは最高の富

あなたの人生に訪れた苦しみを、真の聖性にいたる手段へと用いることができるようにと、あなたのために、つねにお祈りしています。神があなたを愛し、あなたの内で息づき、そしてあなたが神からの贈り物として苦しみを受け入れることができるようになったお恵みに感謝しましょう。苦しいでしょう、でも十字架の木も重かったはずです。他の人にできることが自分にできないからといって、自分の人生が無駄だとは決して思わないでください。十字架のキリストと聖母の苦しみ、そして多くのキリスト教徒の苦しみは、世界全体にとって最高の富です。あなたもまたこの富を築いているひとりです。あなたの内でイエスに十全に生きていただき、そしてあなたと分かち合っている受難が、あなたへのいつくしみ深い愛のしるしとなりますように。修道会のために笑顔ですべてをささげてください。[20]

## 哀悼の言葉

あなたのお父様は、イエス――最初にお父様を愛され、生命へと招き入れられたかた――のおられる天に帰られました。今、お父様はイエスとともにおられ、そしてイエスはあなたの心の中におられるのですから、お父様もあなたの心の中にいらして、今まで以上にあなたのそばにいて、あなたのために祈り、見守っています。この思いが、悲しみの内にあるあなたにとって慰めとなりますように。このところわたしは、あなたのお母様のために特別にお祈りをしています。(21)

＊

お手紙と、そして、あなたの甥御《おいご》さんが亡くなられた悲しみを分かち合ってくださったことに感謝いたします。お兄様ご夫妻に心からの哀悼の想いをささげ、主がお二人を慰め、力づけてくださるようにお祈りいたします、とご夫妻にお伝えください。甥御さんが死を迎える三日まえに、元気で幸せなお姿を皆様ごらんになっていただけに、ご家族一同にとって大きな衝撃だったことでしょう。愛に満ちた父であられる神、わたしたちを知り、愛し、わたしたちにとって最もよきことをご存じの神は、ご自分のために天に甥御さんを迎えられました。彼は今、天国で神がわたしたちに与えようとなさっている命を十全に生きています。息子さんが罪のうちに亡くなったのではなく、神の愛とあわれみによって天国で十全に生きていると思うことは、ご両親にとって慰めとなり、喜びでしょう。そして神は、ご自身が決められたときに、息子の愛する両親へのとりなしによって、ご両親をご自分の近くに迎えられるでしょう。あなたがご両親のそばにいて、キリスト教徒として慰め、力となっていることをうれしく思っています。神は、ご自身の決められたときに、ご両親の痛みを癒やし、よきものをそっと引き出されるでしょう。(22)

＊

あなたのご姉妹がお亡くなりになったと伺い悲しみを深くしています。神の栄光にあずからせていただけるように、彼女のために祈りましょう。イエスのもとに帰り、今はこれまで以上にあなたのそばにおられることを知って、あなたがこの喪失を勇気をもって、喜びすら抱きながら受け入れられるように、神があなたにお恵みを与えられるよう、あなたのために祈っています。ご姉妹の看病をする機会が与えられたことを、神に感謝しましょう。神はあなたを、ご家族や他の人たち、特に孤独な人、望まれない人のために、お使いになりたいのです。愛するために、神にあなたの心を差し出してください。(23)

＊

ご姉妹が突然亡くなられたことを伺い悲しみを深くしています。でも、ご姉妹はイエスのもとに帰られ、今はイエスとともに天国におられるのですから、あなたがその死を喜びをもって受け入れられるように、あなたの信仰が助けとなることを、わたしは確信しています。天国でご姉妹は皆様のために、祈っておられることでしょう。今、彼女はイエスとともにあって、イエスはあなたの心の中にいらっしゃるのですから、彼女もまた、今まで以上にあなたのそばにおられます。(24)

## 人びとの証言によるマザーの行い

### マザーテレサはどんな人の話にも耳を傾けました

わたしはマザーハウスで玄関番をしていました。訪問者があると、わたしはマザーの部屋に行って名刺を渡したりしました。毎回、マザーは祝福してくださり、すぐに立ち上がってチャペルのベランダか階下の談話室に行って、人びとと会いました。訪ねてきた人が誰であっても、裕福であっても貧しくても、すべての人に会っていました。マザーはどんな人の話にも耳を傾けました。中には、マザーの足に触れたり、祝福を受けたり、ダルシャン（聖なる人物と対面すること）だけで帰っていく人もいました。皆、幸せそうにほほえみながら帰っていくのです。マザーはよく人びととともに祈りました。問題や悩みを抱えている人を連れてチャペルに向かい、彼らのために祈りをささげました。

＊

マザーはいつも人びとに不思議のメダイと「名刺」を渡していました。マザーはこうした単純な方法を用いいましたが、人びとは感激しました。またこれによって多くの人びとが癒やされました。マザーがイエスに満たされ、主の平和を輝かせ、悩みを抱えた人びとに届けたからです。

＊

マザーは彼のそばに座り、耳を傾け、励ましました。マザーは、相手のうちに二十四時間イエスを見ていました。鼻水を垂らし、目の病気を患う裸の子どもたちにも、世界中から、ときには遠方からマザーを訪ねてくる大勢のよい身なりをした裕福な人にも。マザーの輝くような笑顔は皆の心を明るく照らし、存在の奥深くでそっとイエスに触れたことで泣く人もいれば、内なる喜びがあふれ出す経験をする人びともいました。(25)

＊

兄を失ったとき、わたしはマザーに祝福を願いにいきました。マザーはわたしを祝福し、抱擁してくださいました。そして「娘よ、イエスはあなたをとても愛しているので、あなたと分かち合っていますよ」とマザーは愛を込めておっしゃいました。マザーの優しいまなざしにとても心打たれました。わたしは心の底から慰められ、前に進む勇気と力を得ました。(26)

## 再び平安を見いだす

わたしはしばしばマザーの仕事部屋の前のベンチに座って、仕事上の悩みや、信仰を実践しない子どもたち、カトリックではない夫をめぐる不満についてマザーに聞いていただきました。マザーは、わたしよりもイエスのほうが子どもたちや夫のことを愛していて、イエスが彼らの面倒を見てくださる、とわたしを安心させるように言ってくださいました。わたしの手をとってロザリオをくださり、毎日ロザリオの祈りを唱えて、聖母マリアに彼らのためにおとりなしをお願いすれば、家族が神のもとに戻るだろうとおっしゃいました。わたしの聖母への信心が十分とは言えなかったのですが、それでもひとりの子どもは、信仰を取り戻し実践するようになり、夫は、彼になじみのなかった祈りや神の彼への愛について、尋ねてくるようになりました。(27)

＊

マザーがティタガールを訪問していたときのことです。そこにいたハンセン病患者は、自身も病気のために体が変形していましたが、他の患者に包帯を巻いたり、食べさせたり、薬を飲ませたりしてシスターたちを手伝っていました。シスターたちと一緒にいるためでした。そのうち彼は目が見えなくなり、手足の指を完全に失いました。彼はマザーのそばに来て、泣き出しました。「ぼくは目が見えなくなってしまったから、もうマザーの姿を見ることができません。手伝えなくなってしまって、ぼくはもう役に立たない。」マザーはおっしゃいました。「ああ息子よ、悲しまないで。もう少ししたらわたしたちは皆、向こう側に、神の家に帰るのですから。すべてが新しくなるわよ！　新たな目に新たな手、すべてが新しくなるのよ！　わたしたちをこれほど愛してくださっている神さまを見れます！」「マザー、それはいつのことですか？　祈ってください！　ぼくはすぐに行きたいのです！」マザーはこうして人びとに新しい生への希望を授けられ、人びとを苦悩のうちに放っておかれませんでした。このときから、彼は嘆かなくなり、神のもとに帰る日を、幸せいっぱいに待ちました。(28)

＊

亡くなった人の家族がマザーを訪ねると、わたしたちは神から来て、神のもとに帰るのですよ、と慰めていました。(29)

## 絶対的に愛されていると感じました

インタビューをやり直すことをマザーに断られました。うまくいかなかったのなら、それは神のみ旨にかなっていなかったから、と言われました。彼女に断られ、落胆していました。そのとき、マザーも同じように感じていたらしく、わたしのサングラスを外し、「よく眠れていないのね」と言いました。さりげない言葉でしたが、マザーから大変なエネルギーが発せられていました。時間が止まったかのようでした。胸の中で心が高鳴っていました。マザーから強大な愛がわたしに流れ込み、またマザーに戻っていくように感じました。両親や親友、恋人から、長い間待ち望み、このときまで決して経験することのなかった愛でした。高揚し、覚醒状態にあったこのとき、突然、神は存在し、神はこうした愛であり、そしてマザーテレサはこの愛への回路だということがわかりました。

わたしは完全に理解され、愛されていると感じました。わたしは何も言わなかったのですが、マザーはこの瞬間をとらえました。まるでわたしの心を読んだかのように「神に感謝いたしましょう」と言って、ベルトからロザリオを取り外し、祈り始めました。十四年間も祈ってこなかったわたしが、ひざまずいてマザーとともにロザリオの祈りを唱えているとき、涙が再び頬をつたってきました。(30)

## あなたの息子の内におられるイエスを見てください

ある日、若いお父さんが、二歳の男の子を連れてマザーハウスを訪ね、マザーにダルシャン（聖なる人物と対面すること）を求めました。その男性はやがて共労者になりました。マザーハウスでの会話はとても心打つものがありました。この会話がなされた後すぐにわたしは書き留めました。以下のとおりです。

若者　マザー、これがわたしの息子です（子どもを示しながら）。この子の母親はとても気まぐれなのです。ときどき、この子をかわいがるのですが、それ以外はほとんど世話をせず、放っておきます。わたしには仕事があります。それでもわたしが子守をし、食べさせ、一日中子どもの面倒を見ないといけません。ときには子どもに本当に手を焼きます！　どうしたらよいのでしょう？

マザー　お子さんの面倒を見るとき、こう祈ってください。「主よ、息子に姿を変えられた主よ、どうか今もとこしえにわたしとともにあってください。主よ、感謝いたします。わたしがあなたの息子であるように、わたしの息子となってくださったことを。主よ、感謝いたします。あなたがわたしたち皆に仕えてくださったように、あなたに仕えることができることを。主よ、感謝いたします。あなたがわたしたち皆を愛するように、あなたを愛することができることを。主よ、感謝いたします。わたしがいつもあなたにお頼りするように、今日あなたがわたしを頼られることを。主よ、感謝いたします。眠いときにわたしに抱っこさせてくださることに。わたしもまたいつまでもあなたのもとで休みます。主よ、感謝いたします。わたしの手を握ってくださることに。主がわたしとともにおられることがわかりますから。主よ、感謝いたします。わたしたちがあなたに養われているように、あなたが食事をねだってくださることを。主よ、感謝いたします。あなたが子どもを育ててくださる間、わたしは主に頼れることをわかっているのですから。主よ、こんなにすばらしくわたしの息子として来てくださったことに感謝いたします。」

マザーがこう祈っている間、男の子のお父さんはすすり泣いていましたが、しばらくして平和をたたえた表情で帰っていきました(31)。

## 最も愛されていない人を見つける

マザーが貧しい人びとと接しているのを見ていて心打たれるのは、群衆の中で最も貧しく、最も汚い身なりの人にまず目を向けて、いちばんに温かい言葉をかけることでした(32)。

＊

メキシコのティファアナの神学校に司祭たちを訪問していました。すぐ隣にスラムが広がっていて、あばら家では、十から十二人の家族が一間で暮らしていました。マザーは道の反対側に、傾斜の急な長い坂の上で、老女が小屋の前で座っているのに気づきました。ある午後、マザーはわたしを見ながら言いました。「この丘を登ります。あの年老いた女性に会いにいかなければ。彼女には誰ひとりいないのですから。」わたしたちは丘を登りました。老女のところまでたどり着くと、彼女はマザーから目が離せないようでした。老女は顔を輝かせました。初めて誰かと話をしているのです。マザーは彼女の手を取って、優しく話しかけました。帰る時間になると、彼女はマザーを呼んで、尋ねました。「あなたの名前は?」マザーが誰なのか、彼女にはまったくわかっていませんでしたが、マザーの精神に完全にのまれていました。マザーは「わたしの名前はマザーテレサです。」「どこから来たの?」と老女が尋ねると、「ああ、カルカッタからですよ」と答え、それからわたしたちは帰りました。マザーは少しも動じず、何も言わなかったのです。[33]

＊

あるとき、マザーとわたしは歩道で迎えの車を待っていました。大勢の人が行き来するなか、マザーは歩道の段差を上がれずにいる男性に気づきました。マザーにはもう力は残っていなかったのですが、彼が上がれるように、手を貸しました。わたし自身を含めて、周囲の誰も、その男性が困っていることに気づかなかったのです。[34]

## 努めてイエスを見つけましょう

あるとき誓願式で、マザーは人込みの中に、泣いているひとりの女性に気づきました。マザーはその女性を呼び寄せ、話を聞くと、彼女が以前中絶をしていたことがわかりました。マザーはすぐに司祭を呼んで、夫婦で告白できるように手助けしました。後に、マザーはわたしたちにおっしゃいました。「シスターの皆さん、わたしには見えて、あなたがたに見えないのはなぜでしょう？　人びとの内にイエスを見つけるように努めてください。[35]」

## こんにちは、わたしの名前はマザーテレサです

空港でマザーは、シスターたちとラウンジで話をしていました。中年の女性がマザーを素通りして、ラウンジの奥に向かい、雑誌を広げました。その様子をすべて見ていたわたしは、非常に不思議に感じました。空港の外では、誰もがマザーに触れようとしていて、この女性はマザーに触れることができるのに、マザーを素通りして、そのことにすら気づいていないのです。わたし

は女性の空虚で、悲しみをたたえた表情にも衝撃を受けました。顔にまるで血の気が見られませんでした。待合室接客係が数分後に「マザー、準備が整いました」と知らせに来たので、シスターたちが「アッチャー（オーケー）」と返事をして、わたしたちは立ち上がりました。「……」マザーが最後尾にいて、わたしは、マザーの後ろにつきました。ラウンジを出ようとしたときに、マザーはわたしの手をとって「神父様、わたしと来てください」と言って、ラウンジの奥にいるその女性のところへまっすぐ向かいました。

「神の愛の宣教者会」のシスターたちが大勢いる中で、なぜマザーがその女性に気づいたのか、わたしにはわかりません。それはともかく、マザーはその女性のもとにいき、手提げ袋から「名刺」を取り出しました。コロンブス騎士会がマザーのために作成したものです。[36] マザーは身をかがめて、言いました。「こんにちは。わたしの名前はマザーテレサです。わたしの名刺を差しあげたかったのです。」その女性は、雑誌から顔を上げ、何かつぶやいたのが聞こえました。マザーは「名刺」を渡し、彼女の手を握り、彼女の目をじっと見ました。三十秒もなかったと思いますが、それでわたしたちは離れました。ドアのところでわたしが振り返ったとき、その女性は笑顔でそのカードを読んでいました。表情がすっかり変わっていました。マザーは、深い苦しみ、孤独にも気づき、そこに働きかけることのできる、このうえない能力をもっていました。この力は本当に特別でした。[37]

## 急いでいるマザーを、貧しい男性が呼び止めました

この間シスターメアリーが、バングラデシュで暴動が起きたときのことを思い起こしていました。難民キャンプのために、緊急に支援物資を調達しようと、マザーと二人のシスターが急いで向かっていました。その途中でマザーと話したい貧しい男性に呼び止められました。マザーは急いでいたにもかかわらず、その男性の嘆きを、あわれみをもってそれだけに集中しながら数分、耳を傾けている姿は何にもまして啓発されるものだった、とシスターメアリーは話していました。

シスターメアリーは、自分にとってこれが聖人の真のしるしだと言っていました。(38)

＊

一九九一年十二月にヒンドゥー教徒とイスラム教徒との間で衝突が起きたとき、マザーは、手を合わせロザリオの祈りを唱えつつ、そうした地域に自ら向かいました。困難なときにはつねに祈り、神さまを信頼すれば、問題はいつでも解決されるから、とわたしたちにしばしば言っていました。(39)

## どうか優しくしてください

アルバニアのデュレスに新たな修道院を立ち上げるにあたって、わたしは現地に向かう機会に恵まれました。マザーもいらしたのですが、故郷の人びとが赤貧の中で暮らしているのを見て、大変な痛みを感じておられるのがわかりました。物質的にも精神的にも、何もかもが欠如していました。マザーはわたしたちのホームによくこられました。外国から届く援助品のほとんどを収納する倉庫があったからです。マザーは言われました。「皆に心から優しくしてください。もう十分苦しんだのですから。手を合わせて心からお願いします。優しくしてください。」マザーは繰り返し、そのように言われました。また「誰であっても温かく迎えてください。神父様たちも他に行くところがありません。落ち着くところが見つかるまでお世話をし、お食事を差しあげてください。」ホームが開所する日、マザーはとてもうれしそうにしておられました。「イエスはどれほどわたしたちを愛してくださっていることでしょう。この街で、ここにだけ聖櫃《せいひつ》がありま す。ご自分を伝え知らせるために、わたしたちをお選びになったのです。」マザーはわたしたちに、愛と理解と思いやりの言葉の数々をくださいました。「互いに愛し合い、それを他の人びとに伝えてください。皆さんの内にイエスが見えなければいけません。人びとはすでに十分傷つけられてきたのですから、彼らをこれ以上傷つけないでください」とマザーは繰り返されました。(40)

## おまわりさんにわたしの傘を渡してきてください

モンスーンの季節のある晩、マザーがマザーハウスに戻ったときに、ちょうどどしゃぶりの雨がやみました。たったひと月まえに、マザーは大病を患っていました。この日は、大量の雨が降ったため、シシュ・ババンの前の道は泥水で水没し、ヴェニスのような光景が広がっていました！

マザーの車は進もうとしたのですが、運転手が首を横に振って、車に不具合が起きた、と伝えました。同伴していたシスターたちはマザーに車の中で待っているように頼みましたが、マザーはいつの間にか、すっと車から降りて、サリーを膝までたくし上げ、マザーハウスを目指して雨の中を歩き始めていました。マザーハウスに無事にたどり着くから、とシスターたちを安心させているとき、マザーは、両手をあげて車を誘導する交通整理のおまわりさんの姿を目に留めました。まだしとしと雨が降り続いていましたが、そのおまわりさんは傘をさしていませんでした。シシュ・ババンの入り口に着くとすぐに、シスターを呼んで心配そうに伝えました。「シスター、わたしの傘を交通整理のおまわりさんに渡してきてください。明日、彼はここに仕事で来ます。そのときに返してもらうように伝えてください。[41]」

## この結婚を祝福してください

年老いたベンガル人のヒンドゥー教のバラモンが、娘の結婚式のためにいくらか寄付してもらえないかと訪ねて来ました。わたしは最高で五十ルピーなら渡せると伝えました。この老紳士の態度にわたしは感じるものがありました。わたしは彼に待つようにと伝え、マザーに電話して、困窮している男性を行かせるので、助けてあげられないか、とマザーに尋ねました。この老紳士の娘の結婚については何も話しませんでした。その後、わたしはこのことについてすっかり忘れていました。二、三か月後に、この年老いたバラモンの紳士と再会すると、彼は喜びのあまり、話すのもやっとの様子でした。彼はマザーが、彼の娘の結婚式にあたって、あらゆる面で助けてくれたことを話してくれました。また、結婚式に参列してくれるようにマザーに頼んだけれども、本人に本当に来てもらえるとは思っていなかった、と。でもマザーは、結婚式当日、彼の家に行きました。そしてヒンドゥー教徒である彼に、結婚する二人を祝福していいかどうかを尋ね、彼は快く承諾しました。マザーはひざまずき、天の父に新郎新婦を祝福してくださるように祈りました。マザーが帰ろうとすると、新郎が就職試験を受けたばかりなので、マザーに祈ってくれるように頼んだそうです。マザーは、彼のために祈るとひと言伝えました。実際、このヒンドゥー教徒の青年は幸いなことに試験に合格し、就職することができました。(42)

## 夜の十一時に希望の光

あるとき建設業者がマザーに、どんなことで彼女の役に立てるかを尋ねました。マザーはタングラに娼婦のためのホームを建ててほしいと頼み、彼はそうしました。何年後かに、彼は破産し、結局、彼とその兄弟は自殺しました。夫たちがこのような罪を犯したためにその妻たちは、家族や司祭、友人からひどく非難されました。社会から半ば排除されてしまったのです。そうした中で突然、その夫人たちのところに「神の愛の宣教者会」のシスターから電話がありました。マザーテレサが外国から戻り、彼らの死を知って、空港から直接彼女たちを訪ねたいとのことでした。彼女たちは、また蔑むような言葉を投げかけられるのを恐れました。夜の十一時に、マザーはもうひとりのシスターをともなって、その人たちの家に到着しました。マザーはほほえみながら、彼女たちの夫たちがすばらしい人たちで、彼らのおかげでたくさんの娼婦が保護されたことを伝えました。そして、神は間違いなく彼らの面倒を見るだろうと、夫人たちを安心させました。夫たちの死後初めて、夫人たちは希望の光を見いだし、そのおかげで新たな気力をもって生の残酷さと向き合えるようになり、今では人生を取り戻しています。(43)

## 命はすべて美しい

マザーは、病気や障がいに関わりなく、すべての命は美しいと教えてくださいました。大変な困窮のただ中にあっても、マザーは落ち着き払っていました。マザーは機会あるごとに、イエスが貧しい人びとの中で最も貧しい人の姿をとられることで、直接ご自分を愛し、仕えてもらう機会を与えてくださっている、とボランティアが理解できるように導いていました。マザーはしばしば、貧しい人びとは自分たちへの贈り物だとおっしゃっていました。(44)

## マザーは荒れた固い手にキスなさいました

一九七〇年に、わたしはカトリック女性協議会（ＮＣＣＷ）の大会に招かれたマザーテレサに同行する機会に恵まれました。マザーは、神の貧しい人びとへのすばらしい貢献にたいして表彰されることになっていました。大会中、マザーとわたしが会場でブースに座っていると、一日中女性たちが出入りしました。よい身なりの、裕福な家庭の女性たちがほとんどでしたが、その中でひとり地味な着古された服を着て、遠慮がちな様子の女性がいました。しばらくの間、離れたところからマザーを焦がれるように見つめていたので、わたしは何か力になれないかと彼女に近づきました。マザーテレサと数分でいいので話せないかと、尋ねることすら恐れているようでした。わたしがすぐにマザーのところに連れていくと、マザーは彼女をブースに招き入れ、隣に座らせました。その女性は、夫が重病で、農場で働けなくなったことを非常に遠慮がちに話し始めました。そしてマザーテレサに、夫の回復を祈ってくれるように頼みました。それから次に、彼女は農場の仕事を夫に代わって引き継いでいて、家事や料理、幼い子どもたちの世話をしながら仕事を続けられるように、わたしたちに祈ってほしいと願いました。

話している間、その若い女性は膝の上で両手をぎゅっと合わせていました。その手は赤く荒れ、指もひび割れ、傷だらけでした。マザーテレサも同じように気づいたそのとき、その女性から涙が、その傷ついた手にこぼれ落ちました。それを見て、マザーはその荒れて固くなった手を両手で包み、唇に近づけキスし、しっかりと握りしめながら、彼女の夫の回復のために祈ることを約束しました。女性はその後しばらく残って、家族や、夫の実家が何世代にもわたって暮らし続けて来た農場にいられることが家族全員にとってどれほど大切かを、わたしたちに話しました。それから彼女はわたしたちにお礼を言ってから、帰っていきました。去っていく女性を見ながら、マザーは「なんてすばらしい愛情でしょう」とささやきました。(45)

## 爆発によるひどいけが

その週の終わりごろ、息子が爆発でひどいけがを負ったという女性から、わたしのところに電話がありました。息子がマザーテレサに会えるように、夫婦で連れていけないかどうか、尋ねてきました。その晩、夫婦は息子を連れて我が家に来ました。十一歳の息子は、ダイナマイトを拾い、発煙筒かと思って、懐中電灯みたいに使おうと火をつけたところ爆発し、両目を失い、両手が吹き飛んだのでした。顔にひどい傷を負い、両腕はあるところから先がありませんでした。涙なくして失われた目を見ることはできませんでした。

マザーテレサが待つ応接間に、家族をとおしました。マザーは少年を隣に座らせ、彼の、手を失った腕をとり、少年が話している間もずっと、マザーは握っていました。少年は、カトリックの学校で初めてマザーテレサについて教わったこと、大けがを負うまえに、マザーテレサについて書かれたものを読んでいたことについて話しました。そして、マザーなら自分の外見について本当のことを話してくれること、そして、深刻な障がいを負った自分が将来どういう仕事に就いたらよいのかを聞くためにマザーと話すことを待ち望んでいた、と伝えました。マザーの返事はすばらしく、部屋にいた人は皆、涙をこらえることができませんでした。まず、マザーは指で彼の顔の傷跡を、それらは少年を男らしく、強そうに、勇者に見せているようにわたしには見えると言いながら、全部たどりました。それから、手を失った腕の外見が恐ろしいかと少年が尋ねたので、マザーはそれぞれの腕をとって、最も傷がひどい箇所をなで、それぞれにキスをし、少しも醜いことはなく、手はないけれど、強そうないい腕をしている、と伝えました。それから二人は、彼が将来、いつかこの経験を生かして、障がいを乗り越える手助けをするカウンセラーとなることについて話し合いました。その場にいた人たちには決して忘れられない光景です。少年は、自分が本で読み、その英雄的な行為を尊敬していた人物から力強い励ましを受け、希望に満ちていました。二人はともに、イエスの助けがあれば、彼はきっと成し遂げると心から確信していました。わたしも、少年が目的を遂げたことを祈ってやみません。(46)

## マザーは人びと皆に時間を割きました

亡くなる前年、マザーは、マザーハウスの二階でほとんどの時間を過ごすようになりました。こうしたなか、マザーは「バルコニーでの使徒職」――わたしがそう名付けたのですが――を始めました。自分を訪ねて来る人を皆、温かく、愛情深く、ユーモアをもって迎えました。ある人びとは苦悩を訴えるために、また別の人びとは心配事や希望を抱いて訪ねてきたのですが、マザーは彼ら全員に時間を割いて、神へと導きました。あるとき、わたしはマザーに話があって訪ねたのですが、マザーが他の人びとを迎えていたので、バルコニーで長い間待っていました。ようやくマザーがわたしのところに来て、話し始めました。やっとマザーがわたしに注意を向けてくれ、ほっとしたところに、貧しい男性が階段を上がって来て、少し離れたところからわたしたちを見つめ始めました。マザーは彼に気づき「神父様、申し訳ないのですが、このかたは遠い所から来てくれたので」と言いました。そして彼の話を聞くために、行ってしまいました！　また待たされることになり、わたしはいらいらしました。でもそこで、この貧しい男性より自分を重要な人物とみなしていることに気づかされました。マザーは一目で、困窮し、苦悩の表情を浮かべた男性のほうが重要だとすぐにわかったのです。だから、マザーは神の配慮と気遣いをまず彼に向けたのでした。彼女はバルコニーで車椅子に座って人びとを迎えるとき、人びとに、祈るように求め、不思議のメダイを渡し、神の善に信頼をおくよう導きました。マザーが話すのはつねに神の善を明らかにするためで、彼女の人生におけるちょっとしたエピソードや、イエスがいかにわたしたちの生に現存し、深く関わっておられるかという話をとおして、示しました。そしてイエスが貧しい人びとを労《ねぎら》われるかどうかは、あなたやわたしにかかっていると知らせました。わたしたちが困難ととらえることを、マザーは「よい機会」と受け止めました。苦しみ痛む姿となられたイエスを見つける機会なのです。［……］マザーはいつもこうしたポジティブな見方をしました。(47)

## 天の慰め

マザーテレサをとおして、回心のお恵みを授かりました。祈りの本『イエスこそすべてにおけるすべて』を手にとるように神からのインスピレーションを受け、ノヴェナ（特別な九日間の祈り）の祈りをマザーテレサにささげました。［……］以前にもこのノヴェナを祈ったことはあったのですが、今回は特に、イエスの愛について語っているノヴェナの一つに引かれました。キリストに愛されているという特別な喜びとともに、聖霊がわたしの魂に注がれるのを感じました。この祈りを読み、わたしの心は一変しました。当時わたしはうつ状態にあって、ほとんど感情も愛情も感じられなかったのです。イエスのわたしへの愛を信じるのが難しい時期を過ごしていました。変化は瞬時に起こったので奇跡だとわかりました。神の霊において、命が刷新されたように感じたのです。キリストの愛を分かち合うように呼ばれているように感じました。そしてある母子にキリストの愛を示すために、主がわたしの内で働いておられることを。その子どもはとても悲しそうで、マザーテレサの霊もまた、キリストへの愛ゆえにその子に手を差し伸べようとしているのが感じられました。さらに、他者を助けるようにイエスがわたしを呼んでおられ、わたしの使命はイエスを愛することだ、と。マザーテレサはわたしを聖母マリアへと特別な方法で導いてもくださいました。

## 自らを省みる

「わたしたちの主イエス・キリストの父である神、慈愛に満ちた父、慰めを豊かにくださる神がほめたたえられますように。神は、あらゆる苦難に際してわたしたちを慰めてくださるので、わたしたちも神からいただくこの慰めによって、あらゆる苦難の中にある人びとを慰めることができます。」（二コリント1・3～4）

「心の内で神を愛する喜びを抱き続けてください。そしてその喜びを出会うすべての人と、特に家族と分かち合ってください。聖なる者となってください。祈りましょう。[48]」

わたしは人びとの苦しみに巻き込まれるのを恐れて、距離をとろうとしていないだろうか。「あまり巻き込まれないように、個人的にあまり影響を受けないように」という忠告を、ひどく苦しんでいる人に手を差し伸べない言い訳にしていないだろうか。「痛みを感じるまで愛する」ことがわたしにできるだろうか。快適さや便利さ、楽しみを、困窮している人のために手放すことができるだろうか。

他人の苦しみにいっそう敏感になるにはどうしたらよいだろうか。共同体や家族の誰かが、あるいは友人、同僚、知人が悩んでいるのに気づけるだろうか。そしてちょっとした振る舞いや慰めの言葉、ほほえみをとおして、彼らの一日を少しでも明るくできないだろうか。それをさりげなく、相手を尊重しつつ、さしでがましくなく、できるだろうか。

# 祈り

キリストの御魂、わたしを聖化してください。
キリストの御体、救ってください。
キリストの御血、わたしを酔わせてください。
キリストの脇腹から流れ出た水、わたしを清めてください。
キリストのご受難、わたしを強めてください。
いつくしみ深いイエスよ、わたしの祈りを聞き入れてください。
あなたの傷の内に、わたしをかくまい、
あなたから離れることのないようにしてください。
悪魔の罠《わな》から、わたしを守ってください。
臨終のときに、わたしを呼び、みもとに寄せてください。
すべての聖人とともに、永遠にあなたをほめたたえることができますように。
アーメン。

マザーテレサの日ごとの祈り

# 14 生者と死者のために祈る

「生者と死者のために祈る」は「あわれみの行い」として最後に挙げられているが、これは最後のよりどころ――あらゆることをやり尽くしてうまくいかなかったときに行うもの――ではない。それどころか逆に最初の手段、真っ先に行うべきことである。マザーテレサが、これ以外の「あわれみの行い」をすべて驚くほど忠実に、実りあるものとして実践できた、その根本となっているのが祈りであるのは間違いないだろう。

祈りをとおして、わたしたちは神と結びつき、心と魂が神と親密に一致するが、これはマザーテレサの生涯において最も大切なことだった。「体にとって血が欠かせないように、祈りは魂にとって欠かせないのです」とマザーテレサは繰り返し、祈りが人生において決定的に大切であることを強調した。「わたしたちは日々の生活において神との親密な結びつきを必要としています。どうしたらそれを得られるでしょう？　祈りをとおしてです。[1]」マザーテレサにとって、祈りは神との対話であった。「神はわたしに語り、わたしは神に語りかける。それだけです。それが祈りです！[2]」「マザーテレサが祈っている姿を見るだけで人びとはひきつけられました。彼らは座ってマザーに見入っているうちに、この神秘に本当にひき込まれていきました。[3]」マザーテレサは何か特別なことをしたわけではなかった。

「マザーテレサはチャペルで長い時間を過ごすことはありませんでしたが、祈りの時間に忠実でした。」「マザーはイエスとの絶えざる一致を日々生きていました。慰めや恍惚《こうこつ》感に満たされた一致ではなく、信仰によるもの」[4]だということが、マザーのその姿を目にしている周りの人にとっては明らかだった。

教会が、「あわれみの行い」として、生者と死者のための祈りを勧めているように、他者のために祈ることはこのうえなく大切な基本である。他者のために祈るとき、その祈りはわたしたち自身の神との親密な結びつきに根ざしているべきだとマザーテレサの祈る姿をとおして教えられる。

マザーテレサの神との近しさを感じ取った多くの人びとは、彼女に祈ってくれるように頼んだ。マザーテレサは彼らのために祈ることを約束し、それを毎日、非常に誠実に果たしていた。ミサ聖祭で信者たちが共同祈願を自由に祈るときには、マザーテレサは、大きな声ではっきりと「わたしたちに祈りを託した人たち、そしてわたしたちが祈りを約束した人びとのために」と祈った。こうして、助けを必要としている人びとを皆、祈りにあげ、神の優しい配慮のもと、愛のみ摂理にゆだねた。

力を尽くしても人を助けてあげられず、ただ祈るしかないときがある。祈りはそのとき、その人への愛情を示す最後の表現となる。名をあげて主に祈り、生者にはイエスの祝福と支えを、死者には永遠の命に入る幸せを願うことは、マザーテレサが見事に実践した「あわれみの行い」である。

## マザーテレサの言葉

神の愛の宣教者会の会員は各々、わたしたちに向けられた神の愛に満ちた配慮に絶対的信頼をおいて祈ります。わたしたちの祈りは、幼子の祈り、そしてあつい信心、深い敬虔、謙虚さ、静謐《せいひつ》さをともなった、単純なものとなるでしょう(5)。

### 主に心を向けて

ぜひ祈りを皆さんの生活に取り戻してください。祈ってください。長い祈りをささげることはできないかもしれませんが、それでも祈ってください。主に心を向けて「わたしの神、あなたを愛します」と。聖書に記されているように、神はわたしたちを優しく愛してくださっています。たとえ母親が子どものことを忘れてしまっても。今日それが起きています——中絶です。母親が自分の子どもを忘れるのです。「たとえ、女たちが忘れようとも、わたしがあなたを忘れることは決してない。見よ、わたしはあなたを、わたしの手のひらに刻みつける」(イザヤ書49・15〜16)、「わたしの目にあなたは値高く、貴く　わたしはあなたを愛す」(イザヤ書43・4)。聖書にあるこれらの言葉は、皆さんやわたしに向けられたものです。ですから主に願いましょう、ぜひお頼みしましょう、家族がともにいられるように、互いに愛し合う喜びを保ち続けられるように、聖母マリアをとおしてイエスのみ心の内に皆さんの心が愛で満たされ一つであり続けますように。ご家族が一致していられるように誰がいちばん助けてくださるでしょう？　マリアさまとヨセフさまです。お二人は互いに愛し合う喜び、平安、そして神のお優しい愛をご存じです。(6)

## 祈り、犠牲をささげてください

ファティマの聖母のメッセージは、マザーの使命に宿っているかのようでした（「祈ってください。熱心に祈ってください。そして罪びとのために犠牲をささげてください。誰も彼らのために犠牲をささげず、祈らないので、多くの魂が地獄に落ちていきます」、一九一七年八月十九日、ファティマでの聖母の言葉）。「聖母の懇願によってこの修道会は生まれたのです」、とマザーは言っています。マザーは呼びかけに十全に応えようと、心に決め、駆り立てられていました。それは新たな一歩、新たな生き方でした。(7)

**それは、どのように始まるのでしょうか。ともに祈ることによって**

愛されていない人を愛するために、望まれない人、愛されない人、見捨てられている人に愛を注げるようになるために、まず家庭で愛することから始めましょう。

どのように愛は育まれるのでしょうか。それはともに祈ることから始まります。祈りの実りは、信仰が深められることにあります。そうすれば、自分のしていることすべてが、まさに神に向かっていると信じられ、信仰が深まります。信仰の実りは愛です。神はわたしを愛し、わたしは兄弟姉妹を愛します。宗教や人種が何であろうと、場所もどこであろうと関係ありません。神ご自身によって——同じ神の手によって——創られた兄弟姉妹です。愛の実りは行い、奉仕ですから、なんらかの行動が求められます。家庭に祈りをもたらすように、祈りましょう。ともに祈り、神のために何か美しいことができるように勇気を出しましょう。お互いのためにしていることはすべて神に向かうのです。(8)

## 祈りを家庭にもたらしましょう

神がわたしを愛し、そして神がわたしたちを愛するようにわたしはあなたを愛し、あなたはわたしを愛する、と思えることはなんてすばらしいことでしょう。なんてすばらしい神からの贈り物でしょう。貧しい人びとも、神からのわたしたちへの贈り物です。世界のただ中で真の観想者であるわたしたちにとって、なんという特権でしょう。ですから祈ることを学びましょう。皆さんの学校で、子どもたちにどのようにお祈りをしたらよいか教えてあげてください。ご両親は、お子さんがたにどのように祈ったらよいか教えてください。祈りのあるところには愛があります。愛のあるところには平和があります。そして今日これまで以上に、平和のために祈らなくてはなりません。愛の仕事は、平和、喜び、分かち合いの仕事であることを忘れないようにしましょう。(9)

＊

どこから始めたらよいでしょうか。家庭からです。愛はどのようにして生まれるでしょうか。祈りによって、日々の生活に祈りをもたらすことによってです。なぜなら祈りはいつもわたしたちの心を澄んだものとしてくれるからです、本当にいつも。澄んだ心は、神を見ることができます。神をお互いの内に見ることができれば、自然と互いに愛し合うことができます。家庭に祈りをもたらさなければならないのもそのためです。ともに祈る家族は、ともにとどまるからです。ともにとどまれば、自然と、神がわたしたち一人ひとりを愛するように、互いを愛するようになります。ですから祈りへ導くことは、互いにとても大切です。(10)

＊

今日ほど祈りが必要とされる時代はありません。世界のすべての問題の始まりは家庭にあると思っています。子どもたちとともに過ごす時間、お祈りをともにする時間、皆でともに過ごす時間がないのです。[11]

## お祈りに時間を割いてください

ここでは、子どもたちが親に暴力を振るい、親も子どもに暴力を振るうので、家庭の中に多くの苦しみがあると聞きました。繰り返しますが、祈ってください。日々の暮らしの中に、家庭に、祈りを取り戻してください。子どもにとって母でいてください。その時間をつくってください。子どもが学校から帰ってきたときに、迎えていますか。子どもを抱き締めるために、あなたは家にいますか。子どもを愛するために、支えるために、そばにいますか。それとも、子どもに目を向けることも、ほほえむ時間もないほど忙しいですか。それで子どもは傷ついています……これが現実に起きていることです。[12]

**神さま、ありがとうございます**

親のために、そして親とともに唱える子どもたちのお祈りがあります。

神さま

わたしたちの家族、優しく愛してくれる父と母を与えてくださってありがとうございます。そして学校に通って勉強し、成長することによって、わたしたちを必要とする人びとに奉仕できることを。心に愛する喜びを保ち続けられますように。父母を、兄弟姉妹を、先生や仲間全員を愛せますように。皆を愛することでわたしたちは神さま、あなたを愛します。神さまを愛すれば、いつも清い心でいられます。そして神さまはわたしたちの心に住むことができます。神さまがわたしたちを創られたときのままに、わたしたちがいつも清く聖なる者であり続けられますように。人生の終わりを迎えるときまで、わたしたちがいつも美しくありますように。そしていつか天の故郷に迎えてください。天国で神さまと、永遠に。

神さまの祝福がありますように。⑬

＊

## 結婚式の日に

結婚式の日に、互いに美しいものを与え合うことを、決意してください。最も美しいのは、まっさらな心と体、魂をささげることです。青年が娘に、娘が青年に与えることができる最もすばらしい贈り物です。

愛する喜びをとおして、犠牲の内にも喜びを見いだせるようにと、わたしたち皆で、若い人たちのために祈りましょう。若い人たちは、その犠牲をともに分かち合うことを学ばなければなりません。もし過ちを起こしたとしても、それはもう起きたことですから、勇気をもってその赤ちゃんを受け入れてください。その命を奪わないでください。それは罪だからです。殺人になります。神の似姿を破壊すること、生命という神が創られた最も美しい創造物を破壊することです。こちらの罪のほうが重いのです。わたしたちは今日、ともにいるのですから祈りましょう。神がわたしたちを愛されるようにわたしたちが神を愛するように、互いのために祈りましょう。優しさと愛に満ちて、生涯にわたる、忠実な、個人的な友情を神はわたしたちに、わたしたち一人ひとりに、与えてくださいました。神がどれほど愛してくださっているかを、わたしたちは皆体験しています。今度はわたしたちが生涯にわたる、忠実な、個人的な友情を、祈りとともに、互いの内におられる神に、まず家族に与えるのです。子どもを、そして家庭での祈りを取り戻してください。(14)

## 神が結び合わせてくださったもの

親愛なるアイルランドの皆様、離婚について貴国が決定する重要な時期にあって、わたしは皆様とともにお祈りしています。わたしの祈りは、皆様がイエスの教えに忠実であることです。

「人は父母を離れてその妻と結ばれ、二人は一体となる。……神が結び合わせてくださったものを、人は離してはならない」（マルコ10・7～9）。わたしたちの心は、愛し、愛されるようにできています。その愛は無条件であるだけでなく、永続するものです[15]。

## せめて毎日三十分、神の前でひとり時を過ごす

神が皆さんを、進むべき道を指し示すリーダーとして選ばれました。ですがその道を示すには、深い愛と謙虚さが求められます。もし皆さん政治家が、せめて――少なくとも――毎日三十分でも神と一対一で向き合い、祈りをささげれば、道が示されるとわたしは思っています。人びととどう接したらよいかわかるでしょう。

神の前でひとり時を過ごせば、心が澄んでくるでしょう。そうすれば光が与えられ、愛と敬意をもって人びとと接することができるようになるでしょう。祈りの実りは、つねに深い愛とあわれみであり、それはいつも人びとを互いに近づける、と確信しています。それによって人びとをどのように導いたらよいかはっきりとわかるでしょう[16]。

## どうかモスクを建ててください

何年もまえになりますが、イエメンの大統領から、シスターたちをイエメンに派遣してくれる

ようにとの依頼がありました。そのとき、この地では非常に長年にわたって、チャペルがなく、公にミサ聖祭が行われたこともなく、ですからどなたが司祭なのかも知られることがなかった、と伺いました。そこでわたしはシスターたちを派遣したいのはやまやまだけれども、司祭がいなければ、イエスがいなければ、派遣できない、と大統領に申しました。彼らの間で協議したのでしょう。彼らは受け入れました。わたしはあることに胸をつかれました。司祭団が来たことで、祭壇ができ、聖櫃《せいひつ》が置かれ、イエスがこられたのです。司祭だけがイエスをここにお運びできるのです。

その後、政府がわたしたちのために修道院を建ててくれることになったので、わたしたちは、そこで、路上の人びと、死にゆく人びと、困窮した人びとのお世話をしました。わたしたちのために修道院は建てられ、その建設費を提供した知事にシスターが尋ねました。「イエスがおいでになる場所ですので、一部屋はぜひ美しく仕上げていただきたいのです。わたしたちのチャペルが美しくあるように。」すると知事はシスターに尋ねました。「シスター、この地にローマ・カトリック教会をどのように建てればよいのか教えてください。」彼は「小さなチャペル」を建てようとしていたのですが、「チャペル」を意味するつもりで彼は「ローマ・カトリック教会」をこの場所に、という言い方をしてしまったのです。

彼らは本当に美しいチャペルを建てました。今もそこにあって、シスターたちがいます。それから、山一帯をわたしたちに明け渡し、ハンセン病を患う人びとの再生のためにホームを開いてくれるように頼まれました。そこには本当にたくさんのハンセン病を患う人びとがいました。わたしたちはその場所に行ってみたのですが、まるで開かれた墓場のようで、死体の腐敗した臭いがしました。目にした光景をとても言葉にできません。わたしは考えていました。「イエス、どうしてこんなことに。あなたをどうしてこのようなところに放っておけるでしょう。」そこでわたしはここを引き受けることにしました。もし今、皆さんが行けば、まったく違った場所になっていることに気づかれるでしょう。ここにはカトリックはひとりもおらず、全員イスラム教徒でした。そこでわたしは裕福な男性に頼みました。「この人たちは皆、イスラム教徒です。彼らが祈る場所が必要です。彼らがお祈りできるように、どうかモスクを建ててください。」カトリックのシスターであるわたしが、そのようなことを頼むので、彼は驚いていました。でもその男性はこのうえなく美しいモスクを彼らのために建てました。ハンセン病の患者たちは、体を引きずりながらモスクに行って、祈っていました。モスクが完全にでき上がって開かれたときには、彼はわたしに向かって言いました。「約束します。ここに次に建てるのは、シスターたちのためのカトリック教会です。」人びとの飢えを示す美しい例です。貧しい人びとの中で最も貧しい人、無学な人、望まれない人、愛されない人、見捨てられた人、忘れられた人びとは神に飢えています。(17)

## 神が世界をお守りくださいますように祈りましょう

長崎を訪ねたら、真っ先に祈りをささげたいと思います。わたしは人びととともに祈るためにまいります。こちらでしているのと同じように、あちらでも人びとを訪ね、出会いたいと願っております。そしてまた、原爆が落とされたために、今までずっとどれほど苦しんでこられたのかを、実際に知りたいのです。もう一度繰り返されるかもしれないのです。ですから、この恐ろしい破壊から神が、世界を、わたしたち一人ひとりをお守りくださいますように、祈らなくてはなりません。(18)

## 今も神はわたしたちの苦しみを使われています

殉教の地であったこの場所を再び苦難の地として、神が選ばれたのには、なんらかの特別な理由がおありだったのでしょう。今も神は人びとの苦しみを使われておられるように思います。人びとの苦しみをとおして、その人びとの祈りをとおして平和がもたらされるでしょう。ほとんどの日本人がすでに目にした悲惨で恐ろしい苦しみから、日本だけでなく、世界全体を神がお守りくださるように、わたしたちは皆、ともに祈ることが求められています。祈りましょう。祈りをとおしてのみ、この恐ろしい困難が世界に降りかかることがないようお恵みが得られるのです。(19)

## 祈りと犠牲が大いに求められています

わたしたちも犠牲を重んじる心を失ったように思います。「今日、息を引き取りそうな男の人が、神にゆるしを請おうとしていません。わたしは彼のために祈り、犠牲をささげましょう。」こうした姿勢がもはや見られません。[20]

＊

この国と人びとは、祈りと犠牲を大いに必要としています。惜しみなく祈りと犠牲をささげてください。これまで以上に熱心に償いを行い、絶えず祈るようにしてください。この国の指導者たちは自分たちの務めを理解しています。彼らが尊厳をもって公正に、任務を果たせるよう、わたしたちは祈らなくてはなりません。死に瀕している人びとが、平安に最期を迎えられるように祈りましょう。死者を悼み、後に残された人びとのために祈りましょう。苦難と向き合うすべてのシスターと司祭のために祈りましょう。わたしたちの会のシスターが皆、勇敢で寛容でありますように、そして笑顔であらゆる犠牲をささげられますように。わたしたちがこの国を支える最良の方法は、貧しい人びとを祈りへと導くことです。[21]

### 霊魂のために祈りをささげましょう

十一月は二つの美しい祝日で始まります。諸聖人の日と死者の日です。母なる教会は、洗礼をとおしてイエスの命を与えたすべての「子どもたち」を思い起こします。その人びとは今、イエスとともに天国にいます。もしくは煉獄《れんごく》で天国に迎えられるのを待っています。十一月はずっと死者に向かって、あるいは死者のために祈りをささげ、いつも以上に愛をもってしのびます。

*

死者の日には、神から離れてまだ煉獄にいる人びとのために祈ります。まっすぐ天に向かうのか、煉獄に落ちるか、わたしは選べるのです。わたしたちがここにいるのは、神を愛するためです——奉仕するだけのためにいるのではありません。毎日が神への愛の実践でなくてはなりません。(22)

## 人びとの証言によるマザーの行い

## マザーは絶えず祈っていました

マザーは絶えず祈っていました。いつも祈っている、という印象を受けるのです——ええ、祈っていました。祈りの言葉を唱えていたわけではありませんが、いつも祈っていました。ご自分のなさっていることが、神の働きとしてどれほど十分にふさわしく行えているか、それを判断の基準として、ご自身の行いのすべてをいつもその視点で見ていました。ご自身の行いが、神が望まれていることと完全に一致していなければ、神は助けてくださらない、とマザーは進んで考えようとしていました。(23)

## 信頼に満ちて、子どものように祈られる

マザーの日々の祈りは、とても単純で、信頼に満ちて祈る子どものようでした。お祈りを複雑にするようなことは一切ありませんでした。ご自分の信仰を深く理解されていて、子どもや貧しい人のような単純さと信頼をもって、信仰を生きていました。こうした祈りの生活は、イエスが「自分を捨てなさい」と言われたように自分を制することでしか得られません。マザーは長年にわたって、そのようにイエスにつき従われました。

マザーは、ご自分の魂に住まわれている神の現存を深く意識していました。その場で祈りをわ

たしたちに教えることからも、それは特に明らかでした。マザーが最もよく繰り返した射祷、それはほとんどすべての祈りのまえにおかれたのですが「心の内におられるイエス」でした。「わたしの心の内におられるイエス、あなたの優しい愛を信じます。[24]」

## わたしたちにお祈りを教えてくださいました

エンタリーの学校では、マザーはとても厳しかったのですが、でも同時に、母親のような愛情を注いでくださいました。イエスを愛すること、そして小さな犠牲を行うことで、人びとの魂を教会に向けることができると教えてくださいました。聖母とロザリオ、聖ヨセフ、守護天使を深く信心することを教えてくださいました。夜、就寝まえに、わたしたちは、ひざまずいて祈るように言われました。幸せな死を迎えるためにアヴェ・マリアを三回、聖パトリックには蛇から救ってくださるように、聖ミカエルには敵に襲われないように、守護の天使にはわたしたちを見守り、危険から守ってくださるように、と。そして聖なる人びとの魂のためにも祈りました。[25]

「神の祝福を受け、聖なる者となる、なりたい」

マザーはご自分の信仰の恵みをさまざまな方法で、他の人と分かち合っていました。誰かが訪ねてくると、マザーはいつも、彼らをともなってチャペルに向かい、いくつも射祷を教えました。マザーにとって、相手がどんな人かは――司教、司祭、神学生、枢機卿、若者、子ども、貧しい人、一国の大統領、信者であろうとなかろうと――関係ありませんでした。マザーは彼らに「名刺」を渡し、この祈り「神の祝福を受け、聖なる者となる、なりたい」と「あなたはそれをわたしにしてくれた」を唱えるように伝えました。

## 祈りと仕事を一つにしてください

時折、マザーはシスターたちに、ある特別な目的のためにも祈りをささげるように頼み、それをチャペルの脇にある黒板に書いていました。「誰々のために祈ってください」等々。誰かが訪ねてくれれば、手をとめて会いました。マザーにとって、一人ひとりと会うことはイエスご自身と会うことだったのです。(26)

＊

マザーは講話で「皆さんが祈るだけなら、神の愛の宣教者ではありません。仕事をするだけでも神の愛の宣教者ではありません。神の愛の宣教者にとって、祈りと仕事は一つです。」マザーにとって、宣教者の熱意は、神との深い結びつきから生まれてくるものでした。神が源なのです。ご聖体のイエスが源なのです。神への強烈で、燃えるような愛があったからこそ、世界中どここにでも出かけていって、貧しい人びとの中で最も貧しい人に仕え、彼らの救済と聖性のためにたゆみなく働き、神の優しい愛とご配慮を伝え、示したのでした。(27)

## 聖体礼拝でひざまずく

神の愛の宣教者会の観想会だけでなく活動会においても、マザーは日々の聖体礼拝をとても大切にしていました。マザーとともに祈ろうと多くのボランティアが加わりました。聖体礼拝でひざまずいて、イエスと深くともにあるマザーを見て、多くの人びとが力を得て、それを分かち合いました。ボランティアの人びとは朝のミサにあずかりました。マザーとともに祈ることが彼らにとって喜びでした。病状が悪化してからも、マザーは使徒職を続けました。チャペルのそばのベランダで、マザーは車椅子に座って、訪問者やボランティアを迎えました。マザーは彼らの話に耳を傾け、励ましの言葉をかけました。(28)

＊

最後の贈り物の一つとして、マザーがわたしたち神の愛の宣教者会の観想会にくださったのは、終日の聖体礼拝でした。聖体礼拝ではおもに、司祭の聖性と家庭の聖性のために祈ります。他者のため、そして他のさまざまな意向に基づいて祈ります。一九九五年に、マザーテレサが聖ヨハネ教会を訪ね、終日の聖体礼拝の開始式に参列したときの喜びをわたしは今でも覚えています[29]。

## 八万六千人の司祭が祈っています！

マザーの熱意は、司祭のために祈ることにも向けられました。一九八六年に、マザーは異なる修道会のシスターたちが、司祭たちを霊的に養子に迎えるというすばらしい活動を始めました。マザーはシスターたちに呼びかけ、その効果は大きく、現在にいたるまで八万六千人の司教と司祭が、シスターたち、中でも神の愛の宣教者会のシスターたちと霊的に養子の関係にあります。キリストの代理者としての司祭に、マザーは大変な尊敬の念を抱いていたので、しばしば若い司祭の前であっても祝福を願ってひざまずきました[30]。

## 短いノヴェナをささげましょう

一九七五年十一月九日サン・ジョヴァンニ・イン・ラテラノ大聖堂で教皇パウロ六世によって司式された屋外でのごミサに、マザーは修練生《ノビス》全員とともに参列しました。ごミサが始まると、空は雲で覆われ、土砂降りの雨が降ってきました。わたしたちが座るとマザーはおっしゃいました。「聖母にこのすばらしい一日に感謝して短いノヴェナをささげましょう。」その後、マザーはわたしたちを、信心が足りない、と優しくとがめられました。なぜならわたしたちが九つ目のメモラーレの祈りの終わりに近づくと、人びとは皆、傘を閉じたのに、シスターたちは開いたままだったからです。(31)

*

マザーは、十歳くらいのひどい栄養失調の少女を見つけて、トリヴァンドラムのホームに連れてきました。その後、マザーはカルカッタに帰りました。その間に、少女はホームからいなくなってしまい、ゆくえがわからなくなってしまいました。カルカッタのマザーに知らせると、わたしたちに、お祈りしつつ少女を探し続けるように、そしてご自身も祈るので、少女は見つかるでしょう、とおっしゃいました。少女はナリ・ニケタンからわたしたちのところに戻ってきました。警察が少女を見つけ、そこに預けたのでした。マザーのお祈りの力は絶大でした。(32)

## 労を惜しまず祈るようになさい

わたしは自分の祈りの生活についてマザーに書きました。マザーはこうおっしゃいました。

「シスター、お祈りの時間にしばしば遅れますね。マリアさまに助けていただくようにお頼みなさい。イエスとの一致を生きるには祈りは欠かせません。お祈りの時間になぜわざわざ遅れてくるのか、自らを振り返ってください。」マザーはいつも講話で言われていました。「祈りつつ、働いてください。皆さんは働くためだけにここにいるのではありません。もしそうなら荷物をまとめて家に帰りなさい。」最終誓願を立てるまえに、わたしはマザーに面会し、尋ねました。「わたしに召命はあるのでしょうか。」マザーはわたしのほうをまっすぐ見ておっしゃいました。「娘よ、あなたに召命はあります。祈ることを愛し、労を惜しまず祈るようになさい。探し求めていれば、あなたの心は成長し、主を迎え、主があなたのもとにとどまるようにできるでしょう。お祈りは、あなたを力づけ、守ってくれます。『母なる聖マリアさま、わたしを助け、お導きください』と唱えてください。」わたしはこれまで何度もマザーに助けられ、守られてきました。(33)

## 不思議のメダイを身につけていてください

病に苦しむ大勢の人びとが祈りを唱え、不思議のメダイを身に着けることで救われてきました。マザーの言われたとおりに、メダイを身につけ、祈ったときに恩恵を受けるのは、マザーが聖母に祈ってくださるからだとわたしは信じています。病気になってマザーのところに行くと、マザーは不思議のメダイをもって祝福し、祈ってくださいました。そして痛みのあるところにそのメダイを当てているようにおっしゃいました。するとわたしたちは回復していったのです。(34)

イエスの御母であられる聖マリアさま、今わたしの母となってください

マザーご自身は聖母を心の底から深く敬愛していましたが、わたしたちや人びとの信仰心を深めるためには、ごく単純な方法をとられました。マザーが人びとにしばしば不思議のメダイを与え「イエスの御母であられる聖マリアさま、今わたしの母となってください」と祈るように教えられたことはよく知られています。子どもに恵まれなかった多くの夫婦が、この聖母へのとりなしを願う素朴な祈りによって、赤ちゃんを授かりました。マザーは夫婦に不思議のメダイを渡し、身に着け「イエスの御母マリアさま、どうか赤ちゃんを授かりますように」と祈るように言いました。すると本当に赤ちゃんを授かるのでした！　こうして赤ちゃんを授かった話をわたしは何人からも聞きました。結婚して十五年たっても子どもに恵まれなかったロンドンのヒンドゥー教徒の夫婦が、女の子を授かり、テレサと名付けました。わたしの姪も、マザーのくださったメダイを身につけ、その祈りを唱えたことで、赤ちゃんを授かりました。[35]

*

ごミサが始まる直前に、わたしは後ろから身を乗り出してマザーに言いました。「今日は、わたしの姉の誕生日です。結婚して六年になりますが、姉夫婦は、子どもはいらない、と言ってい

ます。どうか姉のためにお祈りください。」「このごミサで、お姉様のためにあなたもわたしも祈りましょう」とマザーは言ってくださいました。それから十一か月後、姉に子どもが誕生し、二人目も授かりました[36]。

*

四日まえにエイズと診断された知り合いのマリアのために祈ってくれるように、わたしはマザーにお願いしました。「ああ、なんてこと。エイズにかかる人がどれだけたくさんいることでしょう。」深い思いに沈んでいるかのように、マザーの視線はわたしをとおり越して遠く見ていました。それからマザーは尋ねました。「どうしてエイズに感染したのですか。」この女性の事情を知っていたわたしは、「ボーイフレンドからうつったのだと思います」と答えました。マザーは「ああ！」と漏らされて、また遠くを見つめました。そして「なんて多くの人たちが、男性も女性も子どもまで、エイズにかかっていることでしょう」と繰り返しました。マザーにマリアの歳を尋ねられ、わたしは三十二歳だと答えました。マザーは再び、マリアがどうしてエイズにかかったのか、尋ねました。「不摂生でしたから。」手にしていた不思議のメダイをマザーに差し出すと、祝福し、一つとって「これはマリアのために。マリアにこう祈るように伝えなさい。『イエスの御母であられる聖マリアさま、今わたしの母となってください』、そして何よりも『イエスの御母マリアさま、エイズを治してください』」と。[37]

## 何かが彼らを引き止めた

ヨルダンで、内戦のさなか、兵士たちが、わたしたちのいる狭いアパートの部屋に押し入ろうとしたので、皆で祈りました。すると突然、彼らは去り、別の部屋に向かいました。ずいぶん後になって、このときの兵士たちの何人かと会ったので、尋ねました。「なぜわたしたちのところに来ないで、よそに行ったのですか。」何かによって引き止められているように感じて、わたしたちの部屋に入れなかった、と彼らは答えました。それはマザーがわたしたちに電話で伝えられた言葉だったのだとわたしは思いました。「恐れないで。イエスはいつもあなたたちとともにおられます。聖母マリアがあなたがたを見守ってくださいます。[38]」

## 苦い気持ちにならないように祈りなさい

マザーはわたしに、五十日間にわたって、メモラーレを五十回（元夫がそのとき五十歳でした）唱えるようにと言いました。元夫のために、そしてわたしが苦い気持ちにならず、謙虚でいられるように祈るのです。［……］マザーは、わたしの祈りが彼にとって非常に大切だと感じていました。わたしが彼に傷つけられたひとりだったからです。わたしは彼をゆるし、苦い気持ちにならないように懸命に努めなければならない、また、誰もが問題を抱えていて、わたしたちは他の人の弱さを受け入れなければならないと、マザーは強く感じていました。マザーはわたしに会うたびに、元夫にたいして、離婚にたいして、そして彼がわたしにしたことにたいして苦い気持ちにならないように、と話しました。わたしが離婚後、何年間も苦しんでいたことにマザーは気づいていて、心配してくれていたのだと思います。[39]

## マザーの祈りによって回復する

マザーがいらしたとき、わたしは高熱を出していました。マザーはわたしのもとに来て、祝福してくださり、わたしのために祈ってくださいました。翌日、再びわたしの枕元までいらして、頬を触り「まだ熱が高いですね」と言って、それからまた五分間ほど祈ってくださいました。するとすぐに気分がよくなり、間もなく回復しました。[40]

＊

わたしの夫の発熱がきっかけでした。二十日間にわたって、昼夜、熱が続きました。ある日、夫が薬を飲んだ後、夜中の二時になって急に熱は治まったのですが、精神に変調をきたしていました。精神状態が混乱していたために、夫はわたしたちを家に閉じ込め、夜中に家を出ていきました。こうした状態で、彼は朝の九時まで歩き回りました。彼のオフィスのスタッフのひとりが、うちの向かいに住んでいて、夫を家に連れて帰り、玄関の扉を開けてくれました。夫は家に入ってくるなり、わたしと三人の子どもたちをたたきました。このとき初めてわたしは夫の精神状態に気づきました。このことがあってから、子どもたちを他所でかくまってもらいました。子どもたちはまだ幼く、家には十分な食料がありませんでした。わたしは家で料理できず、他の人たちにとても助けられました。夫は、家ではわたしたちをたたき、外に飛び出しては、他人を棒でたたいていました。スタッフは、彼を見ると逃げていきました。夜になると、四人の男性が夫を抑え込み、食べさせ、部屋に閉じ込めました。これが十三日間続き、息子の初聖体の日を迎えました。

ごミサの後、神の愛の宣教者会のシスターに、夫の状態について話すと、シスターは、わたしたち家族をマザーのところに連れていき、すべて説明してくれました。マザーが夫の頭に手を当て、祈ると、夫が治ったのです。マザーハウスを出ると、夫は聖母マリアとイエスにささげる花をたくさん買い、それから、わたしたちを写真スタジオに連れていきました。その後、夫は羊の肉を買いました。わたしたち家族は喜びで弾むように家に帰りました。夫が料理をし、家族皆で食べました。食事を終えると、夫はすぐに近所の人やオフィスのスタッフに、今日マザーのおかげで治ったことを知らせにいきました。神の癒やす力が、マザーにも備わっていると他の人びと

も信じました。(41)

マザーは夫のために祈ってくださいました

夫のヴィックは結腸がんの末期で余命一年と診断されました。彼が根治手術を受けた後、わたしはマニラの空港でマザーテレサを出迎えました。

幸いなことに、わたしが最初にマザーテレサに挨拶し、彼女のパスポートをあずかり、入国審査官が必要書類をチェックしている間に、マザーの荷物を取りにいきました。

マザーからまず「お元気でしたか?」と尋ねられました。「わたしは元気ですが、夫が末期がんと診断されました。」荷物が出てくるのを待っている間、翌日九時半にタユマン通りの本部修道院にヴィックを連れてくるようにマザーに言われました。彼のことを祈り、教皇がバチカンで銃撃されたときにマザーが教皇につけた不思議のメダイと同じメダイをつけるためだということでした。わたしの胸はたかぶりました。

翌日、わたしは夫を連れて本部に向かいました。朝の九時半きっかりにマザーテレサはチャペルから出ていらして、イザヤ書からの引用とともに神の手のひらに乗っている子どもの絵を夫に渡し、二十分ほど夫のために祈り、最後に不思議のメダイを夫のシャツに留めました。夫の目から涙があふれ出し、わたしも涙が止まりませんでした。それからわたしの家族について話す中で、ご自身の兄が肺がんで亡くなったこと、天に召されるまで二年ほどしかなかったことを話してくださいました。夫がすべての痛みと苦しみを主にささげ、この国の平和のために祈らなくてはならない、とマザーはおっしゃいました。(42) 三日後に検査のため夫を執刀医に連れていくと、彼は夫の病状の変化に驚きを隠せませんでした。

一週間で、夫は元気になりました。夫はそれから五年近く生きることができました。ヴィックは、主に召されるまで準備する時間が十分に与えられました。痛みをすべて主の栄光のためにささげ、毎日聖体を拝領し、最期のときに向けて家族の心を準備し、ほほえみを浮かべながら平安のうちに、使徒的祝福とともに、息を引き取り、創造主のもとに向かいました。(43)

### み旨が行われますように

部下の警官の妻が肺結核で、医者から余命を二、三週間と言われていました。彼女には、子どもが二、三人いました。わたしがマザーに彼女のために祈ってくれるように頼むと、マザーは、あと数年彼女が永らえるようにと全能の神に乞い、祈ることしかできない、と言いました。あわれみ深い御父に確たる信仰をもって祈りさえすれば、神のお恵みが得られると、マザーは固く信じていました。マザーはその警官を呼ぶように言い、わたしのオフィスで三人でひざまずき、十分間祈りました。「み旨が行われますように」とマザーは祈りを結びました。十日か十二日後、わたしの部下が怪訝《けげん》な顔で、妻の状態がかなり好転し、医者がこんなことが起きうるのかと考え込んでいた、と伝えてきました。彼の妻はその後、二十五年間生きました(44)。

＊

これを聞いて、別の警官が、妻が非常に重い病気にかかっている、と言ってきました。わたしはマザーにすべて伝えました。その警官が住んでいる村まで、わたしはマザーを案内しました。マザーは彼女のために祈り、そして同じく「み旨が行われますように」で祈りを終えました。なんと、彼女も回復したのでした(45)。

＊

部下の警察官が重い病気で、てんかんでした。症状が重いため、当局は彼を警察の職務から解こうと考えていました。彼には、二人か三人子どもがいたので、わたしは気が気でなりませんでした。あるとき、マザーが何かの届け出のためにわたしのオフィスを訪ねてきたので、この気の毒な男性のことを話しました。マザーが彼の住まいに連れていってくれるようにと言うので、翌日、マザーを警察の車で案内しました。マザーは毛布を二枚、サリーを二枚、そして二人の子どもにそれぞれの年齢に合った服を二、三枚持っていきました。マザーは、全能の神に、病気の警察官を見守ってくださるように懇願し、十五分間祈りました。マザーは病気を完全に治してくださるようにと祈ることはせず、ただ祈りの中で病気の人とその家族を見守ってくださるようにと繰り返したのです。祈りを「み旨が行われますように」で結びました。二、三週間後、その警察官とわたしのオフィスで会ったときに、聖なるマザーが彼を訪ねたときからてんかんで苦しむことがなくなったと話してくれました。本当のことです。(46)

*

わたしは糖尿病でした。ある日、マザーはわたしを見て、体調についてお尋ねになったので、わたしは高血糖だと答えました。マザーは聖母マリアのロケットをくださり、わたしの回復を祈ってくださいました。今では多少の食事制限だけで、正常な血糖値を保っています。妻はしきりに、マザーテレサが彼女に触れたときから、怒りやいらいらした態度などをコントロールできるようになったと言っています。マザーに触れていただき、祝福してくださると、これほどのことが起きたのです。(47)

## 彼らもまた祈りを必要としているのです

人びとの信仰は守られるべきだ、というマザーの願いはどの宗教の人びとにも及んでいました。修道会のシスターたちが初めてアルバニアに行ったときの経験について、マザーが直接わたしたちに話してくださいました。

この国では、長年にわたって、あらゆる宗教的行為が認められていませんでした。体制が変わったことで入国できたシスターたちは、直ちに貧しい人びとの中で最も貧しい人に奉仕しようと探し始めました。以前モスクだった建物に、体の不自由な年老いた女性たちがいました。シスターたちが連れてきた老女たちがホームに落ち着くと、マザーの次の気がかりはモスクでした。シスターたちにモスクの中を掃除させ、その後、引き渡すために、イスラム教の指導者たちを呼んだのでした。その夜には、このモスクから礼拝への呼びかけを再び聞くことができたと話をするマザーから、喜びが伝わってきました。「彼らもまた祈りを必要としているのです」とマザーは言われました。(48)

## 自らを省みる

「そこで、まず第一に勧めます。願いと祈りととりなしと感謝とをすべての人びとのためにささげなさい。」（一テモテ2・1）

「祈ることを愛してください。日中、しばしば祈る必要を感じてください。祈りから力が得られるからです。愛し、分かち合い、生の喜びとなるために、イエスはいつもわたしたちとともにおられます。皆さんはわたしの祈りの内にあります。神の祝福がありますように。」

祈りの内に、どのようにして主との結びつきを深めることができるだろうか。毎日、ひとりで祈るために、聖書を読むために、たとえ短くても時間を割いているだろうか。

スケジュールがいっぱいだから、という言い訳で祈りを避けていないだろうか。一日の中で、それほど大切ではないのに、祈りよりも優先させていることがあるのではないか。

親しい人の中でも、今、特に困っている人のために、たとえば難しい状況にある家族や病気の友人、落胆している同僚のために、数分でも祈る時間をとっているだろうか。特別な祈りを、あるいは小さな犠牲をその人のためにささげられるだろうか。

亡くなった知人のために、神に祈りをささげるのを忘れていないだろうか。どのような祈りを彼らのためにささげたらよいだろうか。わたしは亡くなった家族や煉獄《れんごく》にある魂のために祈っているだろうか。

# 祈り

いつくしみ深い乙女マリア、
お心にお留めください。
お助けを得て、お守りいただき、
おとりなしをお願いした人は、
決して見捨てられることなく、
いつもお応えいただけたことを。

かたく信じて、励まされ、
あなたのみ前に飛翔します。
乙女のうちで、最も汚れなき乙女、
母よ、あなたのみもとにまいります。
罪深いまま、悲しみに満ちたまま、

あなたのみ前に立ちます。

み言葉が人となられたかたの母、
わたしの乞い願うこと、心にとどめ、
あなたのひろやかなお心をもって、
聴きとり、お応えください。
アーメン。

「メモラーレ」
聖ベルナルドの聖母への祈り

# むすび

神のあわれみは、「情け深く、あわれみに満ちた」イエス・キリストのみ顔において、堅牢《けんろう》なかたちをとった。福音書に描かれている、よいサマリア人やよい羊飼いのたとえ話をとおして、さらには放蕩息子の父親のイメージをとおして、このイエスのみ顔にわたしたちは親しんでいる。主の思いやりと優しさがいくらかでも、わたしたちの表情や行いに現れ、輝き出るために、この神の子のみ顔を観想するよう、わたしたちは招かれている。

教会は、わたしたちがより実践しやすいようにと、聖人たちを模範としてあげる。聖人たちは、神の愛と深いご配慮にあるものを、その貌《かたち》に反映しているからだ。この「いつくしみの特別聖年」の期間中、教会はマザーテレサを模範として示した。

マザーテレサにとって、すべては祈りから、神との結びつきから、そして神のあわれみのまなざしを心の奥深くで受け止めることから、始まった。この神のまなざしを祈りのうちに、また観想をとおして体験したマザーテレサは、それを今度は他者に向けた。

神のいつくしみの主日にあって、教皇フランシスコは信者たちに、精神的、身体的な「あわれみの行い」をとおして「福音の活ける書き手」となるように促す。これは「キリスト教徒としての生き方をかたちづけるもの」だからだ。マザーテレサの言葉や行いをとおして、中でも彼女が「あわれみの行い」をどのように実践したかを示す模範によって、「福音は生きたものとなった」とシスターのひとりが述べている。いわば、マザーテレサは、その生き方をとおして、福音を「書き表した。」これこそ教会がマザーテレサに認めたことであって、列聖をとおして、模範として仰ぐようにわたしたちに示す。

マザーテレサの列聖および本書が、彼女の愛と思いやり、慰めに満ちた笑顔を思い起こすきっかけとなり励みとなることを期待しよう。困窮している兄弟姉妹がいたら、マザーテレサのように彼らの霊魂の、もしくは体の傷に触れ、癒やし「あわれみの使徒」となろう。マザーテレサは今も、わたしたちをこう招き続けている――「考えてみてください。イエスはわたしたちを愛されているから、あなたやわたしを『名で呼ばれ』ました。あなたやわたしがイエスにとって特別だからです。貧しい人びとの内におられる『イエスを愛するためにイエスのみ心となり』、貧しい人びとの中で最も貧しい人の内におられる『イエスに仕えるために、イエスのみ手となる』［……］まず身近な人たちから、家族から始めましょう。」

このようにしてわたしたちは、教皇フランシスコがわたしたちに望まれている「あわれみの証人」となることができるのである。

# 訳者あとがき

本書 *A Call to Mercy* は、マザーテレサ・センター長のコロディエチュック神父MCによって編集され、その中心となっているのは、マザーテレサの言葉と、身近にいた人びとの証言です。これほど多くの証言がまとめられたことはなく、マザーテレサの姿が浮き彫りにされ、本書を魅力あるものとしています。ただ、それぞれの場面の背景や経緯が省略されているので、先行の書を参照しつつ、前後の事情を推察して訳すほかなく、そこに困難を感じながらも、証言をとおしてマザーの献身がありありと迫ってくるような得難い体験をしました。

先日、教皇フランシスコの来日が公式に発表されました。母国アルゼンチンでもスラムに通い、また、教皇に選出された後も、あくまで貧しい人びとに寄り添う姿は鮮明です。マザーテレサは、教皇の公布による「いつくしみの特別聖年」に列聖され、そのことによって、いつくしみ、あわれみとはどのようなものであるのか具体的に明確に示されました（この特別聖年の勅書の原題は Misericordiae Vultus であり、本書では Misericordiae を「あわれみ」と訳した）。

人それぞれにマザーテレサとの出会いがあるように思いますが、わたし自身は三十年以上まえに映画館で観たドキュメンタリー映画『マザーテレサ　母なることの由来』のワンシーンに衝撃を受けました。水道の蛇口から細々と垂れる水を、渇く子どもたちのために、一心にペットボトルで受けているマザーテレサの姿です。その場面には、「小さなことに、大きな愛を。大切なのはどれだけのことをしたかではなく、どれだけ愛を込めたかです」とマザーテレサ自身の声が重ねられていました。

本書にも、マザーテレサの姿についい見入ってしまったという証言がいくつも見られますが、彼女の行い一つ一つに周囲の人びとが深い感動を覚えたのは、彼女の愛のこもったはたらきかけによって、相手の生命が輝きだす瞬間を目撃できたからではないでしょうか。あらゆる不幸にたいして鋭い直観と繊細な共感を抱きつつ、マザーテレサは世界中を飛び回り、各地で活動してきました。どこにいても、マザーは臨機応変に対応し、ときに思いがけない方法で問題を解決し、どんな複雑な状況をもいつの間にか収めていたことが、本書をとおして伝わってきます。このように行動できたのは、一瞬ごとに、神に向かってまっすぐに開かれていたからでしょう。

地球環境問題について教皇回勅が出されましたが、それは環境問題の深刻化にまず苦しめられるのは、世界中の貧しい人々であるからです。

マザーテレサと神の愛の宣教者会のシスターたちは、貧しくあることを自ら選び、何も持たずに信仰生活を送っていますが、マザーは、一般の人びとにたいしては、本書で語られているように、何も持つな、というのではなく、何かをするときに、少し貧しいほうを選ぶよう勧めています。工夫次第で、貧しいほうを選んだとしても、楽しく感じることもありそうです。時代の大きな転換期にあって、マザーテレサの言葉や数々の行いはますます重要になっていくにちがいありません。

訳稿に目をとおし、修道の現場から貴重なご指摘をくださった「神の愛の宣教者会」のシスターがた、また、女子パウロ会編集部のシスターがたに、心から感謝を申しあげます。

二〇一九年十一月一日

原田葉子

# 注

以下の注で「『神の愛の宣教者会』シスターの証言」とあり、その次の注で「同右」とある場合には、同一のシスターの証言によるものである。

## はじめに

（1）二〇一四年六月十四日、イタリアの団体「ミゼリコルディエ」の、総連合会での教皇フランシスコの演説。一九八六年六月十四日に行われた教皇ヨハネ・パウロ二世との謁見記念日に。
（2）二〇一五年四月十一日、*Misericordiae Vultus* 2（あわれみのみ顔）。以降ＭＶ。
（3）ＭＶ５
（4）教皇ベネディクト十六世回勅『神は愛』34（カトリック中央協議会 司教協議会秘書室研究企画訳、カトリック中央協議会、二〇〇六年、七十一頁）。
（5）同右。
（6）ＭＶ15
（7）本書では、現在の都市の名称コルカタではなく、カルカッタを用いる。マザーテレサが生きていた当時の名称はカルカッタであり、また今後、マザーテレサの正式名称は、カルカッタの聖テレサとなる。
（8）一九四八年十二月二十一～二十三日、マザーテレサの活動報告。
（9）ＭＶ15

(10) 同右。
(11) 同右。
(12) 同右。

## 1　飢えている人を満たす

(1) 一九八一年四月二十六日、マザーテレサの東京でのスピーチ。
(2) 一九八二年十月十二日付、マザーテレサから、「神の愛の宣教者会」シスターたちへの手紙。
(3) 一九七七年十一月十六日、マザーテレサの「神の愛の宣教者会」シスターたちへの講話。
(4) 一九八五年十月二十六日、マザーテレサの国連での講演。
(5) 一九八四年十一月二十四日、マザーテレサの日本でのスピーチ。
(6) 一九八四年四月十日、マザーテレサの「神の愛の宣教者会」シスターたちへの講話。
(7) 一九七八年四月、マザーテレサのクロアチア、ザグレブでのスピーチの訳。
(8) 一九八四年九月二十五日、マザーテレサの「神の愛の宣教者会」シスターたちへの講話。
(9) 一九九四年二月三日、ワシントンDC、全国朝祷会でのマザーテレサの演説。
(10) 一九七九年三月七日、マザーテレサの「神の愛の宣教者会」シスターたちへの講話。
(11) 一九八一年四月九日、マザーテレサの「神の愛の宣教者会」シスターたちへの講話。
(12) 一九八四年十月五日、マザーテレサの「神の愛の宣教者会」シスターたちへの講話。
(13) カルカッタ空港近郊のグリーンパークにある「神の愛の宣教者会」のホーム。
(14) 一九八四年十月五日、マザーテレサの「神の愛の宣教者会」シスターたちへの講話。

(15) 一九八四年十月五日、マザーテレサ、「神の愛の宣教者会」シスターたちへの講話。
(16) 一九八四年十一月二十四日、マザーテレサの日本でのスピーチ。
(17) マザーテレサのスピーチ。日付なし。
(18) 一九八二年十月九日、マザーテレサの「神の愛の宣教者会」シスターたちへの講話。
(19) 一九八一年四月二十六日、マザーテレサの東京でのスピーチ。
(20) 一九八一年四月二十三日、マザーテレサのインタビュー。
(21) マザーテレサのローマでのスピーチ。日付なし。
(22) 一九八二年六月九日、マザーテレサのハーバード大学 Class Day Exercises での講演。
(23) 「神の愛の宣教者会」シスターの証言。
(24) 「神の愛の宣教者会」シスターの証言。
(25) 司祭の証言。彼はマザーテレサが亡くなるまで、三十年近く親交があった。
(26) 「神の愛の宣教者会」シスターの証言。
(27) マザーテレサと約十五年にわたり親交があり、仕事の面で協力してきた、協働者の証言。
(28) カルカッタのヒンドゥー教徒、女性共労者の証言。
(29) 「神の愛の宣教者会」シスターの証言。
(30) 「神の愛の宣教者会」司祭の証言。彼は頻繁にマザーテレサと個人的に連絡を取り合っていた。
(31) 「神の愛の宣教者会」シスターの証言。
(32) 「神の愛の宣教者会」シスターの証言。
(33) 「神の愛の宣教者会」男子観想会ブラザーの証言。彼は頻繁にマザーテレサと個人的に連絡を取り合っていた。

(34)「神の愛の宣教者会」シスターの証言。
(35)同右。
(36)一九六〇年代から一九八〇年代末までマザーテレサを知る「神の愛の宣教者会」共労者の証言。
(37)「神の愛の宣教者会」シスターの証言。
(38)「神の愛の宣教者会」シスターの証言。
(39)「神の愛の宣教者会」シスターの証言。
(40)「神の愛の宣教者会」シスターの証言。
(41)マザーテレサから、ある共労者への手紙。
(42)一九七四年十月四日付、マザーテレサから共労者への手紙。

## 2　渇く人に水を飲ませる

(1)一九七七年九月二十九日、マザーテレサの「神の愛の宣教者会」シスターたちへの講話。
(2)一九九四年二月三日、ワシントンＤＣ、全国朝祷会でのマザーテレサの演説。
(3)一九九〇年九月、マザーテレサのローマでの司祭たちへの講演。
(4)一九八一年六月二十日、マザーテレサの「神の愛の宣教者会」シスターたちへの講話。
(5)一九七七年十月十四日、マザーテレサの「神の愛の宣教者会」シスターたちへの講話。
(6)マザーテレサのスピーチ。日付なし。
(7)一九八一年四月二十五日、マザーテレサ、東京共労者の集いでのスピーチ。
(8)一九八四年十月、マザーテレサのローマでの司祭たちへの講演。

(9)一九七八年四月、マザーテレサのクロアチア、ザグレブでのスピーチの訳。
(10)「神の愛の宣教者会」シスターの証言。
(11)「神の愛の宣教者会」シスターの証言。
(12)「神の愛の宣教者会」司祭の証言。彼は頻繁にマザーテレサと個人的に連絡を取り合っていた。
(13)「神の愛の宣教者会」ブラザーの証言。
(14)一九七九年二月二十五日付、マザーテレサから、「神の愛の宣教者会」シスターたちへの手紙。
(15)一九七〇年二月十九日付、マザーテレサから、「神の愛の宣教者会」シスターたちへの手紙。

## 3　裸の人を衣で覆う

(1)一九七六年九月十五日、マザーテレサの「神の愛の宣教者会」シスターたちへの講話。
(2)一九七七年六月十日、マザーテレサの「神の愛の宣教者会」シスターたちへの講話。
(3)一九七九年十二月十一日、マザーテレサのノーベル平和賞受賞演説。
(4)一九八一年十二月十日、マザーテレサのスピーチ。
(5)一九七四年六月二十日〜二十二日、マザーテレサのミネソタでの共労者の集いでスピーチ。
(6)一九九三年三月、マザーテレサの「神の愛の宣教者会」シスターたちへの講話。
(7)一九八一年九月十八日、マザーテレサの「神の愛の宣教者会」シスターたちへの講話。
(8)一九七七年十月十二日、マザーテレサの「神の愛の宣教者会」シスターたちへの講話。
(9)一九八一年九月十六日、マザーテレサの「神の愛の宣教者会」シスターたちへの講話。
(10)一九八三年一月十六日、マザーテレサの「神の愛の宣教者会」シスターたちへの講話。

(11) 一九八一年十二月十日、マザーテレサのスピーチ。
(12) マザーテレサのスピーチ。日付なし。
(13) 一九九一年一月二十三日付の手紙に同封されていた、マザーテレサの言葉、「愛徳――ミッションの魂。」
(14) 一九八四年十一月二十四日、マザーテレサの日本でのスピーチ。
(15) 一九八二年六月九日、マザーテレサのハーバード大学 Class Day Exercises での講演。
(16) 一九八二年四月二十五日、マザーテレサのスピーチ。
(17)「神の愛の宣教者会」シスターの証言。
(18) 共労者の証言。
(19)「神の愛の宣教者会」シスターの証言。
(20)「神の愛の宣教者会」シスターの証言。
(21)「神の愛の宣教者会」シスターの証言。
(22)「神の愛の宣教者会」シスターの証言。
(23)「神の愛の宣教者会」シスターの証言。
(24) 一九七〇年二月十九日付、マザーテレサから、「神の愛の宣教者会」シスターたちへの手紙。
(25) 一九七四年十月四日付、マザーテレサから共労者への手紙。

## 4　宿のない人を迎え入れる

(1) Mother Teresa, Brian Kolodiejchuk MC, ed.,(2007) *Mother Teresa: Come Be My Light*, New York: Doubleday, p232(マザーテレサ著、ブライアン・コロディエチュックMC編、『マザーテレサ　来て、わたしの光になり

なさい！』、里見貞代訳、女子パウロ会、二〇一四年）を参照。
(2)一九九一年一月二十三日付の手紙に同封されていた、マザーテレサの言葉、「愛徳――ミッションの魂。」
(3)ローマのテルミニ駅近くの、男性のためのシェルター。
(4)一九八六年六月六日、マザーテレサのアッシジでのスピーチ。
(5)灰の水曜日前夜、マザーテレサの「神の愛の宣教者会」シスターたちへの講話。日付なし。
(6)一九八七年九月十七日、マザーテレサのスピーチ。
(7)一九八四年十一月二十四日、マザーテレサの日本でのスピーチ。
(8)マザーテレサの「神の愛の宣教者会」シスターたちへの講話。日付なし。
(9)一九八八年、マザーテレサのセント・ルイスでのスピーチ。
(10)一九七四年六月二十〜二十二日、マザーテレサの、ミネソタ州共労者の集いでのスピーチ。
(11)一九七六年七月二十一〜二十二日、マザーテレサの、若者たちとのディスカッション。
(12)一九八二年四月二十八日、マザーテレサの大阪での講演。
(13)一九九〇年九月、マザーテレサのローマでの司祭たちへの講演。
(14)一九六一年三月十一日付、マザーテレサから、ある共労者への手紙。
(15)一九七六年七月二十三日付、マザーテレサから、ある司祭への手紙。
(16)一九九四年二月三日、ワシントンDC、全国朝祷会でのマザーテレサの演説。
(17)一九八四年十月、マザーテレサのローマでの司祭たちへの講演。
(18)一九九一年三月四日付、マザーテレサから、ある司祭への手紙。
(19)一九九五年復活祭、マザーテレサから、「神の愛の宣教者会」シスターたちへの手紙。

(20) 一九七五年四月十八日、マザーテレサのシロンでのスピーチ。
(21) 一九七六年、フィラデルフィア聖体大会でのマザーテレサの講演。
(22) 一九七二年十一月五日付、マザーテレサから、ある共労者への手紙。
(23) 一九八一年六月十三日、Marquette Discovery Awards 受賞にあたってのマザーテレサのスピーチ。
(24) 一九七〇年二月十九日付、マザーテレサから、「神の愛の宣教者会」シスターたちへの手紙。
(25) 一九六九年十月十三日付、マザーテレサから、ある共労者への手紙。
(26)「神の愛の宣教者会」シスターの証言。
(27)「神の愛の宣教者会」シスターの証言。
(28)「神の愛の宣教者会」シスターの証言。
(29)「神の愛の宣教者会」シスターの証言。
(30)「神の愛の宣教者会」シスターの証言。
(31)「神の愛の宣教者会」シスターの証言。
(32)「神の愛の宣教者会」シスターの証言。
(33) 共労者である医師の証言。彼は一九五〇年代末からマザーテレサの活動に協力してきた。
(34)「神の愛の宣教者会」シスターの証言。
(35) ある警察官の証言。
(36) 孤児だった女性の証言。
(37) 孤児だった男性の証言。
(38) カルカッタのヒンドゥー教徒ボランティアの証言。

(39)「神の愛の宣教者会」シスターの証言。
(40)一九六〇年代以降、マザーテレサと親交が深かった共労者の証言。
(41)「神の愛の宣教者会」シスターの証言。
(42)医師である共労者の妻の証言。
(43)「神の愛の宣教者会」シスターの証言。
(44)一九六〇年代以降、マザーテレサと親交が深かった共労者の証言。
(45)マザーテレサ、担当医のひとりの証言。
(46)一九六〇年代以降、マザーテレサと親交が深かった共労者の証言。
(47)「神の愛の宣教者会」シスターの証言。
(48)「神の愛の宣教者会」男子観想会ブラザーの証言。彼は頻繁にマザーテレサと個人的に連絡を取り合っていた。
(49)一九七四年十月四日付、マザーテレサから共労者への手紙。

## 5　病気の人を見舞う

(1)マザーテレサ、担当医のひとりの証言。
(2)一九八七年クリスマス、マザーテレサのエク・ディールでのメッセージ。
(3)一九九一年四月二十一日付、マザーテレサから、ある一般信徒への手紙。
(4)一九七六年八月、フィラデルフィア聖体大会でのマザーテレサの講演。
(5)同右。
(6)一九八四年十月、マザーテレサのローマでの司祭たちへの講演。

（7）「神の愛の宣教者会」会則（初版）の解説。
（8）マザーテレサのスピーチ。日付なし。
（9）一九七九年三月七日、マザーテレサの「神の愛の宣教者会」シスターたちへの講話。
（10）一九七九年十二月、マザーテレサのローマでのオブレート会司祭と修練者への講演。
（11）一九七八年七月三日付、マザーテレサから、「神の愛の宣教者会」シスターたちへの手紙。
（12）一九九五年復活祭、マザーテレサから、「神の愛の宣教者会」シスターたちへの手紙。
（13）一九六九年十一月十三日付、マザーテレサから、「神の愛の宣教者会」院長たちへの手紙。
（14）一九六八年十月十一日付、マザーテレサから、「神の愛の宣教者会」シスターたちへの手紙。
（15）一九五二年十月二十日付、マザーテレサからジャクリーン・ドゥ・デッカーへの手紙。
（16）一九五三年一月十三日付、マザーテレサからジャクリーン・ドゥ・デッカーへの手紙。
（17）同右。
（18）同右。
（19）一九八九年十二月二十二日付、マザーテレサから、ある一般信徒への手紙。
（20）「神の愛の宣教者会」シスターの証言。
（21）政府の役人の証言。彼は一九七〇年代半ばにマザーテレサと知り合い、インド政府とのかかわりにおいてマザーテレサの力となった。
（22）孤児だった男性の証言。
（23）「神の愛の宣教者会」司祭の証言。彼は頻繁にマザーテレサと個人的に連絡を取り合っていた。
（24）協力者の証言。彼はマザーテレサと約十五年にわたり親交があり、仕事の面で協力してきた。

(25) 協力者の証言。彼はマザーテレサと約十五年にわたり親交があり、仕事の面で協力してきた。
(26)「神の愛の宣教者会」シスターの証言。
(27)「神の愛の宣教者会」シスターの証言。
(28)「神の愛の宣教者会」シスターの証言。
(29) 司祭の証言。
(30) オーストラリアにいる司祭の証言。
(31) カルカッタで何十年にもわたってマザーテレサに協力してきた司祭の証言。
(32) 司祭の証言。彼は一九八〇年代にマザーテレサと知り合い、それ以降マザーテレサが亡くなるまで緊密に連絡を取り合ってきた。
(33)「神の愛の宣教者会」シスターの証言。
(34)「神の愛の宣教者会」シスターの証言。
(35)「神の愛の宣教者会」シスターの証言。
(36) 女性信徒の証言。
(37) カルカッタの開業医の証言。
(38)「神の愛の宣教者会」シスターの証言。
(39)「神の愛の宣教者会」シスターの証言。
(40)「神の愛の宣教者会」シスターの証言。
(41)「神の愛の宣教者会」シスターの証言。
(42)「神の愛の宣教者会」シスターの証言。

(43)「神の愛の宣教者会」シスターの証言。
(44)ジャクリーン・ドゥ・デッカーの証言。
(45)一九五九年九月二十日付、マザーテレサから、「神の愛の宣教者会」シスターたちへの手紙。
(46)一九七四年十月四日付、マザーテレサから、ある共労者への手紙。

## 6 囚人を訪ねる

(1)マザーテレサのスピーチ。日付なし。
(2)一九八三年五月二十四日、マザーテレサの「神の愛の宣教者会」シスターたちへの講話。
(3)聖マキシミリアノ・コルベ(一八九四〜一九四一年)、ポーランドのフランシスコ会司祭。自ら若い父親の身代わりとなって、アウシュヴィッツの強制収容所で亡くなる。
(4)一九八三年五月二十五日、マザーテレサの「神の愛の宣教者会」シスターたちへの講話。
(5)ワシントンDCでのマザーテレサのスピーチ。日付なし。
(6)「神の愛の宣教者会」司祭の会の共同創立者ジョゼフ神父。
(7)一九八六年五月二十一日、マザーテレサの「神の愛の宣教者会」シスターたちへの講話。
(8)一九七九年三月七日、マザーテレサの「神の愛の宣教者会」シスターたちへの講話。
(9)強姦と殺人の罪で有罪判決を受けたジョゼフ・オデールの死刑中止を求めるマザーテレサの要請。オデールの命を救おうとする、数多くの要請(教皇ヨハネ・パウロ二世も要請している)にもかかわらず、一九九七年七月二十三日ヴァージニア州で、薬物注射によってオデールは死刑を執行される。一九九七年七月五日、マザーテレサの電話による口述。

(10) 一九七四年六月二十日～二十二日、マザーテレサの、ミネソタ州共労者の集いでのスピーチ。
(11)「神の愛の宣教者会」シスターの証言。
(12) マザーテレサが亡くなるまで、三十年近く親交のあった司祭の証言。
(13) アメリカの「神の愛の宣教者会」ボランティアの証言。
(14)「神の愛の宣教者会」シスターの証言。
(15) 共労者の証言。
(16) アメリカの「神の愛の宣教者会」ボランティアの医師の証言。
(17) アメリカから訪れたボランティアの証言。
(18)「神の愛の宣教者会」シスターの証言。
(19) 一九七〇年二月十九日付、マザーテレサから、「神の愛の宣教者会」シスターたちへの手紙。

## 7 死者を埋葬する

(1) 一九八三年五月二十七日、マザーテレサの「神の愛の宣教者会」シスターたちへの講話。
(2) 一九七六年七月二十一日～二十二日、マザーテレサの、若者たちとのディスカッション。
(3) 同右。
(4) 一九七四年六月二十日～二十二日、マザーテレサの、ミネソタ州共労者の集いでのスピーチ。
(5) 一九八一年十月八日、マザーテレサのシカゴでのスピーチ。
(6)「神の愛の宣教者会」シスターの証言。
(7)「神の愛の宣教者会」シスターの証言。

（8）協力者の証言。彼はマザーテレサと約十五年にわたり親交があり、仕事の面で協力してきた。
（9）共労者の証言。
（10）「神の愛の宣教者会」シスターの証言。
（11）共労者の証言。
（12）「神の愛の宣教者会」シスターの証言。
（13）「神の愛の宣教者会」シスターの証言。
（14）共労者の証言。
（15）共労者の証言。
（16）何十年にもわたってマザーテレサに協力してきた司祭の証言。
（17）一九六〇年代から一九八〇年代末まで、マザーテレサを知る「神の愛の宣教者会」共労者の証言。
（18）カルカッタで何十年にもわたってマザーテレサに協力してきた司祭の証言。
（19）「神の愛の宣教者会」シスターの証言。
（20）「神の愛の宣教者会」男子観想会ブラザーの証言。彼は頻繁にマザーテレサと個人的に連絡を取り合っていた。
（21）共労者が伝えるマザーテレサの言葉。

## 8　無学の人を導く

（1）マザーテレサからカトリック・ミッション誌に送られた記事、一九三五年二月一日号。
（2）一九四八年十二月二十九日付、マザーテレサの日記。
（3）一九六四年六月三日付、マザーテレサから、「神の愛の宣教者会」シスターたちへの手紙。

(4) マザーテレサの「神の愛の宣教者会」シスターたちへの講話。日付なし。
(5) 一九九五年三月十八日付、マザーテレサから、「神の愛の宣教者会」院長たちへの手紙。
(6) 一九九二年九月五日、マザーテレサの「神の愛の宣教者会」シスターたちへの講話。
(7) 一九八七年八月二十九日、マザーテレサの「神の愛の宣教者会」シスターたちへの講話。
(8) 一九八八年八月十日、マザーテレサの「神の愛の宣教者会」シスターたちへの講話。
(9) 一九八九年二月二十三日、マザーテレサの「神の愛の宣教者会」シスターたちへの講話。
(10) 一九九二年二月十九日、マザーテレサの「神の愛の宣教者会」シスターたちへの講話。
(11) 一九九三年八月七日、マザーテレサの「神の愛の宣教者会」修練長たちへの講話。
(12) 一九八四年一月十日、マザーテレサの「神の愛の宣教者会」シスターたちへの講話。
(13) 一九七八年三月二十八日、マザーテレサから、スコピエ（マケドニア）のテレビ放送局の記者に。
(14) 一九七六年七月二十一日〜二十二日、マザーテレサの、若者たちとのディスカッション。
(15) 一九八二年四月二十二日、マザーテレサの東京での記者会見。
(16) 一九八二年四月二十八日、マザーテレサの大阪での講演。
(17) 一九九〇年九月、マザーテレサのローマでの司祭たちへの講演。
(18) 一九八二年四月二十二日、マザーテレサの東京での記者会見。
(19) 一九六六年六月六日付、マザーテレサから、「神の愛の宣教者会」シスターたちへの手紙。
(20) マザーテレサの「神の愛の宣教者会」シスターたちへの講話。日付なし。
(21) 一九六六年六月六日付、マザーテレサから、「神の愛の宣教者会」シスターたちへの手紙。
(22) 一九七四年六月、マザーテレサから、「神の愛の宣教者会」シスターたちへの手紙。

(23)「神の愛の宣教者会」シスターの証言。
(24)「神の愛の宣教者会」シスターの証言。マザーテレサの、セント・メリー校でのかつての教え子。
(25)「神の愛の宣教者会」シスターの証言。
(26)マザーテレサがスラムで奉仕活動を始めたときに力となった家族の女性の証言。
(27)モティジルのスラムの学校で、マザーテレサの教え子だった女性の証言。
(28)「神の愛の宣教者会」シスターの証言。
(29)「神の愛の宣教者会」シスターの証言。
(30)「神の愛の宣教者会」シスターの証言。
(31)「神の愛の宣教者会」シスターの証言。
(32)「神の愛の宣教者会」シスターの証言。
(33)「神の愛の宣教者会」シスターの証言。
(34)「神の愛の宣教者会」シスターの証言。
(35)「神の愛の宣教者会」シスターの証言。
(36)「神の愛の宣教者会」シスターの証言。
(37)「神の愛の宣教者会」シスターの証言。
(38)「神の愛の宣教者会」シスターの証言。
(39)「神の愛の宣教者会」シスターの証言。
(40)カルカッタの子どもの家シシュ・バパンでおもに活動した、オーストラリア人ボランティアの証言。
(41)「神の愛の宣教者会」シスターの証言。

(42)「神の愛の宣教者会」シスターの証言。

## 9　疑いを抱いている人に助言する

(1) Mother Teresa, Brian Kolodiejchuk MC, ed., (2007) *Mother Teresa: Come Be My Light*, New York: Image, p209（マザーテレサ著、ブライアン・コロディエチュックMC編、『マザーテレサ　来て、わたしの光になりなさい！』、里見貞代訳、女子パウロ会、二〇一四年）。
(2) 一九八二年四月二十二日、マザーテレサの東京での記者会見。
(3) 一九六九年七月五日付、マザーテレサからマルコム・マゲリッジへの手紙。
(4) 一九七〇年十一月十二日付、マザーテレサからマルコム・マゲリッジへの手紙。
(5) 一九七〇年二月二十四日付、マザーテレサからマルコム・マゲリッジへの手紙。
(6) 一九六六年八月二十日付、マザーテレサから二人の共労者への手紙。
(7) 一九六七年十二月一日付、マザーテレサから、ある共労者への手紙。
(8) 一九九二年二月、マザーテレサから、ある共労者への手紙。
(9) 一九八五年九月二十二日付、マザーテレサから、ある司祭への手紙。
(10) 女性信徒の証言。
(11) 同右。
(12)「神の愛の宣教者会」男子観想会ブラザーの証言。彼は頻繁にマザーテレサと個人的に連絡を取り合っていた。
(13)「神の愛の宣教者会」男子観想会ブラザーの証言。彼は頻繁にマザーテレサと個人的に連絡を取り合っていた。
(14) カルカッタで何十年にもわたってマザーテレサに協力してきた司祭の証言。

(15)「神の愛の宣教者会」シスターの証言。
(16)同右。
(17)医師の証言。
(18)「神の愛の宣教者会」シスターの証言。
(19)「神の愛の宣教者会」シスターの証言。
(20)「神の愛の宣教者会」シスターの証言。
(21)同右。
(22)「神の愛の宣教者会」シスターの証言。
(23)「神の愛の宣教者会」シスターの証言。
(24)司祭の証言。
(25)一般信徒の証言。
(26)「神の愛の宣教者会」シスターの証言。
(27)一九八八年「神の愛の宣教者会」会則45条、49条。

## 10 罪びとを諭す

(1)一九八〇年八月二十二日、マザーテレサの「神の愛の宣教者会」シスターたちへの講話。
(2)一九七九年十一月十四日、マザーテレサの「神の愛の宣教者会」シスターたちへの講話。
(3)同右。
(4)一九八一年九月二十九日付、マザーテレサから、「神の愛の宣教者会」シスターたちへの手紙。

（5）一九八〇年代、マザーテレサの「神の愛の宣教者会」シスターたちへの講話。
（6）一九七九年一月八日、マザーテレサの「神の愛の宣教者会」シスターたちへの講話。
（7）マザーテレサの「神の愛の宣教者会」シスターたちへの講話。日付なし。
（8）一九八〇年八月二十四日、マザーテレサの「神の愛の宣教者会」シスターたちへの講話。
（9）一九八三年二月十三日、マザーテレサの「神の愛の宣教者会」シスターたちへの講話。
（10）一九七七年十一月九日、マザーテレサの「神の愛の宣教者会」シスターたちへの講話。
（11）一九七八年五月十八日、マザーテレサの「神の愛の宣教者会」シスターたちへの講話。
（12）同右。
（13）一九八二年八月二十日、マザーテレサの「神の愛の宣教者会」シスターたちへの講話。
（14）同右。
（15）同右。
（16）一九八二年十二月四日、マザーテレサの「神の愛の宣教者会」シスターたちへの講話。
（17）一九八〇年五月七日、マザーテレサの「神の愛の宣教者会」シスターたちへの講話。
（18）同右。
（19）一九八八年九月十三日、マザーテレサの「神の愛の宣教者会」シスターたちへの講話。
（20）一九八〇年五月六日、マザーテレサの「神の愛の宣教者会」シスターたちへの講話。
（21）一九八〇年五月七日、マザーテレサの「神の愛の宣教者会」シスターたちへの講話。
（22）一九八〇年五月十七日、マザーテレサの「神の愛の宣教者会」シスターたちへの講話。
（23）一九八一年四月三日、マザーテレサの「神の愛の宣教者会」シスターたちへの講話。

(24)一九八二年八月二十日、マザーテレサの「神の愛の宣教者会」シスターたちへの講話。
(25)一九八三年二月十四日、マザーテレサの「神の愛の宣教者会」シスターたちへの講話。
(26)一九八一年四月十六日、マザーテレサの「神の愛の宣教者会」シスターたちへの講話。
(27)一九八一年七月十五日、マザーテレサの「神の愛の宣教者会」シスターたちへの講話。
(28)一九七九年十一月、マザーテレサの「神の愛の宣教者会」シスターたちへの講話。
(29)一九八二年四月十一日付、中絶をした人への手紙と祈り、日本。
(30)一九八二年四月二十二日、マザーテレサの東京での記者会見。
(31)一九八二年四月二十三日、マザーテレサの東京でのスピーチ。
(32)一九八二年四月二十六日、マザーテレサの長崎でのスピーチ。
(33)一九八〇年十二月四日、マザーテレサの「神の愛の宣教者会」シスターたちへの講話。
(34)一九六五年三月六日、マザーテレサの「神の愛の宣教者会」シスターたちへの講話。
(35)一九八八年八月三十日、マザーテレサの「神の愛の宣教者会」シスターたちへの講話。
(36)マザーテレサの「神の愛の宣教者会」シスターたちへの講話。日付はないが、一九七三年以前。
(37)一九六六年六月六日付、マザーテレサから、「神の愛の宣教者会」院長たちへの手紙。
(38)一九六二年六月、マザーテレサから、「神の愛の宣教者会」院長たちへの手紙。
(39)一九七七年九月八日付、マザーテレサから、「神の愛の宣教者会」院長たちへの手紙。
(40)一九八一年七月十四日、マザーテレサの「神の愛の宣教者会」シスターたちへの講話。
(41)一九八二年五月十四日、マザーテレサの「神の愛の宣教者会」シスターたちへの講話。
(42)一九八三年五月二十五日、マザーテレサの「神の愛の宣教者会」シスターたちへの講話。

(43) 一九八三年十月三日付、マザーテレサの公開状。
(44)「神の愛の宣教者会」司祭の証言。彼は頻繁にマザーテレサと個人的に連絡を取り合っていた。
(45)「神の愛の宣教者会」シスターの証言。
(46)「神の愛の宣教者会」シスターの証言。
(47)「神の愛の宣教者会」シスターの証言。
(48)「神の愛の宣教者会」シスターの証言。
(49)「神の愛の宣教者会」シスターの証言。
(50)「神の愛の宣教者会」シスターの証言。
(51)「神の愛の宣教者会」ブラザーの証言。
(52)「神の愛の宣教者会」シスターの証言。
(53)「神の愛の宣教者会」司祭の証言。彼は頻繁にマザーテレサと個人的に連絡を取り合っていた。
(54) 同右。
(55) 協力者の証言。彼はマザーテレサと約十五年にわたり親交があり、仕事の面で協力してきた。
(56)「神の愛の宣教者会」司祭の証言。彼は頻繁にマザーテレサと個人的に連絡を取り合っていた。
(57)「神の愛の宣教者会」シスターの証言。
(58)「神の愛の宣教者会」シスターの証言。
(59)「神の愛の宣教者会」シスターの証言。
(60) 共労者の証言。
(61)「神の愛の宣教者会」シスターの証言。

(62) 一九八〇年代、マザーテレサの「神の愛の宣教者会」シスターたちへの講話。
(63) 一九八六年五月十日、マザーテレサの「神の愛の宣教者会」シスターたちへの講話。

## 11 人の過ちを辛抱強く耐え忍ぶ

(1) マザーテレサの「神の愛の宣教者会」シスターたちへの講話。日付なし。
(2) 一九八一年、マザーテレサのシカゴでの記者会見。
(3) 一九八四年十月五日、マザーテレサの「神の愛の宣教者会」シスターたちへの講話。
(4) 一九八七年三月二十三日、マザーテレサの「神の愛の宣教者会」シスターたちへの講話。
(5) 一九七九年十一月十九日、マザーテレサの「神の愛の宣教者会」シスターたちへの講話。
(6) 一九八五年四月十二日、マザーテレサの「神の愛の宣教者会」シスターたちへの講話。
(7) 一九八四年一月十日、マザーテレサの「神の愛の宣教者会」シスターたちへの講話。
(8) 一九八四年四月十日、マザーテレサの「神の愛の宣教者会」シスターたちへの講話。
(9) 一九八一年一月十五日、マザーテレサの「神の愛の宣教者会」シスターたちへの講話。
(10) マザーテレサの「神の愛の宣教者会」シスターたちへの講話。日付なし。
(11) 一九六八年五月十九日付、マザーテレサから、「神の愛の宣教者会」シスターたちへの手紙。
(12) 一九六五年三月十日付、マザーテレサから、ある共労者への手紙。
(13) 一九八二年十一月二日、マザーテレサの「神の愛の宣教者会」シスターたちへの講話。
(14) 一九八七年十一月七日、マザーテレサの「神の愛の宣教者会」シスターたちへの講話。
(15) 一九八六年五月二十二日、マザーテレサの「神の愛の宣教者会」シスターたちへの講話。

(16) 一九八〇年九月十六日、マザーテレサの「神の愛の宣教者会」シスターたちへの講話。
(17) 一九八一年四月十八日、マザーテレサの「神の愛の宣教者会」シスターたちへの講話。
(18) 一九八一年四月十五日、マザーテレサの「神の愛の宣教者会」シスターたちへの講話。
(19) マザーテレサの「神の愛の宣教者会」シスターたちへの講話。日付なし。
(20) 一九八七年五月二十日、マザーテレサの「神の愛の宣教者会」シスターたちへの講話。
(21) 一九八〇年八月二十四日、マザーテレサの「神の愛の宣教者会」シスターたちへの講話。
(22) 一九八三年八月十五日、マザーテレサの「神の愛の宣教者会」シスターたちへの講話。
(23) 一九七八年五月二十二日、マザーテレサの「神の愛の宣教者会」シスターたちへの講話。
(24) 一九八八年九月十三日、マザーテレサの「神の愛の宣教者会」シスターたちへの講話。
(25) 一九八四年十月五日、マザーテレサの「神の愛の宣教者会」シスターたちへの講話。
(26) マザーテレサの「神の愛の宣教者会」シスターたちへの講話。日付なし。
(27) 一九八三年一月二十三日、マザーテレサの「神の愛の宣教者会」シスターたちへの講話。
(28) 一九八三年五月二十五日、マザーテレサの「神の愛の宣教者会」シスターたちへの講話。
(29) 一九八一年十月三十日、マザーテレサの「神の愛の宣教者会」シスターたちへの講話。
(30) 一九六九年十月十三日付、マザーテレサから、ある共労者への手紙。
(31) 一九六九年七月三日付、マザーテレサから、ある共労者への手紙。
(32) 一九六四年四月十一日付、マザーテレサから、ある共労者への手紙。
(33) 一九八三年五月二十六日、マザーテレサの「神の愛の宣教者会」シスターたちへの講話。
(34) 一九八七年五月二十日、マザーテレサの「神の愛の宣教者会」シスターたちへの講話。

(35)一九七七年十月二十二日、マザーテレサの「神の愛の宣教者会」シスターたちへの講話。
(36)アベ・ピエール（一九一二〜二〇〇七年）は、フランスの神父であり、エマウス共同体の創設者。フランスおよび世界中の貧しい人びと、ホームレスの救済のためにこの共同体はつくられた。
(37)一九八二年十月十一日、マザーテレサの「神の愛の宣教者会」シスターたちへの講話。
(38)孤児だった男性の証言。
(39)「神の愛の宣教者会」シスターの証言。
(40)「神の愛の宣教者会」シスターの証言。
(41)「神の愛の宣教者会」シスターの証言。
(42)「神の愛の宣教者会」シスターの証言。
(43)司祭の証言。
(44)「神の愛の宣教者会」シスターの証言。
(45)同右。
(46)「神の愛の宣教者会」シスターの証言。
(47)共労者の証言。
(48)「神の愛の宣教者会」シスターの証言。
(49)同右。
(50)「神の愛の宣教者会」シスターの証言。
(51)「神の愛の宣教者会」シスターの証言。
(52)「神の愛の宣教者会」シスターの証言。

(53)「神の愛の宣教者会」シスターの証言。
(54)同右。
(55)「神の愛の宣教者会」シスターの証言。
(56)「神の愛の宣教者会」シスターの証言。
(57)「神の愛の宣教者会」シスターの証言。
(58)一九七六年二月七日付、マザーテレサから、ある司祭への手紙。

## 12 侮辱されても進んでゆるす

(1)ルカ23・34
(2)一九八一年四月十五日、マザーテレサの「神の愛の宣教者会」シスターたちへの講話。
(3)一九八一年九月十八日、マザーテレサの「神の愛の宣教者会」シスターたちへの講話。
(4)一九八二年四月二十六日、マザーテレサの長崎での講演。
(5)一九八一年、マザーテレサのシカゴでの記者会見。
(6)一九六五年六月三十日、マザーテレサの「神の愛の宣教者会」シスターたちへの講話。
(7)一九八二年四月二十六日、マザーテレサの長崎でのスピーチ。
(8)同右。
(9)同右。
(10)一九九五年十二月二十一日、マザーテレサのカルカッタのボランティアたちへの言葉。
(11)一九八二年四月、マザーテレサのベイルートでの記者会見。

(12) 一九六四年五月、マザーテレサから、「神の愛の宣教者会」シスターたちへの手紙。
(13) 一九七三年十二月十四日付、マザーテレサの「神の愛の宣教者会」シスターたちへの手紙。
(14) 一九七九年二月二十一日、マザーテレサの「神の愛の宣教者会」シスターたちへの講話。
(15) 同右。
(16) 一九八二年六月十九日、マザーテレサのケンタッキー州でのスピーチ。
(17) 一九八一年二月二十一日、マザーテレサの「神の愛の宣教者会」シスターたちへの講話。
(18) 同右。
(19) 一九八〇年八月二十四日、マザーテレサの「神の愛の宣教者会」シスターたちへの講話。
(20) 一九八〇年九月十二日、マザーテレサの「神の愛の宣教者会」シスターたちへの講話。
(21) 一九八一年二月二十一日、マザーテレサの「神の愛の宣教者会」シスターたちへの講話。
(22) 一九八一年三月二十七日、マザーテレサの「神の愛の宣教者会」シスターたちへの講話。
(23) 一九八二年十二月四日、マザーテレサの「神の愛の宣教者会」シスターたちへの講話。
(24) 同右。
(25) 一九八二年十二月六日、マザーテレサの「神の愛の宣教者会」シスターたちへの講話。
(26) 一九七七年十月十五日、マザーテレサの「神の愛の宣教者会」シスターたちへの講話。
(27) 一九七七年十一月七日、マザーテレサの「神の愛の宣教者会」シスターたちへの講話。
(28) 一九七九年二月二十一日、マザーテレサの「神の愛の宣教者会」シスターたちへの講話。
(29) 同右。
(30) 一九八七年九月十七日、マザーテレサのスピーチ。

(31)一九八七年九月十七日、マザーテレサのスピーチ。
(32)一九八一年一月十五日、マザーテレサの「神の愛の宣教者会」シスターたちへの講話。
(33)一九八二年五月十四日、マザーテレサの「神の愛の宣教者会」シスターたちへの講話。
(34)「神の愛の宣教者会」シスターの証言。
(35)「神の愛の宣教者会」シスターの証言。
(36)「神の愛の宣教者会」シスターの証言。
(37)「神の愛の宣教者会」シスターの証言。
(38)「神の愛の宣教者会」シスターの証言。
(39)「神の愛の宣教者会」シスターの証言。
(40)「神の愛の宣教者会」シスターの証言。
(41)マザーテレサを二十年以上まえから知る協力者の証言。
(42)「神の愛の宣教者会」シスターの証言。
(43)「神の愛の宣教者会」シスターの証言。
(44)「神の愛の宣教者会」シスターの証言。
(45)一九七九年二月二十一日、マザーテレサの「神の愛の宣教者会」シスターたちへの講話。
(46)一九八二年四月二十六日、マザーテレサの長崎での講演。

## 13　悲しみのうちにある人を慰める

(1)一九八六年五月二十三日、マザーテレサの「神の愛の宣教者会」シスターたちへの講話。

(2)一九八八年十二月二十四日、マザーテレサの「神の愛の宣教者会」シスターたちへの講話。
(3)一九八一年二月八日、マザーテレサの「神の愛の宣教者会」シスターたちへの講話。
(4)一九八一年四月二十二日、マザーテレサの成田国際空港でのメッセージ。
(5)一九七八年十二月十五日、マザーテレサの「神の愛の宣教者会」シスターたちへの講話。
(6)一九七一年十月十五日付、マザーテレサから、「神の愛の宣教者会」シスターたちへの手紙。
(7)一九五九年九月二十日付、マザーテレサから、「神の愛の宣教者会」シスターたちへの手紙。
(8)マザーテレサのスピーチ。日付なし。
(9)マザーテレサの医療関係者へのスピーチ。
(10)マザーテレサの記者会見。日付なし。
(11)一九八一年六月四日、マザーテレサのシカゴでの講演。
(12)一九七四年六月二十日～二十二日、マザーテレサの、ミネソタ州共労者の集いでのスピーチ。
(13)同右。
(14)同右。
(15)一九九五年三月一日付、マザーテレサから、共労者への手紙。
(16)一九八一年二月十二日、「神の愛の宣教者会」シスターが、ある共労者に語った証言。
(17)一九七四年二月七日付、マザーテレサから、ある司祭への手紙。
(18)一九八九年十二月二十二日付、マザーテレサから、ある一般信徒への手紙。
(19)一九六七年九月十一日付、マザーテレサから、ある共労者への手紙。
(20)一九九二年、マザーテレサから、ある一般信徒への手紙。

(21) 一九九二年七月十一日付、マザーテレサから、ある一般信徒への手紙。
(22) 一九九〇年八月九日付、マザーテレサから、ある女性信徒への手紙。
(23) 一九九六年三月八日付、マザーテレサから、ある一般信徒への手紙。
(24) 一九九一年九月七日付、マザーテレサから、ある司祭への手紙。
(25) 「神の愛の宣教者会」シスターの証言。
(26) 「神の愛の宣教者会」シスターの証言。
(27) アメリカから訪れたボランティアの証言。
(28) 「神の愛の宣教者会」シスターの証言。
(29) 共労者の証言。
(30) 共労者の証言。
(31) 一般信徒の証言。
(32) 「神の愛の宣教者会」シスターの証言。
(33) マザーテレサと親交が深かったボランティアの証言。
(34) カルカッタで、マザーテレサに協力してきた司祭の証言。
(35) 「神の愛の宣教者会」シスターの証言。
(36) Mother Teresa, Brian Kolodiejchuk MC, ed. *Where There Is Love, There Is God,*（マザーテレサ著、ブライアン・コロディエチュックMC編集とまえがき、『愛のあるところ、神はそこにおられる』、里見貞代訳、女子パウロ会、二〇一八年）。「マザーテレサは国際的に認められるようになると、小さなカードを配り始めた。片面には、『神の祝福がありますように』と彼女のサイン、そしてもう片面には、こう書かれていた。『沈黙の実りは祈り、祈りの実りは信仰、信仰の実りは愛、愛の実りは奉仕、奉仕の実りは平和。』」多少の遊び心を感じさせるユーモアをもって、彼女はこのカードを『ビジネス・カード』と呼んだ。一般的なビジネス・カードと違って、そこには組織の名前や彼女の肩書、連絡先、電話番号などは記されていなかった。しかし、この一連の言葉を、彼女の『ビジネス』の『成功』の方程式ととることもできる。このよく知られた言葉をとおして、マザーテレサは彼女の活動を広く知らせようとしたのではなく、彼女が力を尽くしていること、それは霊的なものであって、核となっているのは神であり、隣人に向けられたものであることを示していた。」

(37) 司祭の証言。彼は頻繁にマザーテレサと連絡を取り合っていた。

(38)「神の愛の宣教者会」シスターの証言。

(39) カルカッタのボランティアの証言。

(40)「神の愛の宣教者会」シスターの証言。

(41) 一般信徒の証言。

(42) 警察官の証言。彼は、マザーテレサが当局と連絡を取り合うとき、協力した。

(43) カルカッタで、おもにカリガートで活動していたボランティアの証言。

(44) ボランティアの証言。

(45) 一九六〇年代以降、マザーテレサと親交が深かったボランティアの証言。

(46) 一九六〇年代以降、マザーテレサと親交が深かったボランティアの証言。

(47)「神の愛の宣教者会」司祭の証言。彼は頻繁にマザーテレサと連絡を取り合っていた。

(48) 一九八八年十月十二日付、マザーテレサから、ある一般信徒への手紙。

## 14 生者と死者のために祈る

（1）一九九六年四旬節、マザーテレサから共労者への手紙。
（2）マザーテレサの「神の愛の宣教者会」シスターたちへの講話。日付なし。
（3）「神の愛の宣教者会」司祭の証言。彼は頻繁にマザーテレサと個人的に連絡を取り合っていた。
（4）「神の愛の宣教者会」シスターの証言。
（5）一九八八年「神の愛の宣教者会」会則130条。
（6）一九八七年九月十七日、マザーテレサの、Congress of the Familyでのスピーチ。
（7）「神の愛の宣教者会」シスターの証言。
（8）一九八四年十一月二十四日、マザーテレサの日本でのスピーチ。
（9）マザーテレサのニューヨークでのスピーチ。日付なし。
（10）一九八二年六月九日、マザーテレサの、ハーバード大学 Class Day Exercises での講演。
（11）一九七九年六月、マザーテレサから、ある記者に。
（12）一九八二年四月二十七日、マザーテレサの福岡での講演。
（13）同右。
（14）同右。
（15）一九九五年十一月七日付、マザーテレサの公開状。
（16）一九八二年四月二十三日、東京での講演。
（17）マザーテレサの、International Congress for Women でのスピーチ。ローマにて。

(18) 一九八二年四月二十二日、マザーテレサの東京での記者会見。
(19) 一九八二年四月二十六日、マザーテレサの長崎での講演。
(20) 一九七九年十一月十九日、マザーテレサの「神の愛の宣教者会」シスターたちへの講話。
(21) 一九六五年九月九日付、マザーテレサから、「神の愛の宣教者会」シスターたちへの手紙。
(22) 一九六五年十一月四日、マザーテレサの「神の愛の宣教者会」シスターたちへの講話。
(23) 共労者である医師の証言。彼は一九五〇年代末からマザーテレサの活動に協力してきた。
(24) 「神の愛の宣教者会」シスターの証言。
(25) 「神の愛の宣教者会」シスターの証言。
(26) 「神の愛の宣教者会」シスターの証言。
(27) 「神の愛の宣教者会」シスターの証言。
(28) 「神の愛の宣教者会」シスターの証言。
(29) 同右。
(30) 「神の愛の宣教者会」シスターの証言。
(31) 「神の愛の宣教者会」シスターの証言。
(32) 「神の愛の宣教者会」シスターの証言。
(33) 「神の愛の宣教者会」シスターの証言。
(34) 「神の愛の宣教者会」シスターの証言。
(35) 「神の愛の宣教者会」シスターの証言。
(36) 「神の愛の宣教者会」シスターの証言。

(37)「神の愛の宣教者会」シスターの証言。
(38)「神の愛の宣教者会」シスターの証言。
(39)マザーテレサと親交が深かったボランティアの証言。
(40)「神の愛の宣教者会」シスターの証言。
(41)一般信徒の証言。
(42)女性信徒の証言。
(43)同右。
(44)警察官の証言。
(45)同右。
(46)同右。
(47)カルカッタの開業医の証言。
(48)「神の愛の宣教者会」シスターの証言。

本文中の聖書の引用は著者訳と、日本聖書協会『聖書 新共同訳』（二〇〇八年版）を使用させていただきました。

ただし、漢字・仮名の表記は本文に合わせたことを、お断りいたします。

著者紹介
マザーテレサ（Mother Teresa）
1910年、スコピエ（現在の北マケドニア）で生まれ、1928年ダブリン所在のロレット修道会に入会したが、カルカッタで神の愛の宣教者会を創設するため、1948年ロレット修道会を退会し、貧しい人びとの中で最も貧しい人への奉仕が、彼女の生涯の仕事となった。
彼女は1979年ノーベル平和賞を受賞し、1997年の没後直ちに列聖調査が開始、2003年に列福、2016年に列聖された。

編集とまえがき
ブライアン・コロディィエチュック神父 MC, Ph.D（Brian Kolodiejchuk）
カナダ·ウイニペッグ生まれ。ニューヨークタイムズでベストセラーとなった『マザーテレサ　来て、わたしの光になりなさい！』（女子パウロ会）の編者。
彼は1977年マザーテレサと出会い、1984年神の愛の宣教者司祭会の創立と同時に入会し、1997年彼女の没年まで20年間を共に歩んだ。
カルカッタのマザーテレサ列聖推進委員会長を務める。現在、マザーテレサ・センター長。

訳者紹介
原田葉子（Harada Yoko）
上智大学外国語学部を卒業。東京藝術大学大学院美術研究科で美学を専攻し、現在、宇都宮大学、東京工芸大学で非常勤講師をつとめる。
訳書に、『うつを越えて』『暴力とゆるし』『裸足の老修道女シスター・エマニュエル』『ゆるしへの道』『薔薇の祈り』（女子パウロ会）がある。

あわれみへの招き
愛する心、仕える手
*
著者：マザーテレサ
編集とまえがき：ブライアン・コロディエチュックMC
訳者：原田葉子
発行所：女子パウロ会
代表者：松岡陽子
〒107-0052　東京都港区赤坂8-12-42
Tel.(03)3479-3943　Fax.(03)3479-3944
webサイト http://www.pauline.or.jp/
印刷所：図書印刷株式会社
初版発行：2020年1月25日

ISBN978-4-7896-0817-6　C0016　NDC194